SINA BLANKE · JAN GLATTE

Draußen fotografieren

Wie du mit einfachen Mitteln beeindruckende Fotos in der Natur machst

humboldt

INHALT

VORWORT

Dies ist kein gewöhnlicher Fotoratgeber. Dieses Buch zeigt dir nicht, welches teure Fotoequipment es gibt, und es erklärt dir auch nicht die tiefsten technischen Zusammenhänge und theoretischen Aspekte der Fotografie. Fotografie besteht für uns nicht aus Tabellen, Charts, Berechnungen und schwerem Equipment. Fotografie bedeutet Kreativität, Inspiration, Ideen und vor allem: Freude.

Dieses Buch geht mit dir nach draußen und zeigt dir, wie du mit wenig Equipment – am besten mit dem, was du schon hast – genau die Fotos machen kannst, die du dir wünschst. Es zeigt dir, wie du mit dem, was die Szenerie bietet – Motiv, Licht und Moment – die Idee in deinem Kopf auf ein Foto bannst, das dich und andere umhaut.

An unseren eigenen Bildbeispielen zeigen wir dir ganz konkret, wie sich verschiedene Einstellungen und auch Gestaltungsmittel wie Licht, Perspektive, Farben und Linien auf deine Aufnahmen auswirken. Du wirst lernen, was ein beeindruckendes Foto ausmacht und warum manche Fotos einfach nicht wirken, obwohl die Szenerie in der Realität so schön ist.

Wir zeigen dir, wie du authentische, emotionale und stimmungsvolle Fotos machst: von der Natur um dich herum, von zahmen und wilden Tieren, von weiten Landschaften und kleinsten Details. Hierbei geht es um Aufnahmen, die berühren, Geschichten erzählen oder zum Träumen einladen. Fotos, die in deinem eigenen Stil die Welt zeigen.

Komm mit uns mit. Nimm deine Kamera, probiere dich aus und genieße den Prozess. Wir zeigen dir, wie du mit einfachen Mitteln beeindruckende Fotos machen kannst. Überall auf der Welt – aber auch direkt vor deiner Haustür.

LICHT IST ALLES!

Das gegebene Licht in der Natur ist in unseren Augen der wichtigste Faktor für ein gelungenes Bild. Fast all unsere Fotos nehmen wir deshalb in den Randzeiten des Tages auf, wenn die Sonne möglichst tief am Himmel steht. Um das deutlich zu machen, steht unter jedem Bild in diesem Buch der genaue Aufnahmezeitpunkt. Fotos, die tagsüber aufgenommen sind, wurden alle bei wolkigem Himmel gemacht. Wenn du wissen möchtest, wo genau unsere Aufnahmen entstanden sind, findest du am Ende des Buches außerdem ein Bildverzeichnis.

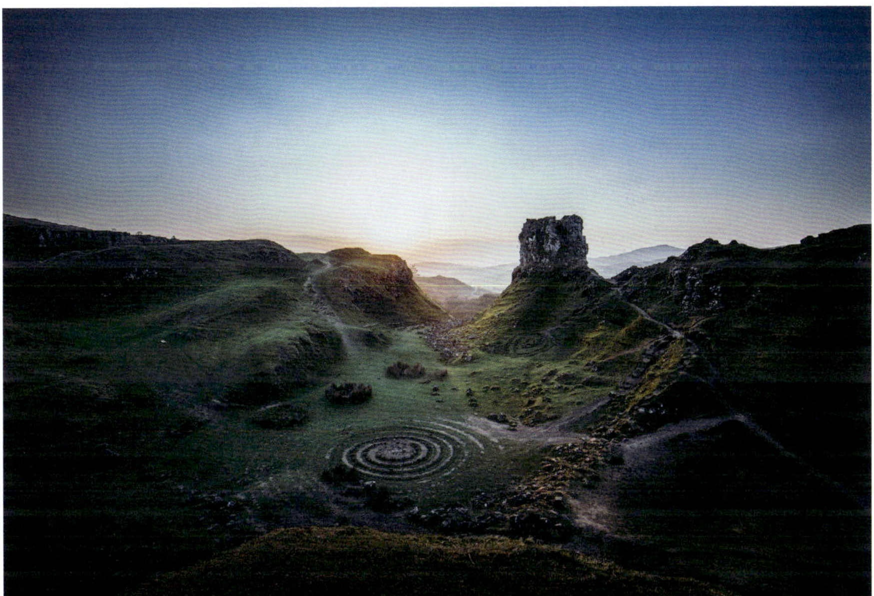

Sorgen wir gemeinsam dafür, dass schöne Fotos kein Zufall mehr sind! Canon EOS 5D Mark III | Canon EF 16–35 mm f/4L IS USM bei 16 mm | 1/125 | f/8 | ISO 400 | 20:03 Uhr

Über uns

Dieses Buch wird deine Fotografie verändern, vielleicht völlig auf den Kopf stellen. Wir laden dich ein, einen spannenden Weg mit uns gemeinsam zu gehen, und daher ist es uns wichtig, dass du uns kennst. Wir wollen mehr sein als die Namen auf dem Cover!

Also: Hallo! Wir sind Sina und Jan, leidenschaftliche Fotografen, naturliebende Weltreisende, Entdecker und Träumer. Als Fotografen ist es unser Beruf, aber auch unsere Leidenschaft, die Schönheit und die Geschichten unserer Welt einzufangen – in epischen Landschaftsfotos, aber auch in authentischen Porträts und Reportagen. In diesem Buch, in unseren Coachings und auf unseren Fotoreisen zeigen wir Schritt für Schritt, wie diese Fotos entstehen und wie auch du jedes Foto machen kannst, von dem du träumst – an jedem Ort der Welt.

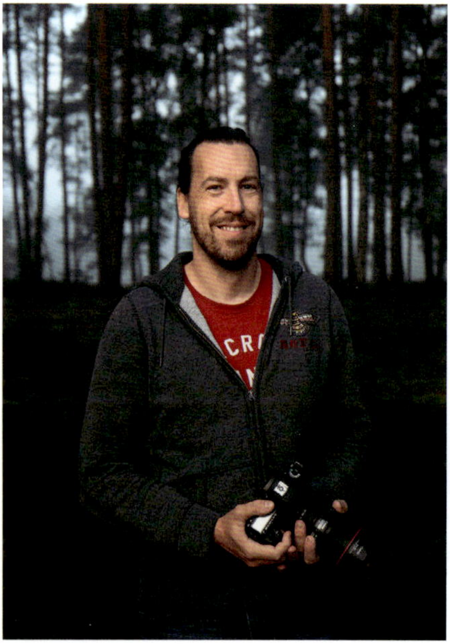

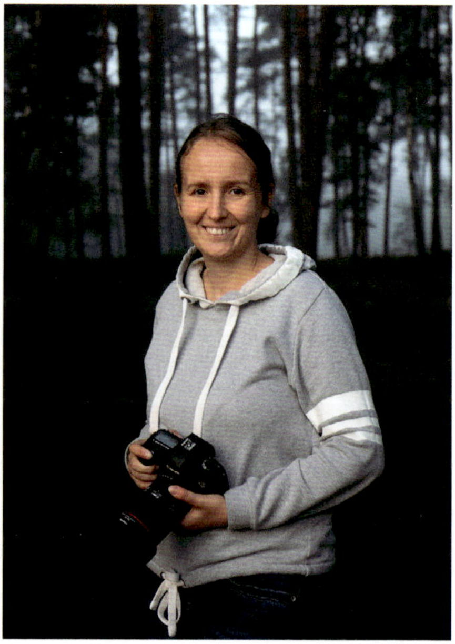

Ein gutes Foto bedeutet für uns nicht Rauscharmut und Schärfe. Es ist eine Geschichte, gebannt auf ein Bild, eine Komposition aus Licht, Farben und Formen, die eine Verbindung zum Betrachter herstellt, ihn erfreut oder zum Nachdenken anregt. Ein gutes Foto zeigt nicht, was deine Kamera kann – es zeigt deinen Blick auf die Welt!

2017 ist aus unserer Leidenschaft zur Fotografie und zum Reisen unser Blog lichterderwelt.de entstanden. Seitdem haben Tausende Fotobegeisterte mit unseren Büchern und Coachings ihre Fotos enorm verbessert und – noch viel wichtiger – wieder Spaß an der Fotografie gefunden. Genau das erwartet dich auch in diesem Buch!

FOTOAUFGABEN

Uns ist besonders wichtig, nicht nur Theorie zu vermitteln, sondern diesen Fotoratgeber interaktiv zu gestalten. Im Buch verteilt findest du deshalb immer wieder kreative Fotoaufgaben. Denn, das sagten wir schon, dieses Buch geht mit dir hinaus in die Welt! Wenn du Lust hast, kannst du deine Ergebnisse der Fotoaufgaben auf Instagram unter dem Hashtag **#draussenfotos** posten – wir geben dir dann so oft wie möglich eine persönliche Rückmeldung dazu!

Auflösungen zu den Fotoaufgaben findest du hier nicht, denn es gibt nicht die eine richtige, sondern immer Tausende wunderschöne Lösungsmöglichkeiten. Es geht nicht darum, unsere Beispielfotos nachzufotografieren, sondern deine eigene Version zu finden.

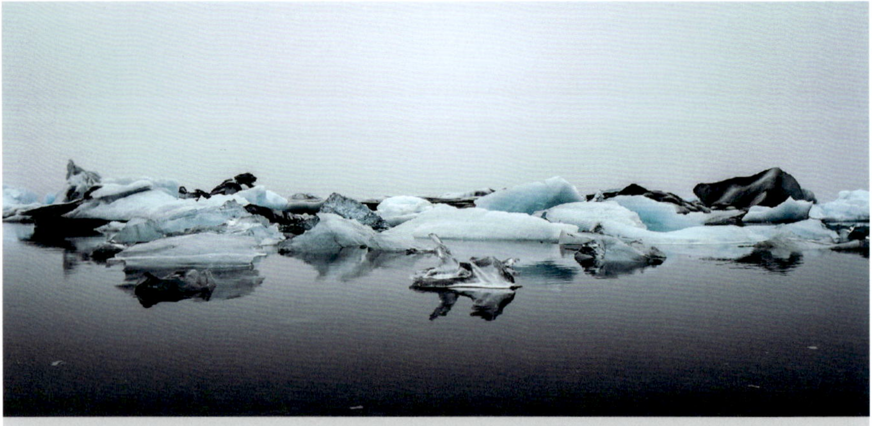

Das magische Island ist einer unserer Lieblingsorte auf der Welt. Hier haben wir uns kennengelernt – natürlich beim Fotografieren! Canon EOS 400D | Canon EF 10–22 mm f/3.5–4.5 USM bei 18 mm | 1/800 | f/4.5 | ISO 200 | 14:12 Uhr

Du bist Fotograf!

Diese Überschrift ist die wichtigste im ganzen Buch. Wir sagen es daher gleich noch einmal: **Du bist Fotograf.** Nicht erst, wenn du mit dem Buch durch bist oder wenn du die Fotos machst, von denen du bislang nur träumst, sondern bereits jetzt. Jeder, der ein Foto macht, ist ein Fotograf. Nicht nur der, der es gelernt hat oder eine Zehntausend-Euro-Fotoausrüstung besitzt. Nicht nur der, dessen Fotos dich sprachlos machen, oder der, der Titelfotos für *National Geographic* macht.

Du bist Fotograf, weil du die Geschichten und Bilder deines Lebens mit deiner Kamera einfängst. Niemand anders kann das so wie du. Du bist Fotograf, sobald du den Kameraauslöser drückst. Mach dich frei von dem, was andere über deine Fotos denken mögen, ebenso wie von deinen eigenen Ansprüchen. Deine Fotos sind jetzt schon besonders, weil es niemand anderem auf der Welt möglich ist, deine Sicht auf die Welt zu zeigen – egal, wie gut er fotografiert! Niemand anders kann die Geschichten über dein Leben, deine Reisen, deine Familie und deine Erlebnisse erzählen. Ohne irgendwelche Profi-Tricks haben deine Fotos also bereits jetzt ein riesiges Potenzial.

Fotografiere für dich. Gestalte deine Fotos so, dass sie dich ansprechen und das, was du zeigen willst, auf die bestmögliche Art ausdrücken. Betrachte jeden Tipp, den wir dir geben oder den du von anderen hörst, lediglich als Anregung. Verwirf ihn, wenn er nicht zu deiner Fotografie im Allgemeinen oder zu einer bestimmten Aufnahme passt. Du allein bist der Erschaffer deiner Fotos.

Also geh hinaus und fotografiere. So, wie du willst, und so, wie du die Welt siehst. Fotografiere nicht für Likes, Kommentare, Klicks oder für andere. Fotografiere das, was dein Herz berührt. Mache deine Aufnahmen nicht austauschbar, sondern lass sie deine eigene Geschichte erzählen. Wir wünschen dir unheimlich viel Freude dabei und freuen uns riesig darauf, dich auf diesem Weg zu begleiten.

UNSER RAT FÜR DIESES BUCH

Du musst dieses Buch nicht von vorne nach hinten lesen. Wenn dich besonders die Fotografie bestimmter Situationen in der Natur interessiert, dann springe direkt zu diesen Kapiteln in der zweiten Hälfte des Buches. Bist du dir noch unsicher, welches Equipment sinnvoll ist, dann sind die nächsten Seiten interessant für dich.

Wir möchten dir jedoch raten, auf jeden Fall die Kapitel „Licht ist alles" und „Bildgestaltung" zu lesen. Egal wie und wo du fotografierst und was du dafür nutzt: Wenn du die Tipps in diesen beiden Kapiteln beherzigst, wird das jedes deiner Fotos ungemein verbessern.

WAS DU BRAUCHST – UND WAS NICHT

Fotografiere, womit du willst

Weißt du, welches Thema am häufigsten in Fotocommunitys besprochen und bei Google gesucht wird? Ganz genau: das Equipment. Was braucht man noch, was hat noch mehr Megapixel, noch mehr ISO, noch mehr Dynamikumfang? Was kann man vorne oder oben auf die Kamera noch draufschrauben, und was gibt es seit der letzten Unterhaltung schon wieder alles Neues?

Vergiss alles, was du bisher über „Was du wirklich brauchst" gehört hast. Für großartige Fotos brauchst du zum Glück fast gar nichts – und mit Sicherheit kein Profiequipment. Wir sind seit vielen Jahren Berufsfotografen, haben einiges an Ausrüstung ausprobiert und können eines mit Sicherheit sagen: Es ist völlig egal, womit du fotografierst. Du kannst mit jedem Equipment herausragende Aufnahmen machen.

Natürlich hat teures Equipment in manchen Fällen dennoch seine Berechtigung: Wenn du als Hochzeitsfotograf auf einer dunklen Tanzfläche schnelle Bewegungen stimmungsvoll einfangen möchtest, brauchst du einen sehr starken Autofokus und eine hohe Lichtstärke. Auch als Wildtierfotograf bist du vom Autofokus abhängig, genauso wie von einer sehr hohen Brennweite, die viele Tausend Euro kosten kann. Und wenn jemand deine Fotos auf Hauswandgröße drucken möchte, ist eine sehr hohe Auflösung unverzichtbar.

Aber: Für 95 Prozent der Fotos, die Einsteiger machen, reicht eine einfache, günstige Kamera völlig aus. Eine bessere, schnellere, größere ... Kamera macht keinen, wirklich gar keinen(!) Unterschied für die allermeisten Fotos im Alltag und auf Reisen. Viele Aufnahmen, die wir in diesem Buch zeigen, haben wir mit einfachem Einsteigerequipment gemacht, das teilweise kaputt war und mittlerweile als völlig überholt gilt. Wenn du die Bildunterschriften nicht liest, dann garantieren wir dir, dass du nicht erkennst, welche Fotos das betrifft.

Natürlich soll dich das nicht davon abhalten, dich nach Lust und Laune auszustatten: Wenn es dir Freude macht und du das Geld ausgeben kannst und möchtest, dann kannst du dir selbstverständlich eine teure Kameraausrüstung kaufen. Es spricht nichts dagegen. Nötig ist es aber nicht.

Lege dir also so viel Equipment zu, wie du möchtest und dich reizt, und nimm zum Fotografieren so viel mit, wie du tragen magst. Vielleicht macht es dir Spaß, dein Stativ aufzubauen und auf den perfekten Moment zu warten. Vielleicht möchtest du aber auch nur eine kleine Kamera mitnehmen und flexibel und spontan sein. Wie bereits erwähnt: Du bist der Fotograf – du entscheidest.

UNSER EQUIPMENT

Weil wir als Berufsfotografen in verschiedenen, teils sehr schwierigen Situationen zuverlässig fotografieren müssen, nutzen wir Profiequipment wie Vollformat-Spiegelreflexkameras und L-Objektive von Canon. Mit diesen wurden viele Fotos in diesem Buch gemacht, eben weil wir sie aktuell haben.

Als Beweis dafür, dass das nicht unbedingt nötig ist, findest du hier aber auch immer wieder Fotos, die wir mit alten, günstigen Einsteigerkameras und -objektiven aufgenommen haben, die du aktuell gebraucht für unter 100 Euro bekommst. Jan fotografiert am liebsten mit Weitwinkelobjektiven, Sina mit Festbrennweiten. Jan gerne mit Stativ, Sina nicht. Filter nutzen wir beide so gut wie nie. So hat jeder seine eigenen Vorlieben. Probiere dich aus und finde deinen persönlichen Stil.

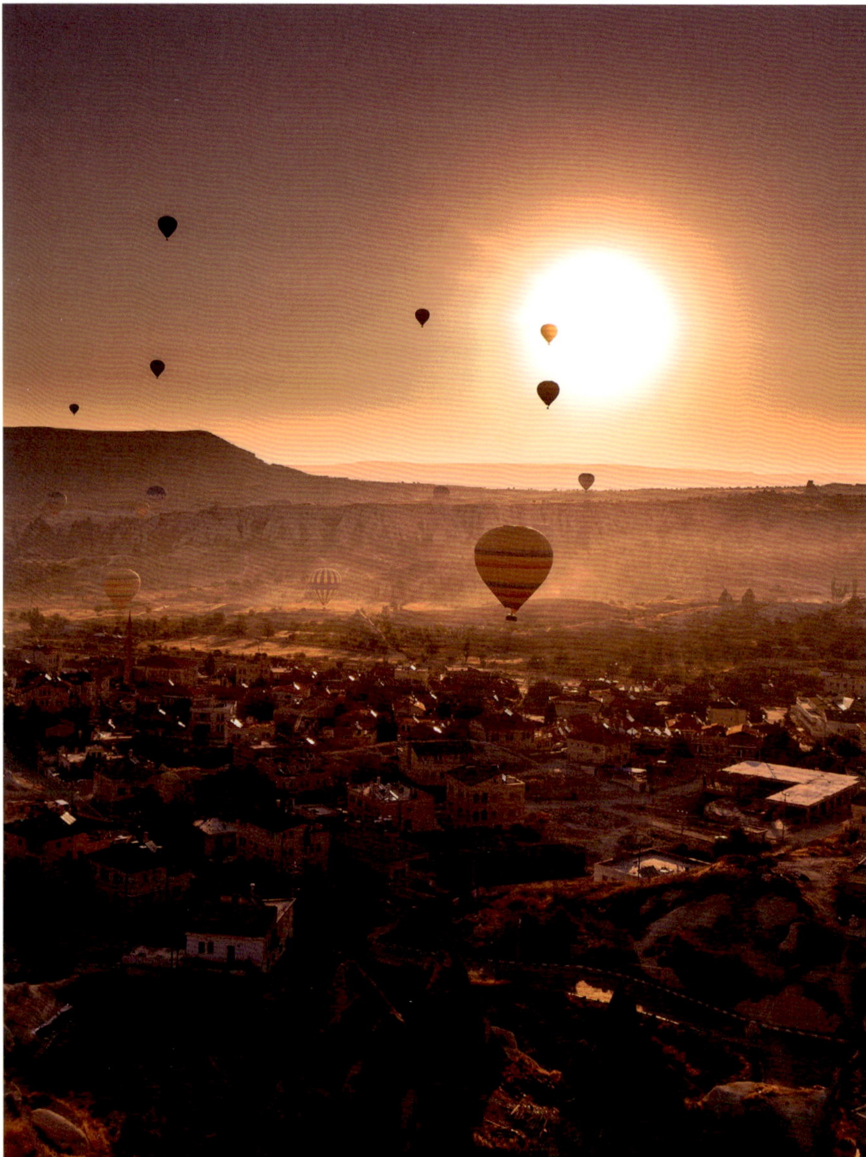

Dieses Foto haben wir mit altem Einsteigerequipment aufgenommen, trotzdem ist es eines unserer erfolgreichsten. Canon EOS 400D | Canon EF-S 10–22 mm f/3.5–4.5 USM bei 22 mm | 1/800 | f/4.5 | ISO 100 | 06:58 Uhr

Kamera

Das Einzige, was du – neben deinen Augen und deinem Herzen – zum Fotografieren wirklich brauchst, ist eine Kamera. Wie schon gesagt: Es ist ein weit verbreiteter Irrglaube, dass eine teurere Kamera bessere Fotos macht. Wenn du schon eine Kamera hast, dann nutze einfach diese. Wenn du Geld ausgeben möchtest, um in der Fotografie weiterzukommen, dann stecke es lieber in besondere (Foto-)Reisen oder in andere Situationen, die dir spannende Motive bringen!

Die Fotos auf der folgenden Doppelseite sind der Beweis dafür, dass du mit jeder Art von Equipment ansprechende und beeindruckende Aufnahmen machen kannst. Wichtig ist lediglich, dass du die für die Situation und das Motiv passenden Kameraeinstellungen wählst, auf gute Lichtverhältnisse achtest und die Grundregeln der Bildgestaltung beachtest. Der Rest kommt von ganz allein – mit ein wenig Übung und Freude an der Sache.

Um tolle Fotos zu machen, Spaß an der Fotografie zu finden und viele Möglichkeiten zu haben, empfehlen wir dir für den Anfang vor allem drei Dinge, auf die du bei einer Kamera achten solltest:

1. Sie sollte manuelle Einstellungen erlauben.
2. Sie sollte das Fotografieren im RAW-Modus erlauben.
3. Die Objektive sollten sich wechseln lassen.

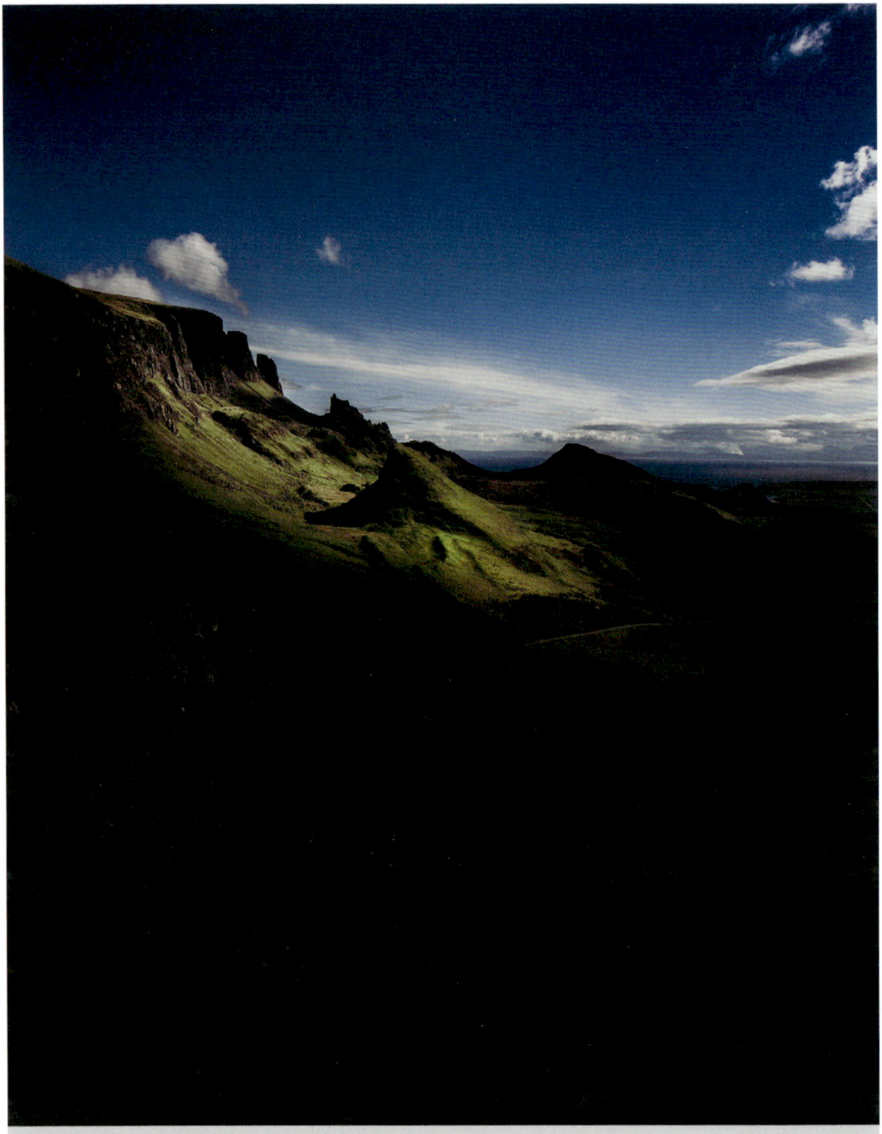

Schottische Highlands, fotografiert mit einer alten, günstigen Kamera Canon EOS 40D | Sigma 8–16 mm f/4.5–5.6 DC HSM bei 11 mm | 1/320 | f/11 | ISO 200 | 09:43 Uhr

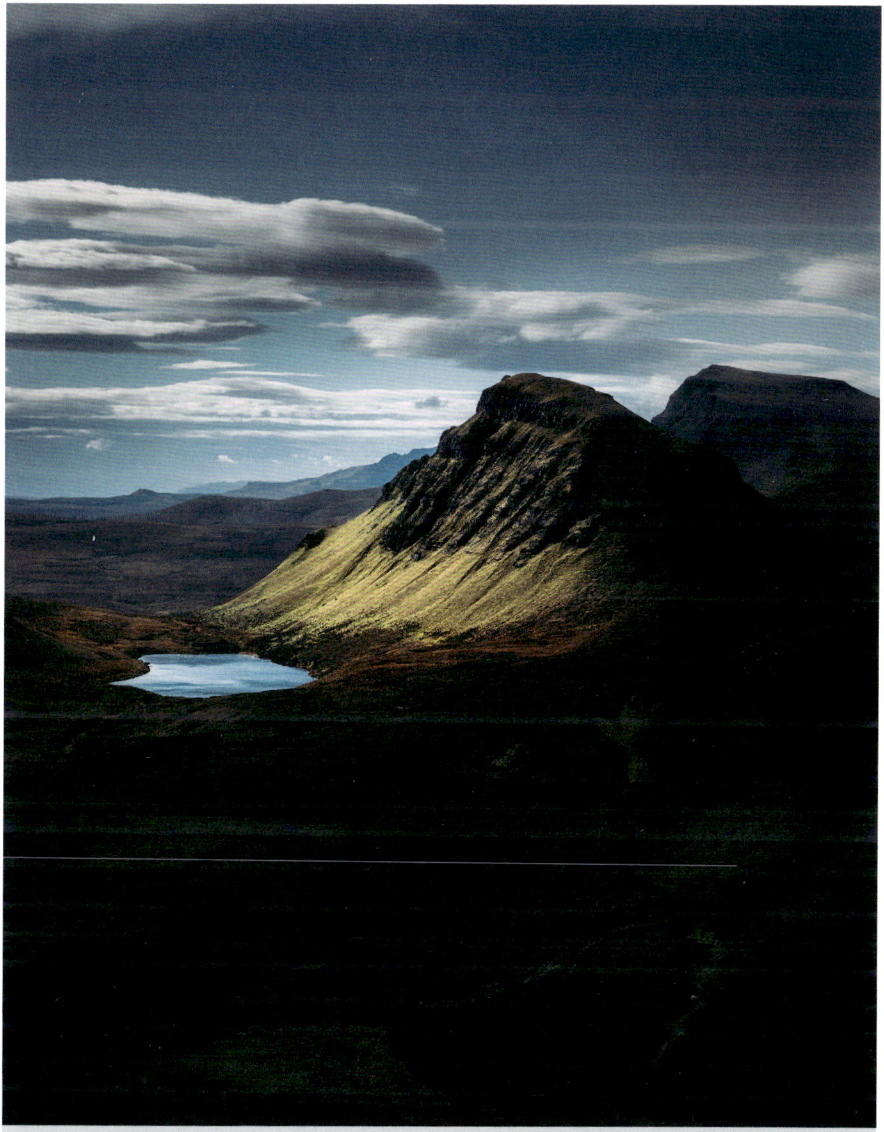

Schottische Highlands, fotografiert mit einer neueren Profikamera Canon EOS 5D Mark III | Canon EF 24–105 mm f/4 L IS USM bei 55 mm | 1/500 | f/5.6 | ISO 200 | 09:21

Kameratypen

Die meisten Tipps dieses Buches lassen sich theoretisch auch mit einer Smartphonekamera umsetzen. Dennoch empfehlen wir dir, wie schon gesagt, eine Kamera, die du manuell einstellen und an der du das Objektiv wechseln kannst. Dadurch hast du alle Möglichkeiten, dein Bild nach deinen Wünschen selbst zu gestalten. Im Wesentlichen sind dies:

- Spiegelreflexkameras (DSLR)
- Spiegellose Systemkameras (DSLM)

Bezüglich der Bildqualität unterscheiden sich diese beiden Typen nicht. Der große Unterschied ist technischer Natur: Spiegelreflexkameras nutzen – wie der Name schon sagt – einen Spiegel, um ein Vorschaubild in den Sucher zu projizieren. Bei spiegellosen Kameras wird dieses Sucherbild elektronisch dargestellt. Auch der Autofokus funktioniert bei spiegellosen Kameras über digitale Bildsensoren. Eine DSLM ist also mehr „Computer" als eine DSLR. Vor einigen Jahren hatte eine DSLM noch deutliche Nachteile gegenüber einer DSLR, diese sind mittlerweile aber ausgeglichen, sodass es irrelevant ist, für welches System du dich entscheidest.

Wichtig zu wissen ist, dass sich die Hersteller nach und nach von der DSLR-Technik abwenden, die Zukunft also klar bei spiegellosen Kameras liegt. Wenn du dir eine neue Ausrüstung zulegst, solltest du das im Hinterkopf behalten. Der Nachteil ist allerdings, dass DSLMs und insbesondere ihre Objektive aktuell noch teurer und auf dem Gebrauchtmarkt weniger verfügbar sind.

Während wir dieses Buch schreiben, fotografieren wir selbst noch mit Spiegelreflexkameras, sodass alle Fotos in diesem Buch mit diesen aufgenommen wurden. Wir selbst werden in den nächsten Monaten aber ebenfalls auf spiegellose Kameras umsteigen.

Sensorgrößen

Der Sensor ist das „Herz“ deiner Kamera. Er ist ein kleiner Chip, der mithilfe vieler kleiner Sensoren das durch den Verschluss fallende Licht aufnimmt und in ein Bild umwandelt. Das Foto wird aus vielen einzelnen Bildpunkten (Pixeln) zusammengesetzt. Die Größe des Sensors unterscheidet sich von Kamera zu Kamera und spielt eine wichtige Rolle für die Fotografie. Er beeinflusst:

- die rechnerische Brennweite des Objektivs (Crop-Faktor),
- die Lichtempfindlichkeit,
- die Schärfentiefe und
- die Auflösung.

Grundsätzlich gilt: Je größer der Sensor, desto besser für die Fotos. Größere Sensoren benötigen aber viel Platz und dementsprechend größere und schwerere Kameragehäuse sowie bessere (und damit teurere) Objektive. Die Wahl der Sensorgröße erfordert also ein Abwägen zwischen Bildqualität auf der einen und Handlichkeit sowie Preis auf der anderen Seite.

Die klassische Sensorgröße ist das Kleinbildformat. Es wird bei Vollformatkameras verwendet, also den größeren, professionelleren Kameras (sowohl DSLR als auch DSLM). Die nächstkleinere Größe ist das APS-C-Format (ebenfalls sowohl DSLR als auch DSLM). Noch eine Stufe kleiner ist das MFT-Format. Beide Formate werden häufig bei Einsteiger- und semiprofessionellen Kameras genutzt.

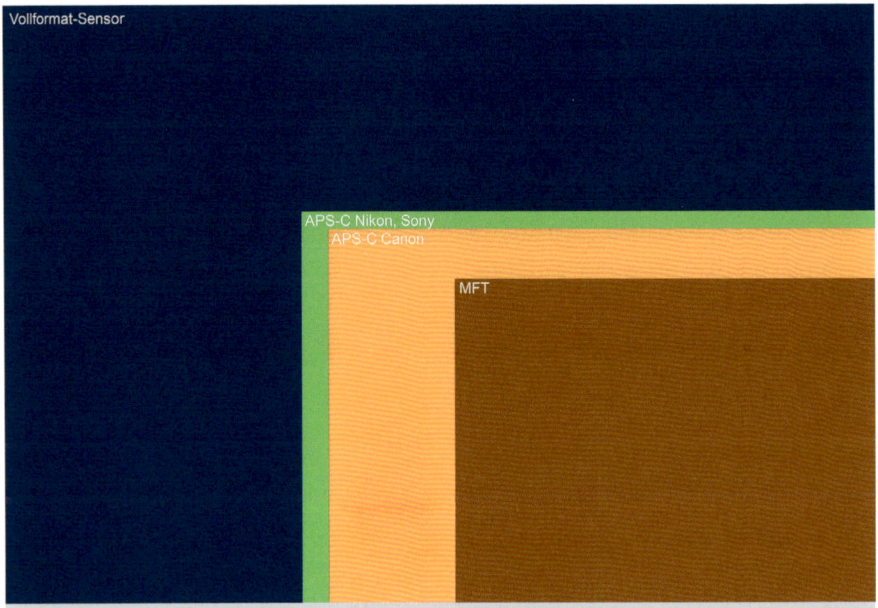

Die Grafik verdeutlicht die Größenverhältnisse verschiedener Sensortypen: Vollformat-Sensor (36 x 24 mm), APS-C Nikon, Sony und andere (23,6 x 15,7 mm), APS-C Canon (22,5 x 15 mm), MFT (17,3x13 mm)

Smartphonekameras und Kompaktkameras haben noch kleinere Sensoren. Gerade Erstere nutzen daher viel Computertechnologie, um diesen Umstand auszugleichen und ein Resultat zu erzeugen, das einem größeren Sensor nahekommt (z. B. künstliche Hintergrundunschärfe). Dafür berechnen sie mit teils komplizierten Techniken das fertige Bild. Dadurch ist ein Smartphonefoto mehr „künstliche Intelligenz“ und weniger „traditionelle Fotografie“. Dies führt dazu, dass Smartphonefotos manchmal sehr gut aussehen, ohne dass man viel tun muss. In anderen Situationen aber gerät die Technologie an ihre Grenzen und es sind keine vernünftigen Fotos mehr möglich. Wenn du dich also intensiv mit der Fotografie beschäftigen und all deine Fotoideen uneingeschränkt umsetzen möchtest, dann lohnt es sich, in entsprechendes Equipment und einen möglichst großen Sensor zu investieren, um Enttäuschungen zu vermeiden.

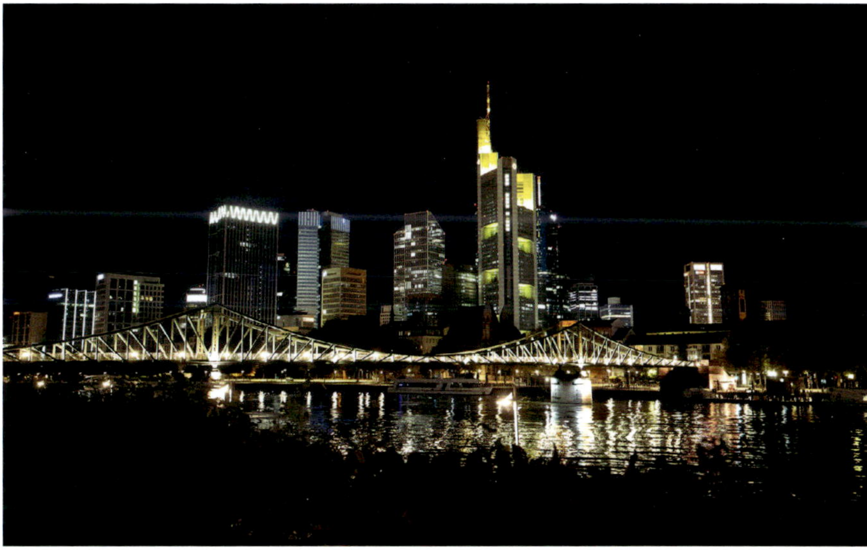

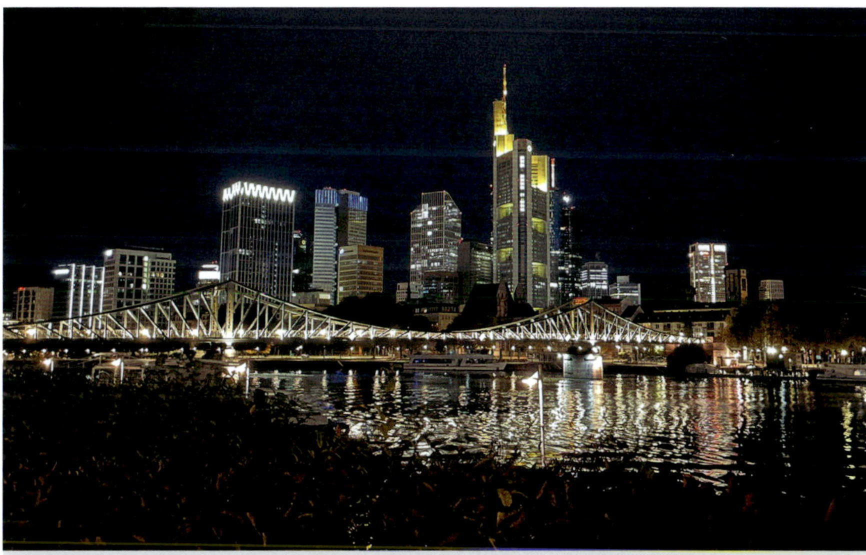

Mit der Kamera können wir die Szene problemlos einfangen (oben). Wenn viele Lichter vorhanden sind, funktionieren die Berechnungen des iPhones auch in der Dunkelheit (unten). Oben: Canon EOS 5D Mark III | Canon EF 16–35 mm f/4L IS USM bei 33 mm | 1/10 | f/4 | ISO 12800 | 06:07 Uhr | Unten: iPhone 12 Pro | automatische Langzeitbelichtung | 1/5 sek | 06:06 Uhr

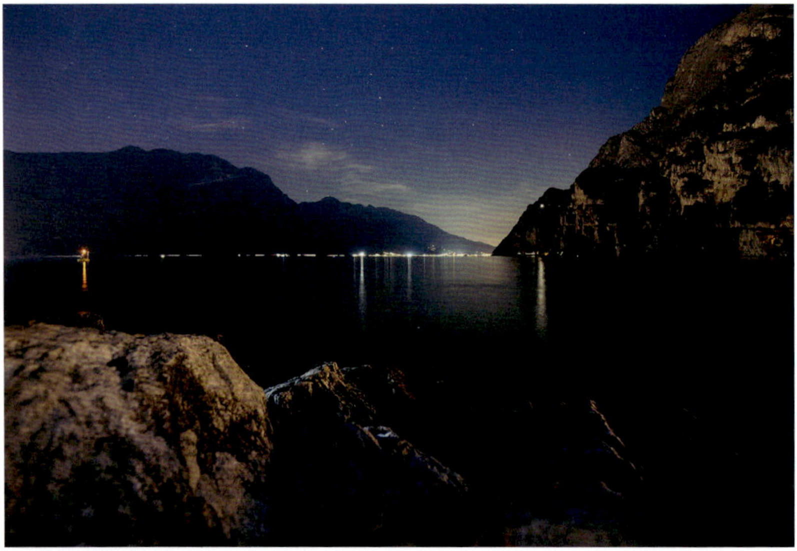

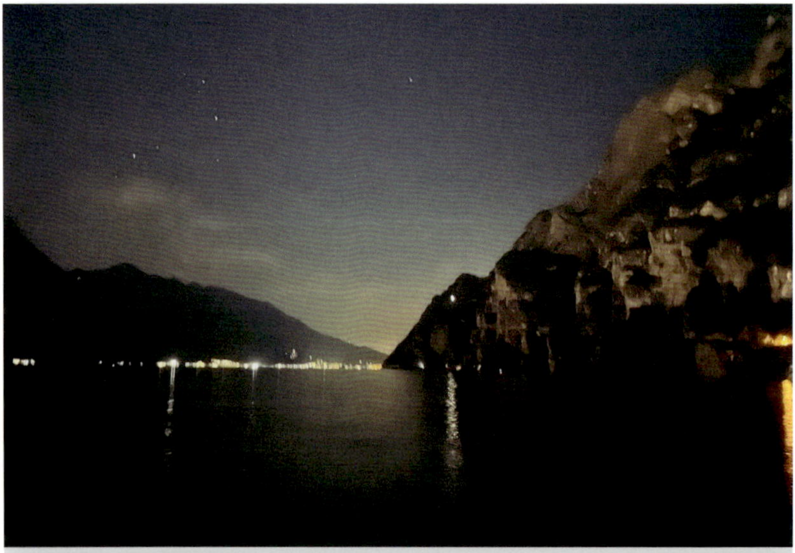

Die Kamera ermöglicht uns das Fotografieren auch dann, wenn kaum oder kein Licht vorhanden ist (oben). In dieser Situation versagt die Berechnung des Smartphones vollkommen (unten). Oben: Canon EOS 5D Mark III auf Stativ | Canon EF 16–35 mm f/4L IS USM bei 16 mm | 30 sek | f/4 | ISO 1000| 22:54 Uhr | Unten: iPhone 12 Pro | automatische Langzeitbelichtung | 1,1 sek | 22:53 Uhr

DER CROP-FAKTOR

Alle gängigen Angaben und Faustformeln der Fotografie beziehen sich auf Vollformatsensoren. Kleinere Kamerasensoren nutzen kleinere Beschnitte (Englisch: *crop*) des sichtbaren Bildausschnittes. Dies führt dazu, dass die gleiche Brennweite bei verschiedenen Kamerasensoren unterschiedlich wirkt.

Der Größenunterschied von kleineren Sensoren zum Vollformatsensor wird als Crop-Faktor angegeben. Bei APS-C-Kameras der meisten Hersteller beträgt dieser 1,5 – bei Canon allerdings 1,6. Ein Vollformatsensor ist also 1,5x größer als ein APS-C-Sensor. MFT-Sensoren haben einen Crop-Faktor von 2.

In der Praxis bedeutet dies, dass Fotos, die mit einer APS-C-Kamera bei gleicher Brennweite aufgenommen werden, um das 1,5-fache „näher dran" erscheinen als Fotos einer Vollformatkamera. Ein 16-mm-Objektiv an einer Vollformatkamera entspricht also 24 mm an einer APS-C-Kamera (16*1,5=24 mm). Für dich ist es wichtig, die Sensorgröße deiner eigenen Kamera zu kennen, um diese Angaben ggf. umrechnen zu können.

Objektiv

Wichtiger als deine Kamera ist dein Objektiv. Es entscheidet zum Beispiel darüber, wie viel Licht auf den Sensor gelangt (Lichtstärke), in welcher Entfernung du dein Motiv siehst (Brennweite), und es beeinflusst in entscheidendem Maße die Qualität deiner Fotos. Du solltest der Wahl des Objektivs daher besondere Aufmerksamkeit zukommen lassen und im Zweifel immer eher in ein besseres Objektiv investieren als in eine bessere Kamera.

Es gibt unzählige verschiedene Objektive auf dem Markt, in Preisklassen von 50 Euro bis sehr weit in den fünfstelligen Bereich hinein. Für jeden Bereich der Fotografie gibt es hochspezialisierte Objektive, aber du findest auch flexibel einsetzbare Versionen, die ebenso schöne Fotos machen und einen bezahlbaren Kompromiss darstellen.

Für deinen Einstieg in die Fotografie empfehlen wir dir eines der flexiblen Objektive, oft auch „Standardzoom" genannt. Du kannst hiermit nicht alle Bereiche der Fotografie abdecken, aber herausfinden, was dir wirklich liegt und Freude macht. Später kannst du dich, falls du Lust hast, weiter spezialisieren und dir die entsprechenden Objektive zulegen. In jedem Fall aber solltest du darauf achten, dass dein Objektiv über einen Autofokus (AF) verfügt.

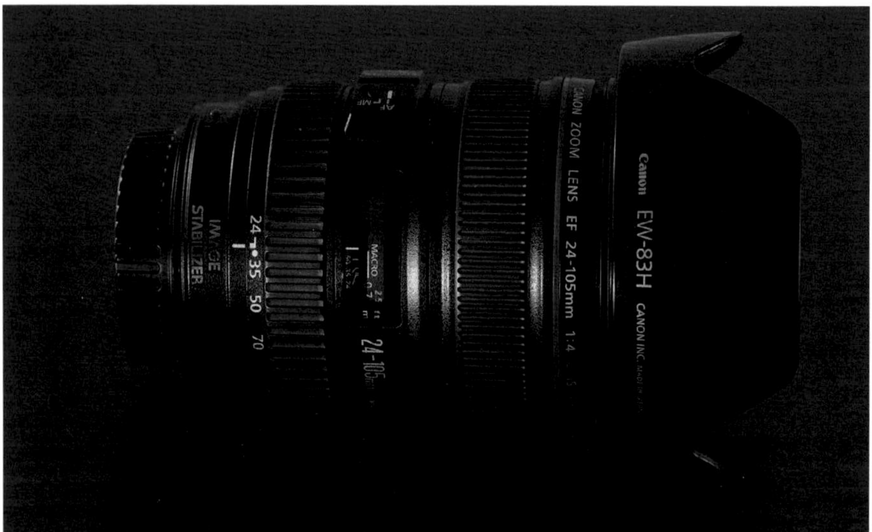

Ein Standardzoomobjektiv deckt den mittleren Brennweitenbereich ab. Es eignet sich für viele Alltagssituationen. Dieses Bild zeigt das Canon EF 24–105 mm f/4L IS USM, das wir für einige Fotos in diesem Buch verwendet haben.

Wenn du eine APS-C-Kamera besitzt, ist ein gutes Standardzoomobjektiv für den Anfang ein Objektiv mit einer Brennweite zwischen 17 und 70 mm, bei Vollformatkameras sind 24–70 mm oder 24–105 mm eine gute Wahl. So bist du gut gerüstet für die meisten gängigen Fotosituationen, die dir draußen begegnen.

Wenn du schon weißt, dass du auch Tiere fotografieren möchtest, bietet sich zusätzlich der Kauf eines Telezooms an, z. B. 70–200 mm oder 70–300 mm. Damit kannst du wesentlich näher an dein Motiv heranzoomen. Eine Festbrennweite mit großer Blendenöffnung (z. B. 50 mm, f/1.8) kann zusätzlich eine gute Investition sein, wenn du Wert auf einen schönen Bildlook und eine hohe Lichtstärke legst.

VORSICHT VOR SUPERZOOMOBJEKTIVEN!

Sogenannte Superzoom- oder Reisezoomobjektive decken einen sehr hohen Brennweitenbereich ab, etwa 16–300 mm. Sie werden Anfängern daher oft als flexible Objektive für den Einstieg empfohlen. Wir raten von diesen Objektiven jedoch ab, da sowohl Lichtstärke als auch Bildqualität deutlich schlechter sind als bei anderen Objektiven. Durch die extreme Flexibilität musst du dir außerdem wenig Gedanken um Bildaufbau & Co. machen (du zoomst einfach immer), was die fotografische Entwicklung unserer Erfahrung nach hemmt.

Objektive kannst du in der Regel gut gebraucht kaufen, da sie kaum verschleißen. Achte darauf, dass sie weder Pilzbefall noch sichtbare Einschlüsse (z. B. Staub im Inneren des Objektivs) oder Beschädigungen aufweisen. Dann kannst du mit einem Gebrauchtkauf viel Geld sparen. Wir würden ein gebrauchtes, höherwertiges Objektiv immer einem neuen, günstigeren Objektiv vorziehen. Für den Gebrauchtkauf gibt es spezielle Kategorien in Fotoforen, aber auch in Facebookgruppen oder Kleinanzeigenbörsen wirst du fündig.

Brennweite

Die Brennweite ist einer der wichtigsten Parameter jedes Objektivs. Sie gibt an, wie weit weg oder nah dran das Motiv durch den Sucher und damit auch auf dem Foto erscheint.

Die Brennweite findest du als mm-Angabe auf deinem Objektiv. Hierbei steht eine niedrige mm-Angabe (z.B. 16 mm) für einen großen Bildwinkel. Das bedeutet, dass du viel Umgebung auf deinem Bild siehst, das Motiv also sehr weit weg erscheint. Niedrige Brennweiten (auch Weitwinkel genannt) bieten sich sehr gut für Landschaftsfotos an, wenn du viel von der Umgebung auf deinem Foto zeigen möchtest.

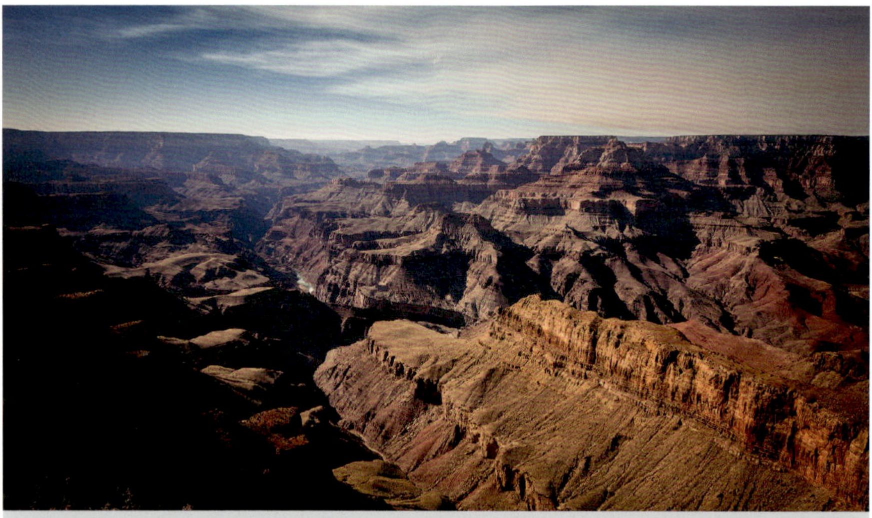

Die Weite von Landschaften hältst du am besten mit einem Weitwinkelobjektiv fest. Canon EOS 5D Mark III | Canon EF 16–35 mm f/4L IS USM bei 26 mm | 1/200 | f/11 | ISO 200 | 17:55 Uhr

Mittlere Brennweiten (z. B. 50 mm) entsprechen etwa dem normalen Sehen und werden auch als „Normalbereich“ bezeichnet. Sie sind flexibel einsetzbar, z. B. für Porträts, für Straßen- und Naturszenen sowie für Details.

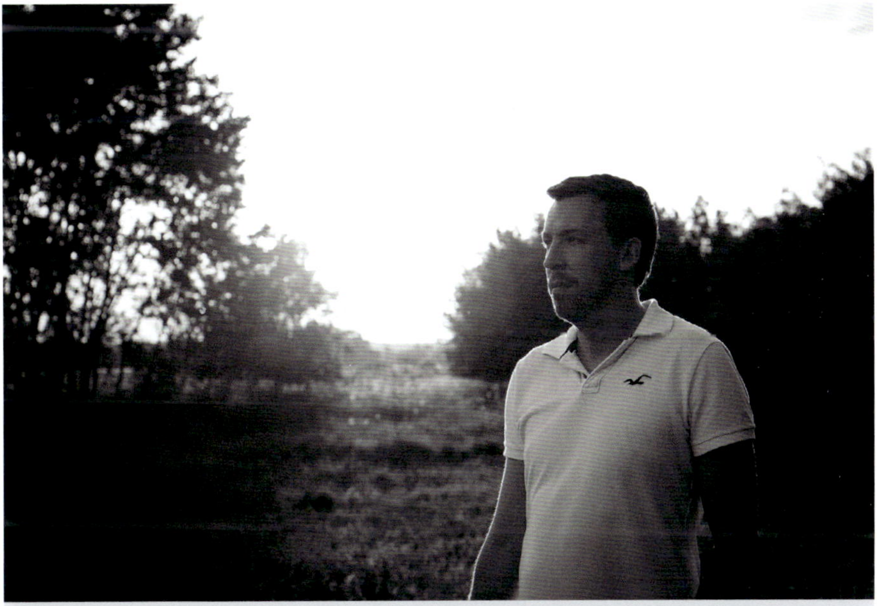

Für Porträts von Menschen und Tieren eignen sich mittlere Brennweiten sehr gut.
Canon EOS 5D Mark III | Canon EF 50 mm f/1.8 II | 1/1000 | f/4.5 | ISO 100 | 20:18 Uhr

Eine große Brennweite (z. B. 300 mm) steht für einen kleinen Bildwinkel, der dir lediglich einen kleinen Ausschnitt aus der Umgebung zeigt. Weiter entfernte Motive erscheinen dadurch, wie bei einem Fernglas, näher dran. Große Brennweiten (auch Tele genannt) eignen sich für alle Motive, die sich weiter weg befinden, also etwa für wilde Tiere.

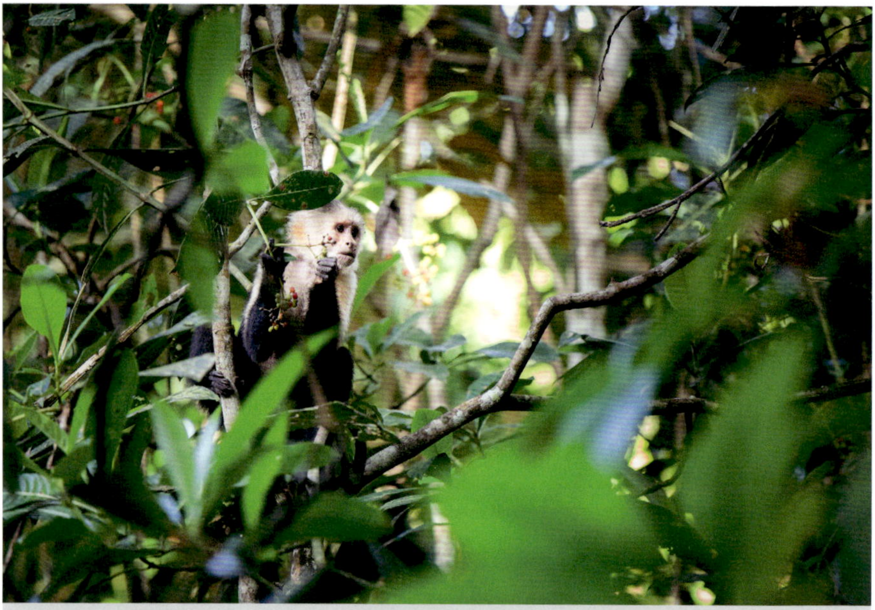

Wildtiere sind ein typischer Anwendungsbereich für Teleobjektive. 200 mm sind hier in den meisten Fällen sogar fast zu wenig. Canon EOS 5D Mark III | Canon EF 70–200 mm f/4L IS USM bei 200 mm | 1/250 | f/4 | ISO 5000 | 08:47 Uhr

Eine weitere Eigenschaft großer Brennweiten ist, dass es damit leichter ist, den Hintergrund unschärfer abzubilden. Sie werden daher auch oft für Porträts oder Detailfotos genutzt, wenn der Hintergrund unscharf erscheinen soll. In diesem Fall musst du dich entsprechend weiter weg vom Motiv positionieren.

Die folgenden vier Abbildungen zeigen das gleiche Motiv bei verschiedenen Brennweiten:

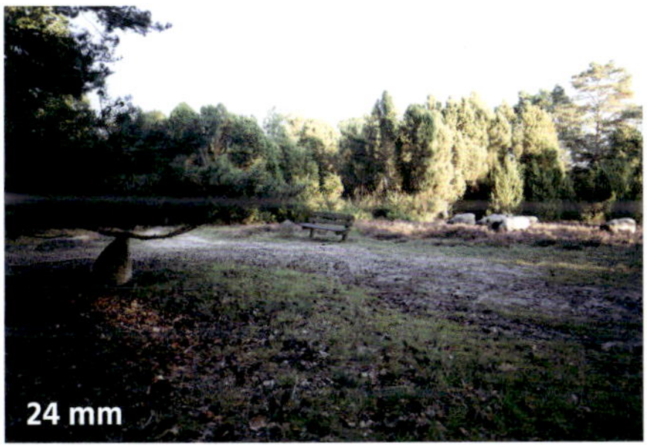

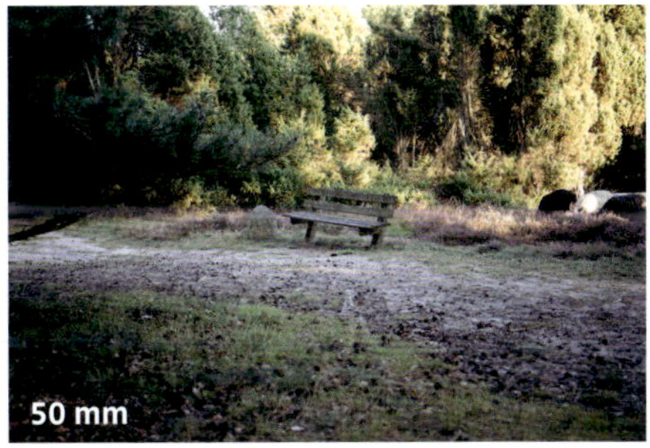

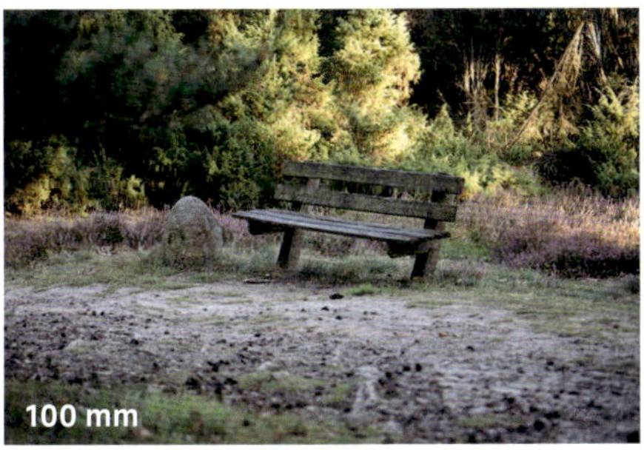

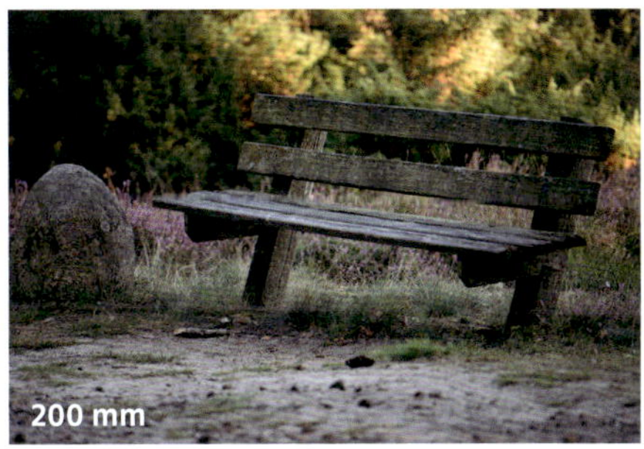

Festbrennweiten und Zoomobjektive

Man unterscheidet zwischen Festbrennweiten und Zoomobjektiven. Festbrennweiten sind auf genau einen Bildwinkel optimiert und erlauben kein Heraus- oder Hereinzoomen. Typische Festbrennweiten sind 24 mm, 35 mm, 50 mm oder 85 mm. Festbrennweiten werden häufig von Profifotografen verwendet, weil sie eine sehr gute Abbildungsleistung (Bildqualität) und in der Regel eine hohe Lichtstärke bieten. Durch die große Offenblende wird zudem ein sehr ansprechender Bildlook ermöglicht. Außerdem sind sie meist kleiner und leichter als vergleichbare Zoomobjektive.

Der Nachteil einer Festbrennweite ist ihre geringere Flexibilität. Dadurch, dass du nicht zoomen kannst, musst du dich viel bewegen und mit unterschiedlichen Perspektiven und Bildschnitten experimentieren. Da du hierdurch deine fotografischen Fähigkeiten und deinen fotografischen Blick stark schulst, empfehlen wir Festbrennweiten auch schon für den Einstieg in die Fotografie. Die ausgezeichnete Bildqualität und die hohe Lichtstärke sind Boni, die dir sehr viel Freude bereiten werden. Für manche Kameramarken gibt es sehr günstige 50-mm-Festbrennweiten, gebraucht bekommst du sie sogar für unter 100 Euro. Halte Ausschau danach!

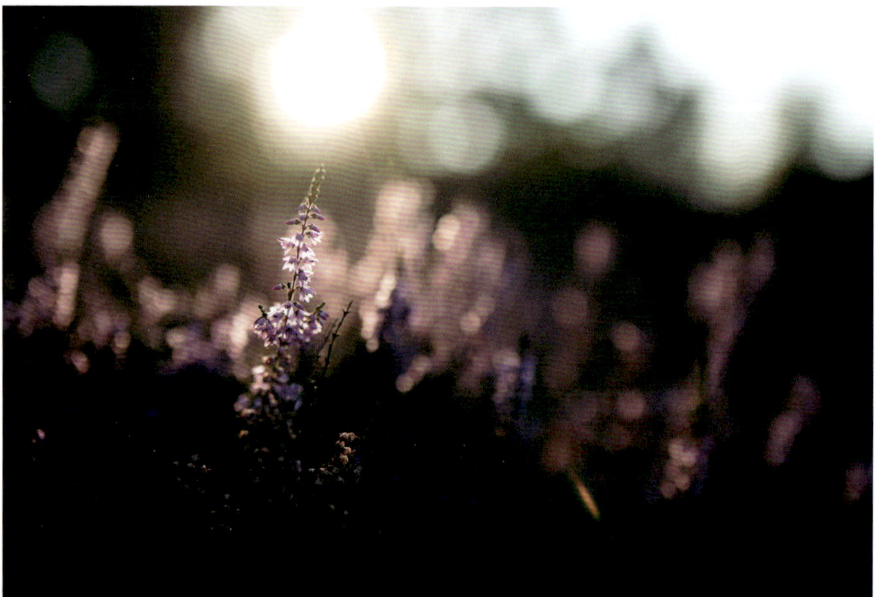

Mit Festbrennweiten erreichst du durch die große Offenblende sehr schöne Bildlooks mit viel Hintergrundunschärfe. Canon EOS 5D Mark IV | Sigma 35 mm f/1.4 DG HSM Art | 1/3200 | f/1.8 | ISO 200 | 18:36 Uhr

Im Gegensatz zu Festbrennweiten erlauben Zoomobjektive durch das Drehen am Objektiv den Wechsel zwischen verschiedenen Brennweiten. Bei einem Zoomobjektiv mit der Angabe „17–70 mm“ kannst du also alle Brennweiten zwischen 17 mm und 70 mm nutzen und so je nach Wunsch und Motiv sehr viel (17 mm) oder weniger (70 mm) von der Umgebung mit aufs Bild nehmen.

Der Vorteil von Zoomobjektiven ist eindeutig ihre Flexibilität und dass du seltener (oder nie) das Objektiv wechseln musst. Da sie in der Herstellung für verschiedene Brennweiten angepasst werden müssen und dies technische Kompromisse erfordert, sind Bildqualität und Lichtstärke allerdings in der Regel etwas schwächer als bei Festbrennweiten.

Lichtstärke

Der zweite wichtige Parameter eines Objektivs ist die Lichtstärke. Sie gibt die maximale Blendenöffnung an und damit, wie viel Licht maximal auf den Sensor gelassen wird. Die maximale Blendenöffnung wird auf Objektiven und in Objektivbezeichnungen entweder mit einer 1:, einer 1/ oder einem f/ angegeben, also z. B. 1:4 oder f/4.

Dabei gilt: **Je kleiner die Zahl, desto größer die Blendenöffnung und desto lichtstärker das Objektiv!** Typische Lichtstärken von Zoomobjektiven sind f/2.8, f/4 oder f/5.6. Das lichtstärkste, also „beste“ dieser Objektive ist demnach das mit der Angabe f/2.8. Festbrennweiten haben in der Regel eine höhere Lichtstärke als Zoomobjektive. Typische Lichtstärken sind hier z. B. f/1.8 oder f/1.4.

Die Lichtstärke ist ein wichtiges Kriterium für den Objektivkauf, denn sie entscheidet darüber, wie gut du bei schlechten Lichtverhältnissen – etwa in der Dämmerung – fotografieren kannst. Objektive mit einer hohen Lichtstärke sind also immer besser als Objektive mit geringerer Lichtstärke. Leider sind sie auch deutlich teurer.

Die Blendenöffnung des Objektivs ist nicht nur für die Lichtstärke, sondern auch für den Schärfe-Unschärfeverlauf auf Fotos verantwortlich. Hierbei ermöglicht eine große Blendenöffnung (z. B. f/1.8) viel Hintergrundunschärfe, während eine kleine Blendenöffnung (z. B. f/6.3) einen größeren Bereich des Fotos scharf abbildet.

Wir empfehlen dir ein Objektiv mit mindestens f/4 (besser noch f/2.8). Hiermit hast du mehr Möglichkeiten, sowohl bei wenig Licht als auch hinsichtlich der Bildgestaltung.

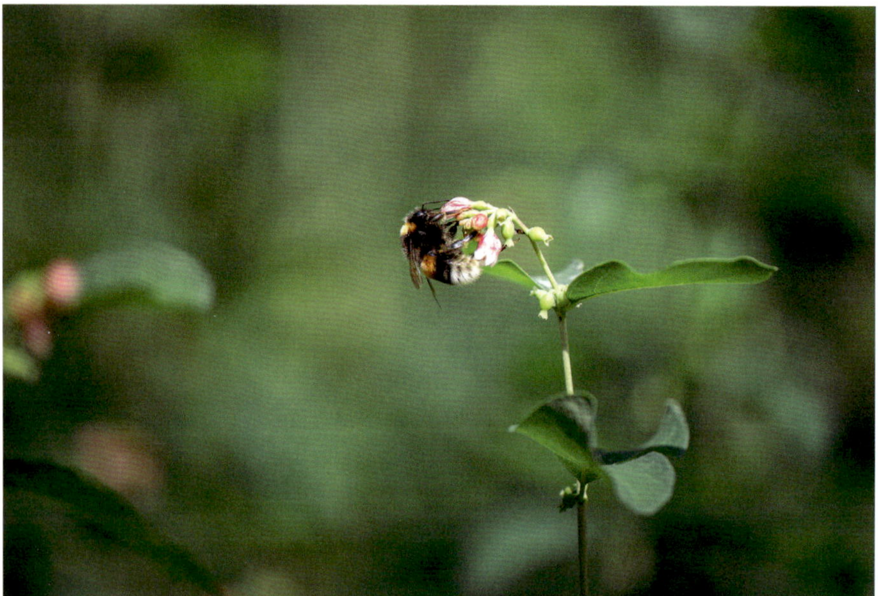

Objektive mit einer Lichtstärke von mindestens 4.0 bieten dir mehr Flexibilität und damit mehr Möglichkeiten in der Fotografie, etwa wenn – wie hier – sehr kurze Belichtungszeiten notwendig sind. Canon EOS 5D Mark III | Canon EF 70–200 mm f/4L IS USM bei 160 mm | 1/500 | f/4 | ISO 125 | 13:10 Uhr

Bildstabilisator

Viele Objektive verfügen über einen integrierten Bildstabilisator. Dieser wird bei jeder Marke unterschiedlich genannt, bei Canon etwa IS, bei Nikon VR, bei Sigma OS und bei Sony OSS.

Der Bildstabilisator ist sehr nützlich, denn er gleicht das natürliche Zittern deiner Hände etwas aus und erlaubt dir damit längere Belichtungszeiten, ohne dass dein Foto verwackelt. Du solltest ihn immer eingeschaltet lassen, wenn du aus der Hand fotografierst. Beim Fotografieren mit Stativ schalte den Stabilisator jedoch grundsätzlich aus. Die Ausgleichsversuche des Stabilisators können die ruhige Aufnahme sonst stören.

Ein Bildstabilisator ist gerade bei längeren Brennweiten (ab ca. 70 mm) enorm sinnvoll und hilft dir sehr, verwacklungsfreie Aufnahmen zu bekommen.

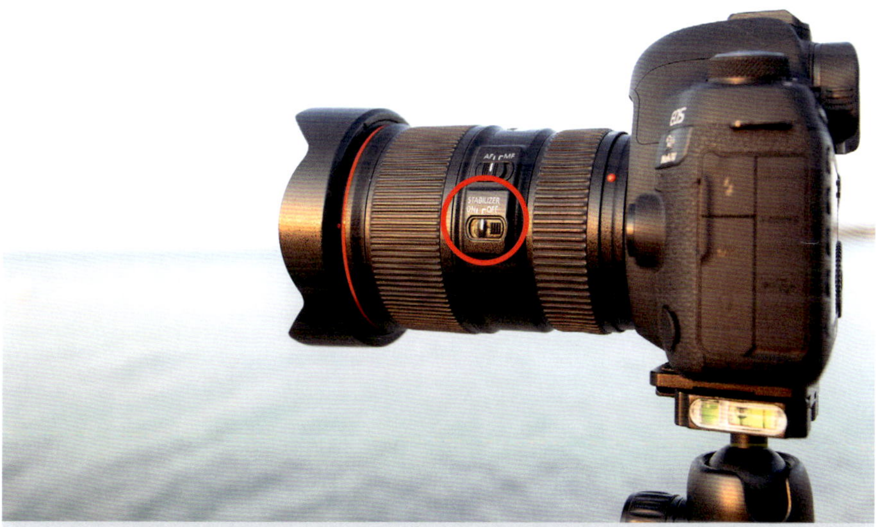

Den Bildstabilisator aktivierst du direkt am Objektiv. Hier ist er ausgeschaltet, da die Kamera auf einem Stativ steht.

Stativ

Ein Stativ dient zum Aufstellen und Stabilisieren der Kamera. Es kann hilfreich sein, um einen Bildausschnitt durchdacht aufzubauen und anschließend zu fixieren, um etwa auf eine besondere Lichtstimmung zu warten, bei deren Auftreten du dann nur noch auslösen musst.

Wie notwendig ein Stativ zum Fotografieren tatsächlich ist, wird von verschiedenen Fotografen ziemlich unterschiedlich gesehen. Am Ende musst du für dich selbst herausfinden, ob du lieber flexibel aus der Hand fotografierst oder die Unterstützung durch ein Stativ bevorzugst. Es kommt dabei auch sehr darauf an, welche Art von Fotos du gerne machen möchtest.

Unabdingbar ist ein Stativ, um längere Belichtungszeiten zu realisieren, die aus der Hand verwackeln würden. Welche Belichtungszeiten noch aus der Hand realisierbar sind, hängt von der Sensorgröße, der Brennweite und dem Bildstabilisator ab. Als grobe Faustformel gilt, dass der Kehrwehrt der Brennweite (bei 100 mm also 1/100 Sekunde) noch aus der Hand gehalten werden kann; längere Belichtungszeiten verwackeln in der Regel und benötigen ein Stativ.

Besonders kommt dies bei der Fotografie in der Dämmerung und in der Nacht zum Tragen. Möchtest du also zu diesen Tageszeiten fotografieren – oder Langzeitbelichtungen am Tag machen –, benötigst du zwingend ein Stativ. Ansonsten ist es unseres Erachtens für den Einstieg in die Fotografie nicht unbedingt nötig – vielleicht blockiert es dich sogar dabei, die Umgebung flexibel und spontan mit der Kamera zu erkunden.

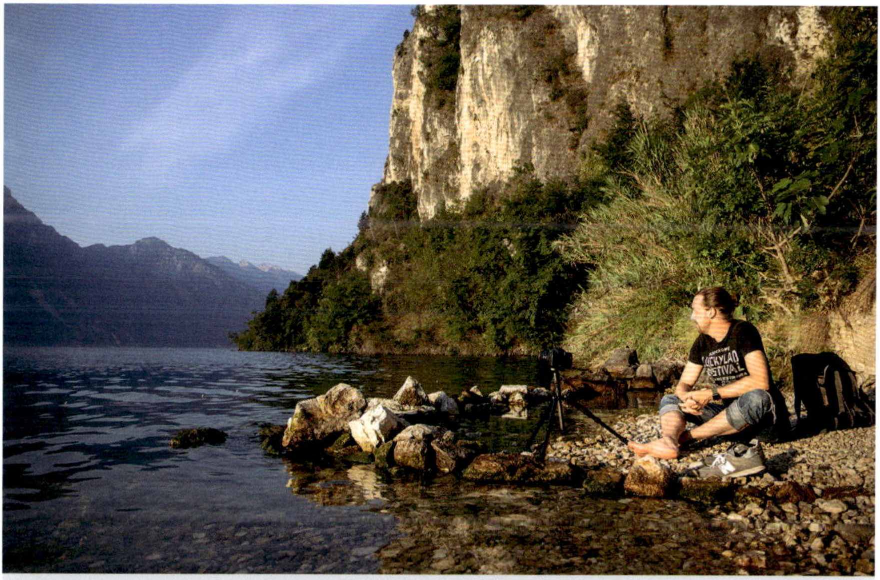

Wir nutzen Stative hauptsächlich für Langzeitbelichtungen, oder aber wenn wir den Bildausschnitt präzise festlegen wollen. Canon EOS 5D Mark IV | Canon EF 24–70 mm f/4L IS USM bei 24 mm | 1/500 | f4 | ISO 200 | 06:48 Uhr

Um draußen zu fotografieren, bietet sich ein leichtes Reisestativ aus Alu oder sogar Carbon an, welches trotz seines geringen Gewichts sicher steht und auch einem Windstoß standhält. Achte beim Kauf eines Stativs auf ein geringes Packmaß, gute Handhabung und darauf, dass es für das Gewicht deiner Kameraausrüstung ausgelegt ist. Wir empfehlen grundsätzlich Stative mit Kugelkopf. Diese sind zwar teurer, aber deutlich angenehmer und flexibler im Gebrauch als andere Modelle.

Möchtest du deine Kamera stabilisieren, aber ein Stativ ist dir zu sperrig oder zu schwer? In diesem Fall stellt ein GorillaPod oder ein Bohnensack eine kleinere und günstige Alternative dar, die du leichter mitnehmen kannst. Auf unserem Blog gehen wir genauer auf den Kauf eines Stativs zum Fotografieren in der Natur ein und vergleichen einige Modelle. Über den QR-Code gelangst du direkt zum Artikel.

Filter

Filter sind Glaselemente, die du vor dein Objektiv schrauben oder stecken kannst. Sie filtern das auf den Sensor fallende Licht auf eine bestimmte Weise und beeinflussen so dein Foto. Filter sind daher ein einfaches Mittel, um auf deinen Fotos einen bestimmten Effekt zu erzielen.

Einige Filter erlauben dir Verbesserungen oder Bildanpassungen, die du auch mit der Nachbearbeitung erreichen könntest, so aber schon direkt bei der Aufnahme erhältst. In anderen Anwendungsbereichen gibt es hingegen Effekte, die ausschließlich durch einen Filter und nicht durch die Nachbearbeitung umsetzbar sind. Wir stellen dir in diesem Kapitel die vier gängigsten Filterarten vor. Für die alltägliche Fotografie benötigst du sie nicht, für bestimmte Anwendungsbereiche sind sie hingegen hilfreich oder gar unabdingbar. Beim Kauf eines Filters solltest du unbedingt darauf achten, dass dieser dem Durchmesser deines Objektivs (Ø-Symbol) entspricht.

ND-Filter

ND-Filter (Neutraldichte-Filter) sind auch als Graufilter bekannt. Vereinfacht gesagt handelt es sich hierbei um eine dunkel getönte Glasscheibe. Vor dein Objektiv geschraubt, wirkt dieser Filter wie eine Sonnenbrille: Er schluckt viel Licht, wodurch weniger davon auf den Sensor fällt. Dein Bild wird dadurch deutlich dunkler.

Vielleicht wunderst du dich jetzt: Normalerweise hast du nicht den Wunsch, dass deine Fotos deutlich dunkler werden – oder du könntest einfach die Einstellungen entsprechend anpassen. ND-Filter sind tatsächlich nur für einen einzigen Anwendungsbereich unabdingbar: Wenn du am Tag lange belichten möchtest – etwa für die Fotografie von Wasserfällen oder um Passanten auf deinen Fotos verschwinden zu lassen.

Bei Langzeitbelichtungen am Tag wird das Foto normalerweise zu hell, denn die lange Belichtungszeit lässt viel Licht auf den Sensor fallen. Durch das Schließen der Blende lässt sich dies nur bis zu einem gewissen Grad ausgleichen. Ein ND-Filter schafft hier Abhilfe und gleicht die Menge an Licht, die durch die Langzeitbelichtung eigentlich auf den Sensor fallen würde, wieder aus.

ND-Filter gibt es in verschiedenen Stärken. Welche du benötigst, hängt von der Aufnahmesituation und der Helligkeit ab. Es bietet sich daher an, zwei oder drei verschiedene zu kaufen und in den entsprechenden Situationen dabeizuhaben.

Die Stärke von ND-Filtern wird leider unterschiedlich angegeben: Einige Hersteller geben die Neutraldichte an, andere den Verlängerungsfaktor der Belichtungszeit. Folgende Tabelle stellt die Angaben gegenüber und hilft dir dabei, den oder die für dich richtigen ND-Filter zu finden. Möchtest du am Tag lange belichten, empfehlen wir dir für den Anfang einen ND8-fach-, ND64-fach- und einen ND1000-fach-Filter, um ein großes Spektrum abzudecken und für verschiedene Situationen gerüstet zu sein.

ND-Angabe	NDx-fach-Angabe	Reduktion um Blendenstufen
0.3	2	1.0
0.6	4	2.0
0.9	8	3.0
1.0	10	3.3
1.2	16	4.0
1.8	64	6.0
2.0	100	6.6
3.0	1.000	10
4.0	10.000	13
5.0	100.000	17

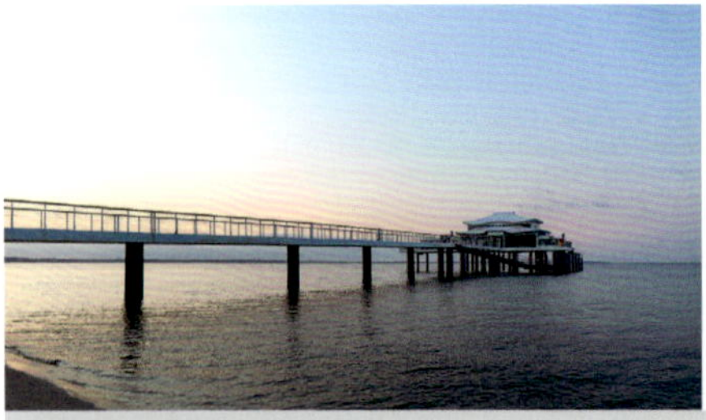
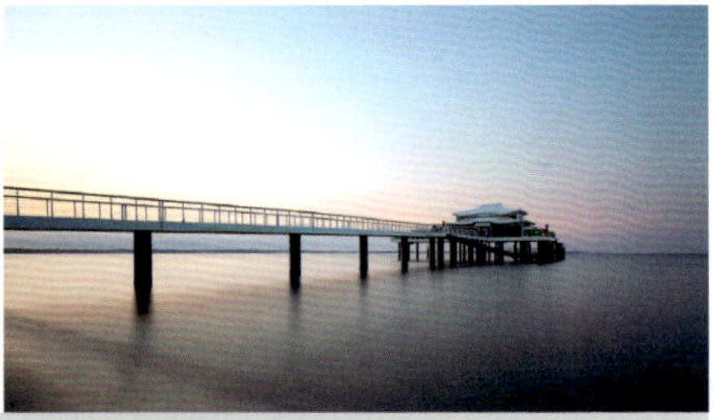

Das linke Bild ist kurz belichtet und aus der Hand fotografiert, das rechte Foto ist eine Langzeitbelichtung mit ND-Filter. Durch die Langzeitbelichtung wirkt das Wasser wie weichgezeichnet, das Foto ist ruhiger. Links: Canon EOS 5D Mark III | Canon EF 24–70 mm f/4L IS USM bei 24 mm | 1/160 | f/5.6 | ISO 320 | 21:25 Uhr | Rechts: Canon EOS 5D Mark IV auf Stativ mit ND-Filter | Canon EF 16–35 mm f/4L IS USM bei 22 mm | 30 sek | f/8 | ISO 400 | 21:28 Uhr

Verlaufsfilter

Verlaufsfilter funktionieren genau wie ND-Filter, es ist aber lediglich die Hälfte der Glasscheibe getönt. Du kannst sie nutzen, wenn du nur einen Teil deines Fotos abdunkeln möchtest.

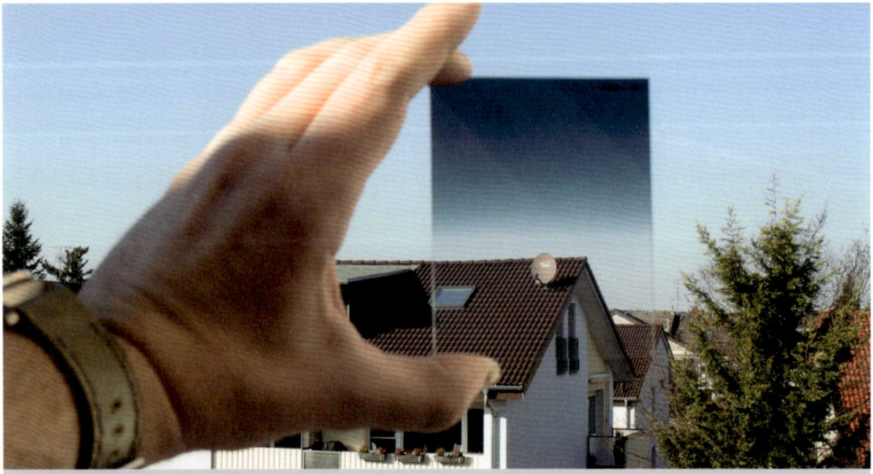

Der Verlaufsfilter ist oben dunkel und dunkelt damit den Himmel ab. Unten hat er keine Auswirkung auf das Foto.

Der Einsatz eines Verlaufsfilters ist dann sinnvoll, wenn du hohe Hell-Dunkel-Kontraste auf deinem Foto hast, etwa zwischen einer relativ dunklen Landschaft und einem hellen Himmel. Der Filter sorgt dafür, dass du die Landschaft in der richtigen Helligkeit belichten kannst, ohne dass der Himmel weiß ausfrisst. Auch bei der Fotografie von Sonnenauf- oder -untergängen kommen Verlaufsfilter häufig zum Einsatz.

Der große Nachteil von Verlaufsfiltern ist, dass der Verlauf gerade ist, also davon ausgeht, dass du einen geraden Horizont auf deinem Foto hast. In der Praxis ist dies aber selten der Fall, und so dunkelt der Verlaufsfilter Bergspitzen, Baumkronen, Häuserdächer und andere Strukturen, die in deinen Himmel ragen, mit ab. Wir selbst nutzen daher für unsere Fotos so gut wie nie Verlaufsfilter, sondern dunklen einen zu hellen Himmel in der Nachbearbeitung ab.

Auch Verlaufsfilter gibt es in unterschiedlichen Stärken und mit unterschiedlich starken Verläufen, die mit „hard“ oder „soft“ gekennzeichnet sind. Wir empfehlen dir Verlaufsfilter hauptsächlich dann, wenn du oft das Problem des zu hellen Himmels hast und mit möglichst wenig Nachbearbeitung auskommen möchtest. Als Standardrepertoire sind sie unserer Meinung und Erfahrung nach nicht unbedingt notwendig.

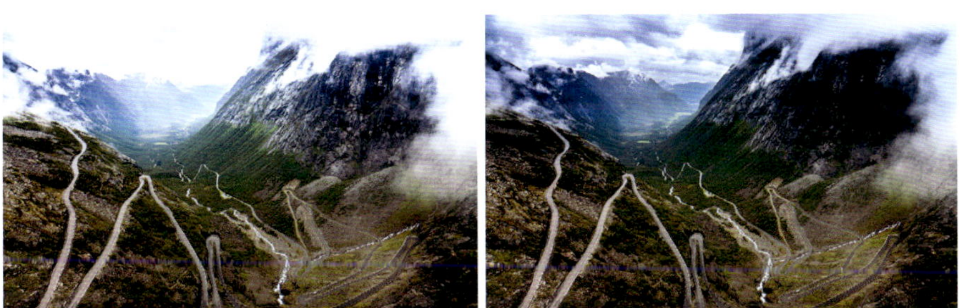

Bei dem rechten Foto haben wir einen digitalen Verlaufsfilter für das Abdunkeln der oberen Bildhälfte genutzt. Die Wolken kommen so deutlich besser zur Geltung. Canon EOS 40D | Tokina AT-X 124 Pro DX 12–24 mm F4 (IF) bei 12 mm | 1/80 | f/5 | ISO 400 | 18:46 Uhr

Polfilter

Polfilter (eigentlich Polarisationsfilter) filtern den Einfall polarisierter Lichtwellen auf die Linse. Hiermit kannst du Spiegelungen und Reflexionen entweder hervorheben oder verschwinden lassen. Außerdem kannst du mit einem Polfilter Farben klarer, gesättigter und kontrastreicher darstellen.

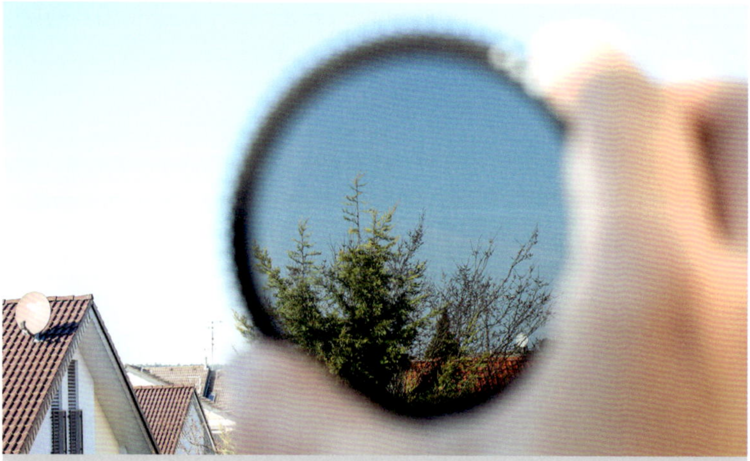

Gegen den Himmel gehalten, wird die Wirkung des Polfilters deutlich sichtbar.

Da sie die Farben intensivieren, werden Polfilter gerne in der Landschaftsfotografie eingesetzt: Hiermit kann z. B. der Himmel blauer, eine Wiese grüner und ein Regenbogen bunter dargestellt werden. Ein weiterer typischer Einsatzbereich ist das Fotografieren durch Glasscheiben (z. B. in Zoos), da der Polfilter die auf Fotos stark störenden Spiegelungen im Glas deutlich reduzieren kann. Auch beim Fotografieren am Wasser kannst du dir die Filtereigenschaften des Polfilters zunutze machen und die Spiegelung im Wasser entweder etwas verstärken – oder aber ganz verschwinden lassen und durch das Wasser hindurch auf den Grund fotografieren.

Um mit Polfilter zu fotografieren und einen bestimmten Effekt zu erzielen, schraubst du ihn auf das Objektiv, schaust durch den Sucher und drehst dann so lange am Filter, bis der gewünschte Effekt erreicht ist, also beispielsweise Spiegelungen verschwunden sind oder verstärkt erscheinen.

Polfilter dunkeln das Foto immer leicht ab, du musst also heller belichten, wenn du damit arbeitest. Die Schwierigkeit ist, dass die Filter winkelabhängig funktionieren, also auf dem Objektiv in die richtige Position gedreht werden müssen. Diese ist davon abhängig, wie du zur Sonne stehst. Bei Weitwinkelaufnahmen kann ein nicht ideal gedrehter Polfilter dafür sorgen, dass der Himmel auf einer Seite heller und auf der anderen Seite dunkler wird – der Einsatz eines Polfilters erfordert also einiges an Aufmerksamkeit und Übung.

Wenn du dir einen Polfilter zulegen möchtest, dann achte darauf, eine zirkulare Version zu kaufen. Lineare Polfilter können an digitalen Kameras den Autofokus und die Belichtungsmessung stören.

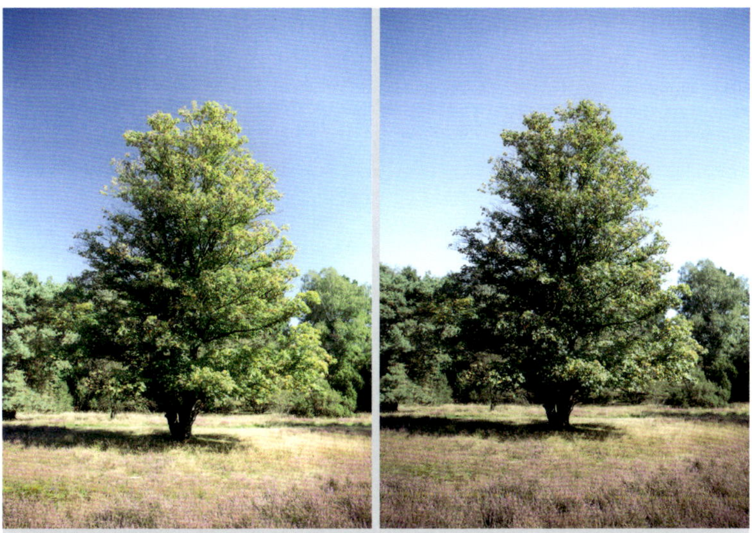

Das gleiche Foto mit (links) und ohne (rechts) Polfilter. Die Farben werden durch den Polfilter deutlich satter. Links: Canon EOS 5D Mark III mit Polfilter | Canon EF 24–70 mm f/4L IS USM bei 24 mm | 1/200 | f/4 | ISO 200 | 13:31 Uhr | Rechts: Canon EOS 5D Mark III | Canon EF 24–70 mm f/4L IS USM bei 24 mm | 1/400 | f/4 | ISO 200 | 13:31 Uhr

UV-Filter

UV-Filter, eigentlich Ultraviolett-Sperrfilter, dienen dazu, den Einfall von UV-Strahlen zu blockieren, die den Film analoger Kameras oder einige Kamerasensoren digitaler Kameras stören können. Sie tragen dazu bei, Farbfehler zu vermeiden und sowohl den Kontrast als auch die Schärfe zu erhöhen.

UV-Filter werden beim Kamerakauf sehr gerne mitverkauft, sind heutzutage aber eher überflüssig: Moderne Objektive sperren die UV-Strahlen bereits selbst. Ein 20-Euro-UV-Filter vor einem hochwertigen Objektiv ist im besten Fall nutzlos, verringert aber leider in vielen Fällen sogar die teuer erkaufte Bildqualität.

Beim Verkauf wird daher mittlerweile oft argumentiert, dass ein UV-Filter die Frontlinse schütze und deswegen verwendet werden solle. Für Extremsituationen wie das Fotografieren im Matsch auf einer Motocross-Rallye mag das sinnvoll sein; generell haben UV-Filter durch die Verminderung der Bildqualität jedoch mehr Nachteile, weswegen wir sie nicht nutzen. Schrammen haben unsere Objektiv-Frontlinsen auch nach Hunderttausenden Fotos und vielen Jahren Einsatz auch ohne die Nutzung eines UV-Filters nicht.

Für den Objektivschutz empfehlen wir dir im Zweifel eher die Verwendung einer Gegenlichtblende. Diese wirkt sich nicht negativ auf die Bildqualität aus, erhöht aber in bestimmten Situationen den Bildkontrast, verhindert Linsenreflexionen und schützt deine Frontlinse effektiv.

Zubehör

Es gibt jede Menge Kamerazubehör, von dem du das allermeiste nicht wirklich brauchst. Auf den folgenden Seiten zeigen wir dir, was wir für den Anfang für sinnvoll halten.

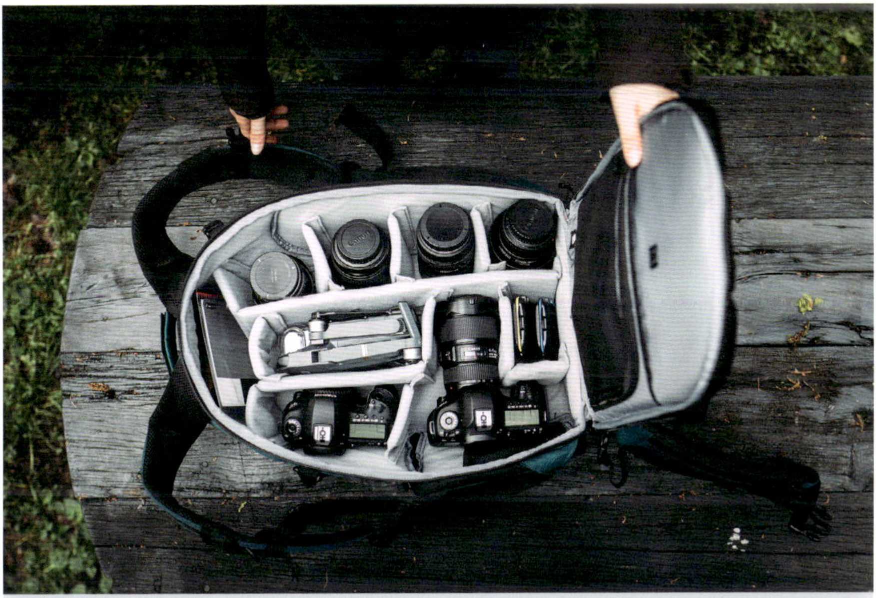

Keine Sorge: Einen so vollen Fotorucksack haben wir selbst auch nur sehr selten dabei!

Rucksack/Tasche

Natürlich musst du dein Kameraequipment irgendwo aufbewahren, und spätestens, wenn du mehr als ein Objektiv hast, bietet sich ein spezieller Kamerarucksack oder eine Kameratasche an. Diese sind im Inneren in der Regel flexibel verstell- und auf dein Equipment anpassbar und bieten einen guten Schutz vor Stößen und Witterung. Viele Modelle bieten neben dem speziellen Kamerafach zusätzlich Platz für weitere Utensilien wie Trinkflasche, Snacks, Jacke etc. und eignen sich damit perfekt für Fototouren in die Natur.

Ob du dich für einen Kamerarucksack oder eine Umhängetasche entscheidest, ist im Endeffekt Geschmacksache. Taschen haben den großen Vorteil des schnellen Zugriffs auf die Kamera, während Rucksäcke in der Regel angenehmer zu tragen sind und mehr Platz bieten. Wir selbst haben auf kleinen Fototouren oft eine Umhängetasche für die Kamera dabei, auf längeren Touren oder wenn wir mehr Equipment mitnehmen wollen, sind wir mit dem Kamerarucksack unterwegs.

Egal ob Tasche oder Rucksack: Wähle dein Gepäckstück so, dass dein Equipment bequem hineinpasst. Bedenke schon beim Kauf, dass du in Zukunft wahrscheinlich eher mehr als weniger Utensilien haben wirst, und kaufe lieber eine Nummer größer. Nicht nur Kamera und Objektiv, auch Speicherkarten und Akkus, Filter, Reinigungsutensilien und weiteres Zubehör sollten eigene Fächer haben. Wenn du ein Stativ hast oder dir vielleicht in Zukunft eins kaufen möchtest, achte bei deinem Rucksack zudem auf eine entsprechende Befestigungslasche. Für uns persönlich ist für Reisen mit Kamera außerdem wichtig, dass auch ein Laptop Platz im Kamerarucksack hat.

Achte beim Kauf darauf, dass die Tasche oder der Rucksack angenehm zu tragen und gut verarbeitet ist. Es ist sinnvoll, besonders bei den Reißverschlüssen genau hinzusehen, denn diese sind ein häufiger Schwachpunkt. Wichtig ist außerdem ein schneller Zugriff auf das Equipment und, bei einem Rucksack, dass er zu deiner Körpergröße passt. Auf unserem Blog gehen wir genauer auf den Kauf eines Kamerarucksacks ein und vergleichen einige Modelle. Über den QR-Code gelangst du direkt zum Artikel.

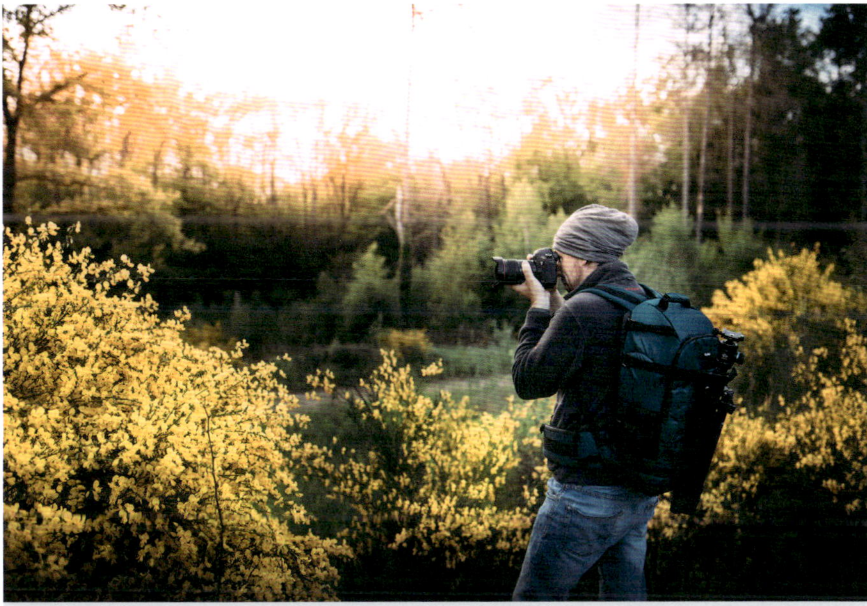

Wir nutzen auf den meisten Touren einen Rucksack für unser Equipment, weil dieser für uns angenehmer zu tragen ist als eine Fototasche. Canon EOS 5D Mark IV | Sigma 35 mm f/1.4 DG HSM | 1/160 | f/2.2 | ISO 200 | 20:23 Uhr

Akkus

Ein Akku gehört zur absoluten Standardausrüstung einer digitalen Kamera, und schon beim Kamerakauf wirst du in der Regel mit einem versorgt. Wir empfehlen dir, noch mindestens einen, besser aber zwei Ersatzakkus anzuschaffen und diese – selbstverständlich voll geladen – unterwegs dabeizuhaben. Akkus sind leicht und nehmen wenig Platz weg, und so haben sie bei uns immer einen festen Platz im Fotorucksack, auch wenn wir eigentlich nur eine kurze Tour planen.

Akkus von Fremdherstellern haben meist eine etwas geringere Kapazität und Haltbarkeit als die Originalakkus, sind dafür aber in der Regel günstiger.

Speicherkarten

Speicherkarten gehören genau wie Akkus zur grundlegenden Ausstattung, ohne die du kein Foto machen kannst. Auch hier ist es sinnvoll, mindestens zwei oder drei zu besitzen und immer dabeizuhaben. Wir empfehlen eher zwei Karten mit weniger Speicherplatz anstatt eine riesige Speicherkarte, um zu vermeiden, dass du bei einem Defekt all deine Bilder verlierst. Wenn du viele Fotos hintereinander machst, insbesondere Serienaufnahmen von bewegten Motiven wie Tieren, solltest du beim Kauf zudem auf die Geschwindigkeit der Speicherkarten achten.

Wie viel Speicherkapazität deine Speicherkarten haben sollten, hängt insbesondere von der Auflösung deiner Kamera ab und davon, ob du im RAW-Format fotografierst. Wähle die Speichergröße so, dass du mindestens für einige Hundert Fotos Platz hast. Wenn deine Kamera kein Megapixel-Monster aus dem Profibereich ist, sind Speicherkarten mit 32 oder 64 GB eine gute Wahl.

Reinigung

Egal wie sorgsam du bist: Wenn du draußen fotografierst, kommst du früher oder später an den Punkt, an dem du deine Kamera und dein Objektiv reinigen solltest. Dies ist spätestens dann so weit, wenn Flecken auf deinen Fotos sichtbar werden. Aber auch wenn außen an deinem Equipment Schmutz sichtbar ist, solltest du es reinigen, da dieser sonst schnell in die Rillen und Schalter von Kamera und Objektiv gelangt und sich dort ablagert. Auch die Frontlinse deiner Objektive solltest du nach Bedarf reinigen: Etwas Staub ist auf Fotos nicht sichtbar, Fingerabdrücke, Wasserflecken oder andere Schlieren solltest du aber entfernen, denn dies wird spätestens beim Fotografieren im Gegenlicht zum Problem.

Wichtig bei der Kamera- und Objektivreinigung ist es, sorgsam vorzugehen, um das teure Material nicht zu zerkratzen. Wir empfehlen dir, hierfür spezielles Reinigungsequipment anzuschaffen, welches du über viele Jahre verwenden kannst. Taschentücher, Hemdärmel, Zigarettenblättchen und Ähnliches sind für die Linsenreinigung ungeeignet – du reibst dir hiermit schnell Kratzer in das teure Glas.

Wir nutzen für unsere Kamerareinigung im Wesentlichen drei Utensilien, die alle für wenig Geld zu bekommen sind und viele Jahre halten:

- Mikrofasertuch
- Reinigungsstift mit Reinigungspad und Pinsel
- Blasebalg

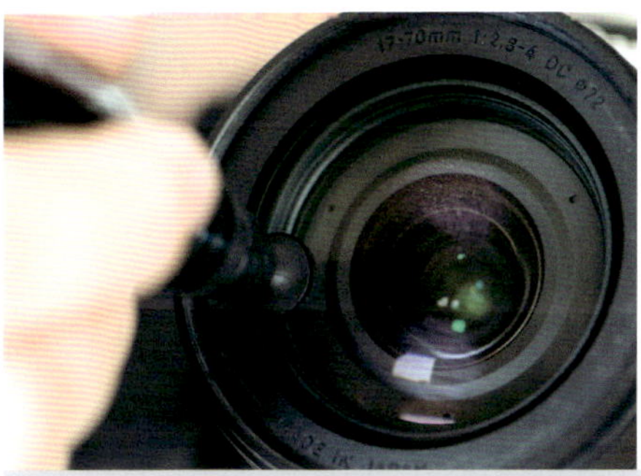
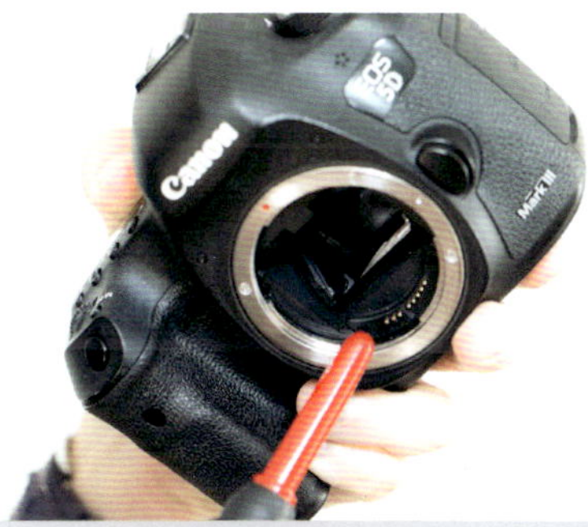

Die Front- und Rücklinsen der Objektive reinigen wir mit dem Reinigungspad des Reinigungspinsels (links). Mit dem Blasebalg pusten wir auch in das Innere der Kamera (rechts). Halte sie dabei nach unten, damit der Staub nicht zurückfällt.

Mit dem Blasebalg pusten wir Gehäuse und Linsen sauber, bevor wir das Objektiv mit dem Reinigungspad des Stiftes in kleinen Kreisbewegungen von innen nach außen putzen. Das Mikrofasertuch nutzen wir hauptsächlich für die Reinigung des Displays auf der Kamerarückseite.

Wenn auch nach Reinigung der beiden Objektivlinsen noch Flecken auf deinen Fotos sichtbar sind, befindet sich Schmutz auf dem Sensor im Inneren deiner Kamera. Du kannst ihn mit dem Blasebalg herauspusten, indem du das Objektiv abschraubst und die Kamera mit der Öffnung nach unten hältst, damit der Dreck nicht zurückfällt. Sind die Flecken weiterhin sichtbar, ist eine Nassreinigung des Sensors nötig. Diese muss sehr vorsichtig und am besten mit speziellen Reinigungsstäbchen, sogenannten Swabs, erfolgen. Alternativ kannst du die Sensorreinigung in einem Fachgeschäft machen lassen oder deine Kamera an den Hersteller schicken.

Wie genau wir bei der Kamera- und Objektivreinigung vorgehen und welche Produkte wir hierfür empfehlen, zeigen wir dir ausführlich auf unserem Blog. Über den QR-Code gelangst du direkt zum Artikel.

Apps

Willst du dich intensiver mit der Fotografie auseinandersetzen und spannende Ergebnisse erzielen, bist du darauf angewiesen, dich umfassend mit Licht und Sonnenständen zu beschäftigen. Dies ist besonders in der Landschaftsfotografie unabdingbar.

Um herauszufinden, zu welcher Uhrzeit die Sonne (und auch der Mond) an jedem Ort der Erde wo steht und deine Fototouren danach zu planen, empfehlen wir dir die App PhotoPills. Sie ist kostenpflichtig (einmalig 14 €), du wirst es aber spätestens dann sehr zu schätzen wissen, wenn du ein paarmal zu spät an einem Ort warst, um die richtige Lichtstimmung zu erwischen. Mit PhotoPills ist es unter anderem über Augmented Reality möglich, einzublenden, um welche Uhrzeit die Sonne über den Horizont oder eine Bergkette steigt. Auch die Sonnenauf- und -untergangszeiten an jedem beliebigen Ort der Welt an jedem Tag im Jahr kannst du dir von der App anzeigen lassen.

Als Ergänzung empfehlen wir dir eine gute Wetter-App wie etwa WeatherPro (kostenpflichtig) mit einem Regenradar. Insbesondere für die Landschaftsfotografie kann die Kombination mit einer Wolken- und Nebelapp wie Clear Outside (kostenlos) sinnvoll sein. Diese sagt dir die Wolkendichte in verschiedenen Höhen zu einer beliebigen Uhrzeit voraus.

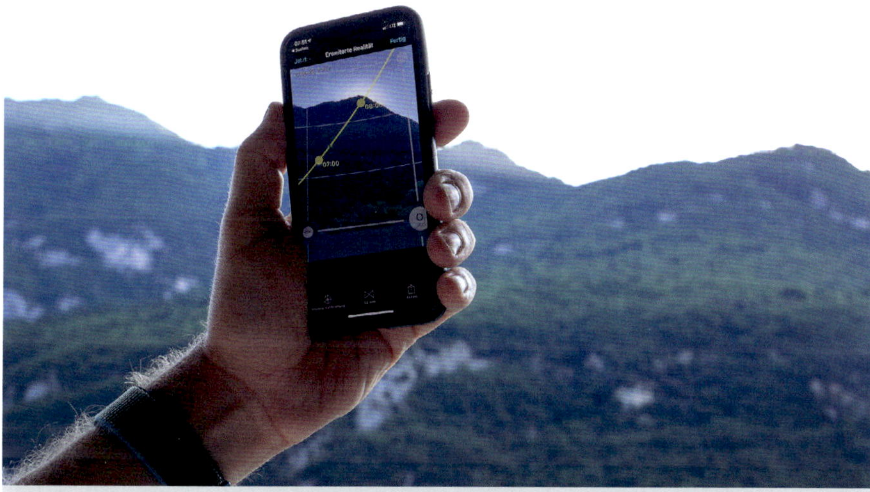

Wann steigt die Sonne über den Hügel? PhotoPills sagt dies ganz genau voraus und ermöglicht es dir so, deine Fotos zu planen.

DIE TECHNISCHE UMSETZUNG

Von der Idee zum Foto

Die Fotografie ist mit modernen Kameras so herrlich einfach: Du drückst einen einzigen Knopf – den Auslöser – und dein Foto ist fertig. Das ist hervorragend, macht Spaß und führt bei gutem Licht oft zu guten Ergebnissen. Manchmal aber nicht, und dann ist es schnell frustrierend. Dann werden die Fotos zu dunkel, zu unscharf, zu matschig – oder einfach nur langweilig. Sie unterscheiden sich am Ende gar nicht groß von Smartphonefotos (oder sind sogar schlechter!). Und du beginnst, dich zu fragen, warum du die Kamera überhaupt gekauft hast ... Stopp!

Bevor du jetzt an der Kamera, am Objektiv oder gar an dir selbst zweifelst, lehn dich entspannt zurück. Deine Kamera ist deutlich besser als ein Smartphone. Aber: Manchmal musst du ihr ein wenig nachhelfen und ihr zeigen, was du möchtest. Wie das geht, erfährst du in diesem Kapitel. Wir zeigen dir, wie du deine Fotos ideal belichtest und wie du es ab sofort schaffst, die Ideen in deinem Kopf in ein gelungenes Foto zu verwandeln.

Bei aller Begeisterung für die Technik möchten wir dir vorab jedoch unbedingt Folgendes mit auf den Weg geben: Das Wichtigste an deinen Fotos ist das Gefühl, die Geschichte, die Emotion, die sie vermitteln. Die Technik dahinter ist immer zweitrangig. Und so haben wir immer lieber etwas zu dunkle, etwas zu rauschige oder etwas zu unscharfe, aber dafür emotionale und strahlende Fotos, als technisch perfekte, aber nichtssagende Bilder.

Halte dich deshalb nicht mit technischen Problemen auf und achte darauf, nicht jede Einstellung bis ins kleinste Detail zu analysieren. Lass das Foto stattdessen im Ganzen auf dich wirken. Beschäftige dich mehr mit Licht, Gestaltung und Momenten als mit Pixeln und ISO-Werten. Die Technik hilft dir dabei, deine Bildidee umzusetzen, sie soll aber kein Selbstzweck sein.

Auf den nächsten Seiten zeigen wir dir, welche Möglichkeiten dir deine Kamera neben dem bloßen „Auslöserdrücken" bietet und wie du ganz leicht technischen Einfluss auf deine Fotos nehmen kannst. Auch wenn du nicht technikaffin bist, solltest du keine Bedenken haben: Im Endeffekt ist alles gar nicht so schwer. Und du musst nicht alles im Detail verstehen, denn wir werden dir immer wieder Abkürzungen und vereinfachte Wege aufzeigen.

So beeinflusst du selbst, wie deine Fotos aussehen. Du lernst, wie du knackscharfe Fotos machst und den hübschen verschwommenen Hintergrund auf Porträtfotos erreichst. Du lernst, auszunutzen, was deine teure Kamera wirklich kann, und erfährst, wie du von „ganz netten" Bildern hin zu großartigen Fotos kommst. Fotos, die genau so aussehen, wie du es dir wünschst, und nicht so, wie deine Kamera es emotionslos berechnet. Setze deine Visionen um – denn dies sind am Ende die Fotos, die den Betrachter zum Staunen bringen.

LIES DEIN HANDBUCH!

Dieser Tipp ist unpopulär, aber dennoch wichtig. Es wird dir sehr helfen, dein Kamerahandbuch zu lesen. Jede moderne Kamera erlaubt zwar in etwa die gleichen Grundeinstellungen – wo du diese finden kannst, unterscheidet sich jedoch von Marke zu Marke und von Modell zu Modell. Wir empfehlen dir daher, sowohl deine Kamera als auch dein Handbuch neben dieses Buch zu legen und bei unseren Erklärungen immer direkt nachzuschauen, wo und wie du die entsprechenden Einstellungen vornehmen kannst.

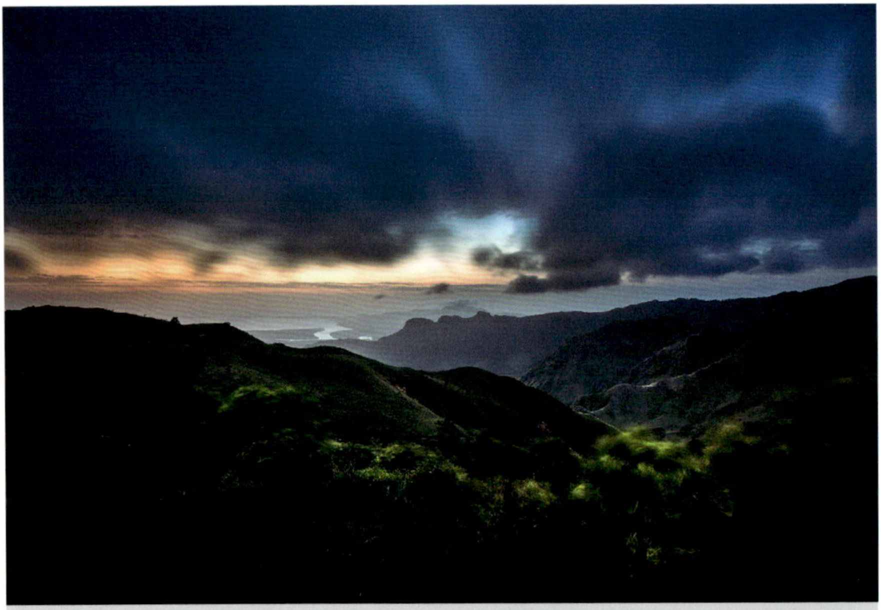

Um die Bilder so umzusetzen, wie du sie im Kopf hast, musst du wissen, wie du deine Kamera in der jeweiligen Situation einstellen musst. Canon EOS 5D Mark III auf Stativ | Canon EF 16–35 mm f/4L IS USM bei 16 mm | 8 sek | f/5.6 | ISO 100 | 07:02 Uhr

Kameramodi

Was möchtest du selbst einstellen – und was willst du deiner Kamera überlassen? Je nachdem, wie weit du in der Fotografie bist und wie viel Einfluss du auf die Schärfe und Belichtung deiner Fotos nehmen möchtest, bietet die Kamera dir verschiedene Modi an. Diese funktionieren entweder vollautomatisch oder erfordern mehr oder weniger manuelles Eingreifen.

Wenn du im Automatikmodus fotografierst, entscheidet deine Kamera über alle Belichtungsparameter. Du selbst hast keinerlei Einfluss darauf, wie hell oder dunkel dein Foto wird. Die Kamera nimmt dir zwar enorm viel Arbeit ab, aber wenn du technische Probleme mit deinen

Fotos hast (z. B. zu dunkel, verrauscht, verschwommen), hast du im Automatikmodus keine Möglichkeit, dies zu beeinflussen. Den Vollautomatikmodus einer teuren/guten Kamera zu nutzen bietet sich für schnelles Fotografieren bei gutem Wetter an, ist aber ansonsten ein bisschen so, wie mit einem Ferrari nur im ersten Gang zu fahren.

Ähnlich sieht es bei den Motivprogrammen aus, die z. B. mit einer Blume, einem Berg oder einem Sportler gekennzeichnet sind. Hier entscheidet die Kamera alles selbst, erzwingt aber bestimmte Einstellungen (etwa eine kurze Belichtungszeit im Sportprogramm). Diese Motivprogramme sind zwar in bestimmten Situationen etwas besser zu verwenden als die Vollautomatik, erlauben aber trotzdem keine eigene Einflussnahme.

Sind dir die manuellen Einstellungen zu kompliziert, dann nutze den Modus P (Programmautomatik). Er erlaubt dir das Ausschalten des internen Blitzes sowie die Einstellung des ISO-Wertes und des Weißabgleichs und bietet dir die Möglichkeit einer Belichtungskorrektur. Letzteres ist ein großer Bonus, denn nun kannst du einstellen, ob deine Fotos heller oder dunkler werden sollen, als die Automatik berechnet. All das ist ein großer Fortschritt gegenüber dem Vollautomatikmodus; kreative Möglichkeiten hast du aber auch hier nicht.

Die nächsten Schritte sind dann die Halbautomatiken (Blenden- bzw. Zeitpriorität), mit denen du eigentlich kaum etwas falsch machen kannst. Oder du wagst dich an den manuellen Modus, der dir – sobald du die Theorie verstanden hast – eine (fast) unendliche Vielfalt an Gestaltungsmöglichkeiten eröffnet. Probiere die verschiedenen Modi auf jeden Fall einmal aus und finde heraus, was sich für dich am besten anfühlt!

Die Belichtungskorrektur

In allen Halbautomatik-Modi ermöglicht die Kamera dir eine sogenannte Belichtungskorrektur. Hiermit bestimmt du, dass dein Foto heller oder dunkler werden soll, als die Kamera automatisch vorgibt.

Die Belichtungskorrektur wird auf einer Skala von –3 bis +3 angegeben. Du siehst sie unten im Bild, wenn du durch den Sucher oder auf die Live-View-Ansicht auf dem Display schaust. Wenn du nicht eingreifst, steht die Korrektur bei 0. Wünschst du dir nun ein dunkleres Bild, kannst du die Korrektur durch einfaches Drehen an dem entsprechenden Rad in den negativen Bereich, also nach links, verschieben. Soll dein Bild heller werden, verschiebst du die Korrektur nach rechts.

Die Belichtungskorrektur ist z. B. dann unabdingbar, wenn du viele helle oder viele dunkle Flächen im Bild hast (z. B. im Gegenlicht oder im Schnee): Dann berechnet die Kamera die Belichtung zu dunkel bzw. zu hell und du musst dies manuell ausgleichen.

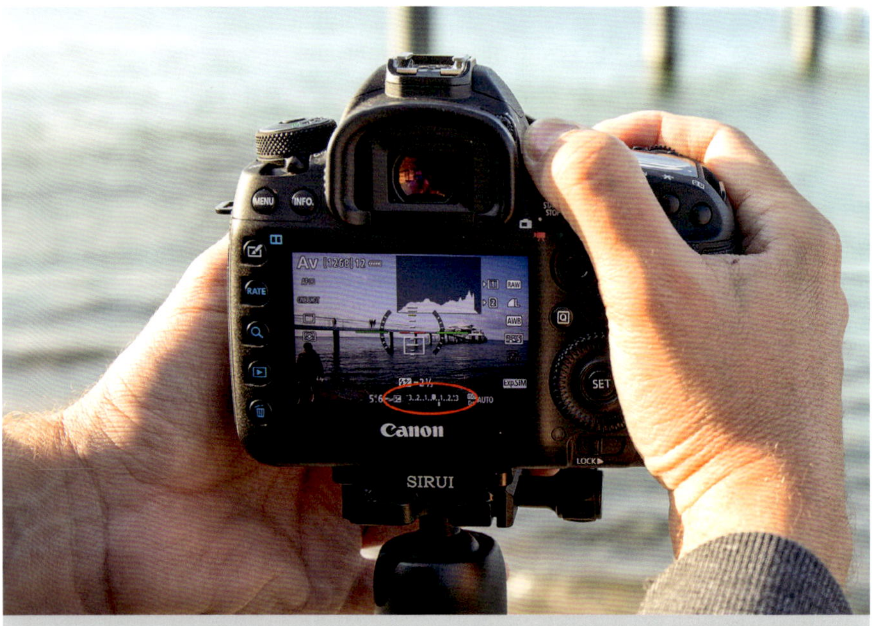

Die Belichtungswaage ist im Sucher, aber auch im Live-View zu sehen. Bei uns steht sie fast nie auf 0, sondern wir belichten die meisten unserer Fotos etwas heller.

Blendenpriorität

Die Blendenpriorität findest du unter den Buchstaben Av (z. B. bei Canon) oder A (z. B. bei Nikon). In diesem Modus legst du selbst die Blendenöffnung fest, und die Kamera berechnet passend dazu die nötige Belichtungszeit. Den ISO kannst du nach Belieben selbst festlegen oder ebenfalls von der Kamera bestimmen lassen. Der Av- bzw. A-Modus bietet dir zudem die Möglichkeit einer Belichtungskorrektur.

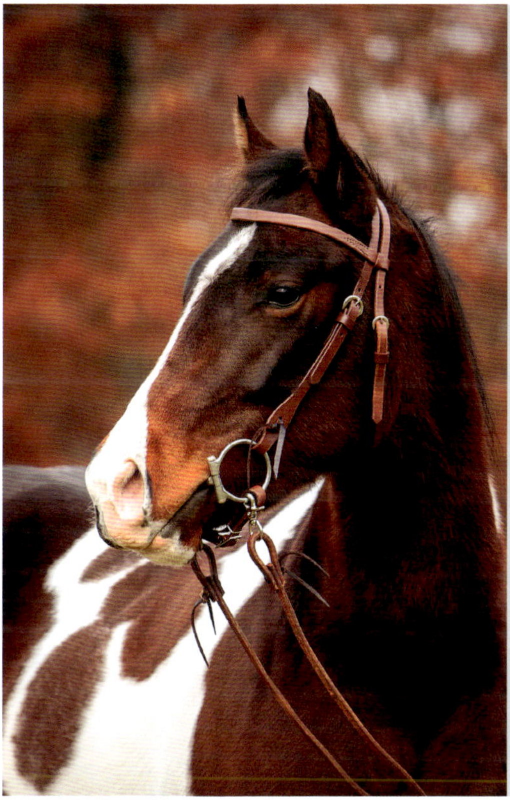

Der Av- bzw. A-Modus eignet sich perfekt für Porträts, da du den Hintergrund so ganz leicht unscharf darstellen kannst. Canon EOS 40D | Canon EF 70–200 mm f/4L IS USM bei 180 mm | 1/400 | f/4 | ISO 500 | 12:17 Uhr

Mit dem Festlegen der Blendenöffnung bestimmst du die Schärfentiefe deiner Fotos. Die Wahl der Blende entscheidet also darüber, ob dein Bild von vorne bis hinten scharf sein soll (sinnvoll z. B. bei Landschaftsaufnahmen) oder ob nur das Motiv scharf sein soll und der Hintergrund verschwommen (sinnvoll z. B. bei Porträts von Mensch und Tier). Du hast somit Einfluss auf die kreative Gestaltung deiner Fotos.

Fazit Blendenpriorität (Av oder A)

Einfluss auf: Hintergrund(un)schärfe

Keinen Einfluss auf: Bewegungs(un)schärfe

Geeignet für: Fotografie von unbewegten Motiven wie Porträtfotografie, Landschaftsfotografie, Detailfotografie

Nicht geeignet für: Fotografie von bewegten Motiven, Effektfotos wie Langzeitbelichtungen, Gegenlicht oder andere anspruchsvolle Lichtsituationen

Zeitpriorität

Die Zeitpriorität ist das Gegenteil der Blendenpriorität. Du findest sie unter den Buchstaben Tv (z. B. bei Canon) oder S (z. B. bei Nikon). In diesem Modus legst du selbst die Belichtungszeit fest, und die Kamera berechnet passend dazu die notwendige Blende. Den ISO-Wert kannst du selbst festlegen oder ebenfalls von der Kamera bestimmen lassen. Auch hier hast du die Möglichkeit einer Belichtungskorrektur.

Mit dem Festlegen der Belichtungszeit (auch Verschlusszeit genannt) bestimmst du, wie lange die Kamera dein Motiv belichten soll. Hierdurch entscheidest du, ob schnelle Bewegungen auf deinem Foto scharf (z. B. Sportaufnahmen) oder verwischt (z. B. Langzeitbelichtungen) abgebildet werden sollen.

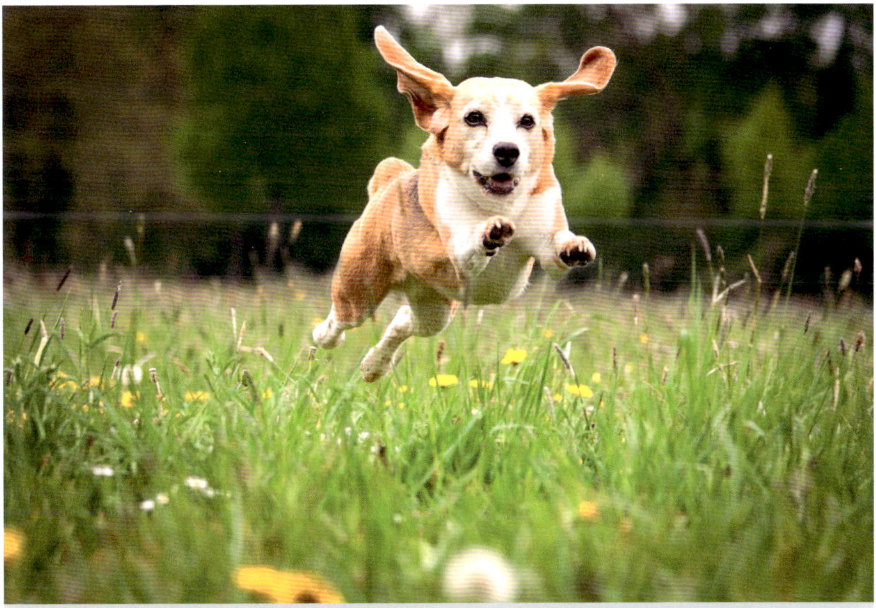

Der Modus Tv bzw. S ist ideal für Aufnahmen von bewegten Motiven, da du eine kurze Verschlusszeit einstellen kannst. Canon EOS 40D | Canon EF 70–300 mm f/4–5.6 IS USM bei 120 mm | 1/1000 | f/5.0 | ISO 640 | 13:39 Uhr

Fazit Zeitpriorität (Tv oder S)

Einfluss auf: Bewegungs(un)schärfe

Keinen Einfluss auf: Hintergrund(un)schärfe

Geeignet für: Fotografie von bewegten Motiven wie Sportfotografie, Tierfotografie, Fotografie fließender Gewässer, Effektfotos wie Langzeitbelichtungen

Nicht geeignet für: Freistellung von Motiven (Hintergrundunschärfe), Gegenlicht oder andere anspruchsvolle Lichtsituationen

Manueller Modus

Der manuelle Modus (M) erlaubt dir das Festlegen aller Belichtungsparameter. Du hast damit die volle Kontrolle über dein Bild und entscheidest selbst, wie scharf oder unscharf, hell oder dunkel, rauschig oder klar dein Bild werden soll.

Der M-Modus ist ideal, wenn du ausreichend Zeit und Ruhe für die Einstellungen hast oder kreativ Einfluss auf deine Fotos nehmen möchtest. Du kannst hiermit in jeder Lichtsituation fotografieren, auch im Gegenlicht oder nachts.

Um den manuellen Modus sinnvoll zu nutzen, musst du das Zusammenspiel der Belichtungsparameter Belichtungszeit, Blende und ISO verstanden haben, welches wir dir im nächsten Kapitel genau erklären.

Der Umgang mit dem M-Modus erfordert etwas Übung; zum schnellen Knipsen zwischendurch ist er nicht geeignet, da du mit wechselnden Lichtsituationen die Einstellungen immer wieder verändern musst. Er lohnt sich aber besonders in schwierigen Lichtsituationen, da die Kamera im M-Modus nicht mehr selbst versucht, die passende Einstellung zu finden und ggf. bei jedem Foto alles neu einstellt, sondern du auf jedem Foto die gleiche korrekte Belichtung erhältst.

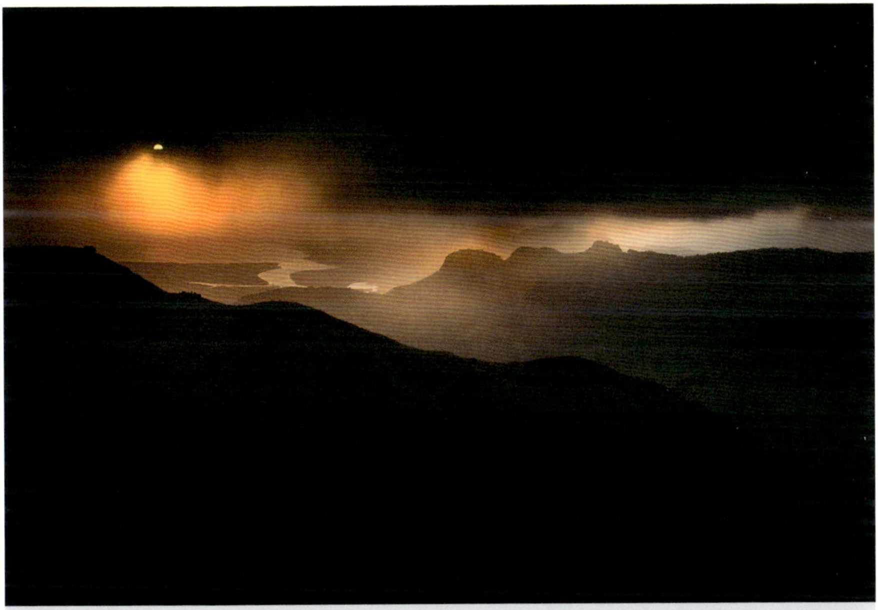

Kampf zwischen Licht und Dunkel: Der M-Modus ermöglicht es dir, Fotos mit extremen Lichtstimmungen aufzunehmen und diese genau so zu belichten, wie du möchtest. Canon EOS 5D Mark III | Canon EF 16–35 mm f/4L IS USM bei 35 mm | 1/1250 | f/5.6 | ISO 640 | 07:41 Uhr

Fazit Manueller Modus

Geeignet für: Überlegtes, kreatives Fotografieren, Gegenlicht oder andere anspruchsvolle Lichtsituationen, Effektfotos wie Langzeitbelichtungen, alle Motive

Nicht geeignet für: Schnelles Fotografieren zwischendurch, wenig Zeit

Schärfe und Belichtung

Um die Schärfe und Belichtung deiner Fotos selbst festlegen und beeinflussen zu können, solltest du dich mit den Einstellmöglichkeiten deiner Kamera befassen. Jede moderne Kamera hat unzählige Modi, umfangreiche Menüs sowie viele Rädchen und Knöpfe. Wichtig für die Fotografie sind aber im Wesentlichen drei Einstellungen: Blende, Belichtungszeit und ISO. Diese drei Parameter bestimmen, wie hell oder dunkel und wie scharf oder unscharf dein Foto wird. Hierbei beeinflussen sie jeweils zwei Größen:

- **Blende:** Helligkeit und Tiefenschärfe
- **Belichtungszeit:** Helligkeit und Verwacklungs- oder Bewegungsunschärfe
- **ISO:** Helligkeit und Bildrauschen

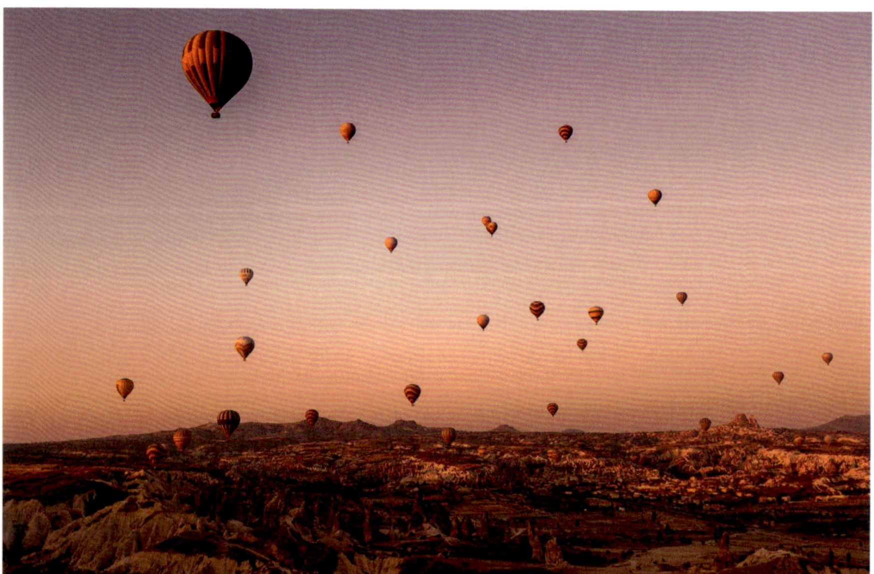

Erinnerungen wie diese für immer festhalten, ohne dich über die Kamera zu ärgern: Dafür lohnt es sich, die manuellen Einstellungen zu lernen. Canon EOS 400D | Canon EF-S 10–22 mm f/3.5–4.5 USM bei 22 mm | 1/250 | f/4.5 | ISO 100 | 06:31 Uhr

Ihr Zusammenspiel ist daher zunächst etwas mühsam zu erlernen und benötigt ein bisschen Übung. Es lohnt sich aber, denn dadurch erhältst du die volle Kontrolle über deine Fotos und musst beispielsweise unscharfe oder zu dunkle Fotos nicht mehr hinnehmen.

Auf den folgenden Seiten erklären wir dir die drei Parameter Blende, Belichtungszeit und ISO ausführlich, damit du für alle Eventualitäten gewappnet bist. Hast du Schwierigkeiten mit den manuellen Einstellungen oder keine Lust auf (zu viel) Technik, dann haben wir für den Anfang folgenden Tipp für dich:

DER SCHNELLE(RE) WEG

Möchtest du hauptsächlich **unbewegte** oder **langsame** Motive fotografieren (z. B. Porträts, Landschaften oder Pflanzen), dann lerne nur das Thema **Blende** und fotografiere im Av- bzw. A-Modus. Deine Kamera wählt dann automatisch die passende Belichtungszeit und den passenden ISO. Über die Belichtungskorrektur kannst du die Fotos trotzdem heller oder dunkler belichten.

Möchtest du hauptsächlich **bewegte** bzw. **schnelle** Motive fotografieren (z. B. Tiere oder Sport), dann lerne nur das Thema **Belichtungszeit** und fotografiere im Tv- bzw. S-Modus. Die Kamera wählt dann automatisch die passende Blende und den passenden ISO. Über die Belichtungskorrektur kannst du auch hier nach Bedarf die Fotos trotzdem heller oder dunkler belichten.

Blende

Die Blende bzw. die Größe der Blendenöffnung ist der erste wichtige Wert für die korrekte Belichtung eines Fotos. Auch auf die Schärfe hat sie großen Einfluss.

Die Blende funktioniert wie eine Pupille: Sie regelt, wie viel Licht durch das Objektiv gelangt und auf den Sensor trifft. Entsprechend muss sie wie eine Pupille bei wenig Umgebungslicht geweitet bzw. vergrößert werden, um mehr Licht aufnehmen zu können. Wenn viel Licht vorhanden ist, kann die Blende stärker geschlossen werden.

GRUNDSÄTZLICH GILT:

Je **kleiner** der Blendenwert, desto größer die Blendenöffnung. Je kleiner der Blendenwert, desto mehr Licht wird also hindurchgelassen und desto **heller** wird das Foto.

Je **größer** der Blendenwert, desto kleiner die Blendenöffnung. Je größer der Blendenwert, desto weniger Licht wird also hindurchgelassen und desto **dunkler** wird das Foto.

Die größtmögliche Blendenöffnung eines Objektivs wird Offenblende genannt. Welche Blende die größtmögliche ist, hängt von deinem Objektiv ab. Hochwertige Objektive und Festbrennweiten erlauben in der Regel größere Offenblenden (also kleinere Zahlen, z. B. 2.8 oder 1.4). Günstigere Objektive oder Objektive mit einem großen Zoombereich sind weniger lichtstark und beginnen bei kleineren Offenblenden, etwa bei 5.6 oder 6.3.

Die typischen Blendenwerte erhöhen sich immer um den Faktor 1,41 und sind: **1.0 – 1.4 – 2.0 – 2.8 – 4.0 – 5.6 – 8.0 – 11 – 16 – 22 – 32.** Die meisten modernen Kameras erlauben aber auch, die Blende in Drittelschritten zu verstellen, also ermöglichen noch jeweils zwei Zwischenstufen zwischen den Blendenwerten.

Wenn du die anderen beiden Belichtungsparameter – Belichtungszeit und ISO – nicht veränderst, wird dein Foto mit jeder zunehmenden Blendenstufe sichtbar dunkler. Möchtest du hellere Fotos haben, musst du einen möglichst niedrigen Blendenwert wählen. Die folgenden drei Fotos zeigen, wie sich eine Verstellung des Blendenwertes auf die Helligkeit auswirkt. Die anderen Einstellungen wurden jeweils beibehalten.

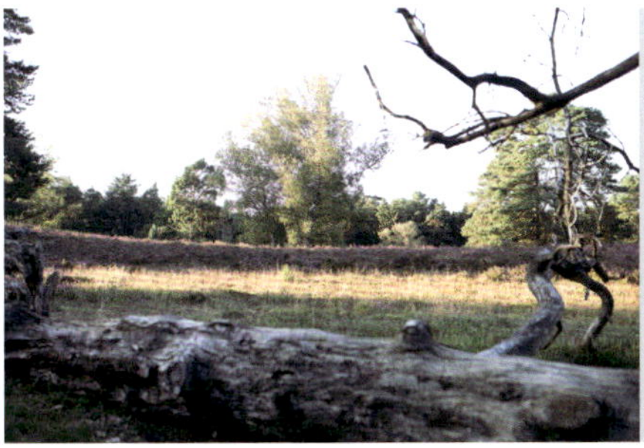

Blende 2.8 Canon EOS 5D Mark IV | Sigma 35 mm F1.4 DG HSM Art | 1/200 | f/2.8 | ISO 200 | 18:44 Uhr

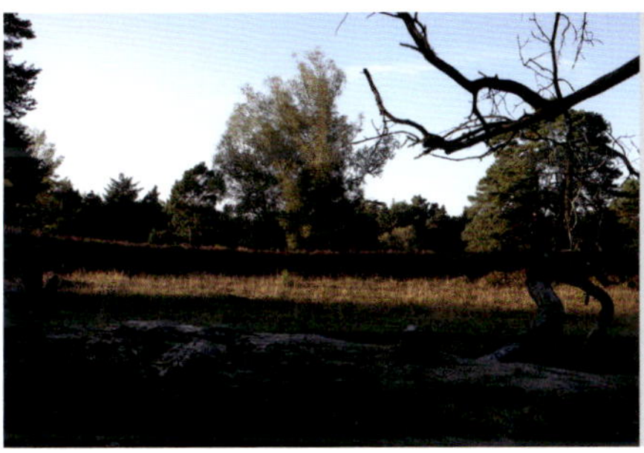

Blende 5.6 Canon EOS 5D Mark IV | Sigma 35 mm F1.4 DG HSM Art | 1/200 | f/5.6 | ISO 200 | 18:44 Uhr

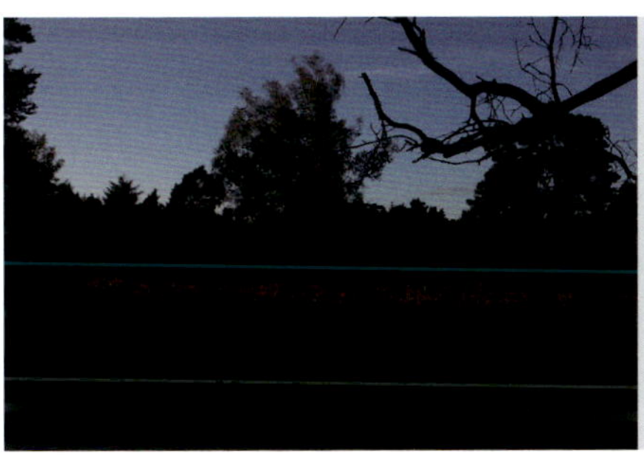

Blende 11 Canon EOS 5D Mark IV | Sigma 35 mm F1.4 DG HSM Art | 1/200 | f/11 | ISO 200 | 18:44 Uhr

Die Blende beeinflusst aber nicht nur die Belichtung, sondern auch die Schärfentiefe deines Fotos.

GRUNDSÄTZLICH GILT:

Je offener die Blende (je kleiner also die Zahl), desto kleiner die Schärfentiefe.

Je geschlossener die Blende (je größer also die Zahl), desto größer die Schärfentiefe.

Dies bedeutet, dass Fotos, die etwa mit Blende 1.4 aufgenommen wurden, nur eine sehr kleine Schärfeebene haben. Fotos mit einer Blende von 8 oder 11 hingegen haben eine größere Schärfeebene, sind also „von vorne bis hinten“ scharf. Bei den folgenden vier Fotos wurde die Blende verstellt, um den Einfluss auf die Schärfentiefe zu zeigen. Die Belichtungszeit wurde manuell angeglichen, damit die Helligkeit der Fotos gleich bleibt.

Die Schärfentiefe spielt eine große Rolle bei der Gestaltung deiner Fotos: Bei Porträts von Menschen und Tieren oder Detailaufnahmen ist beispielsweise oft eine geringe Schärfentiefe gewünscht. Es wirkt hier meist sehr harmonisch, wenn das Motiv scharf ist, aber der Hintergrund sanft verschwimmt. Hierfür benötigst du also eine offene Blende. Bei Landschaftsaufnahmen hingegen ist meist mehr Tiefenschärfe gewünscht: Das Foto soll sowohl vorne als auch weiter hinten scharf sein. Hierfür wird die Blende also eher geschlossen.

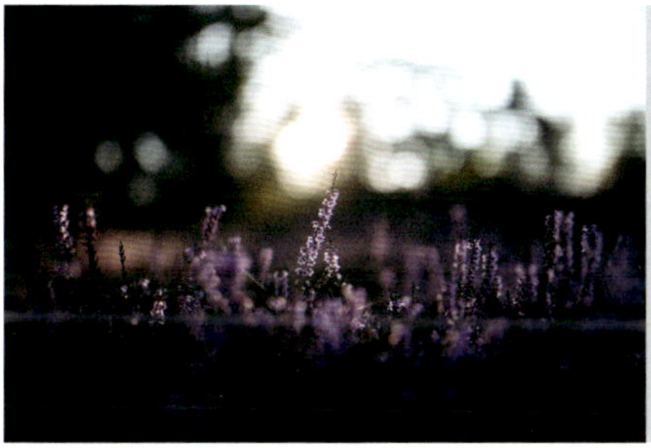

Bei Blende 1.4 ist die Schärfeebene minimal: Alles dahinter und davor verschwimmt in Unschärfe. Canon EOS 5D Mark IV | Sigma 35 mm F1.4 DG HSM Art | 1/2500 | f/1.4 | ISO 200 | 18:38 Uhr

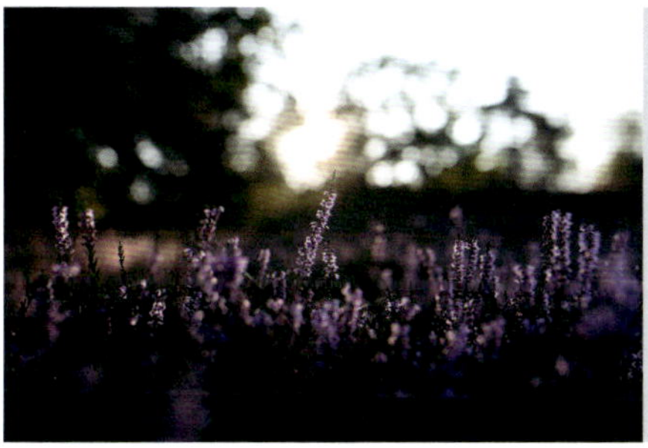

Bei Blende 2.8 ist die Schärfeebene etwas größer; Hinter- und Vordergrund sind weniger weich. Canon EOS 5D Mark IV | Sigma 35 mm F1.4 DG HSM Art | 1/800 | f/2.8 | ISO 200 | 18:38 Uhr

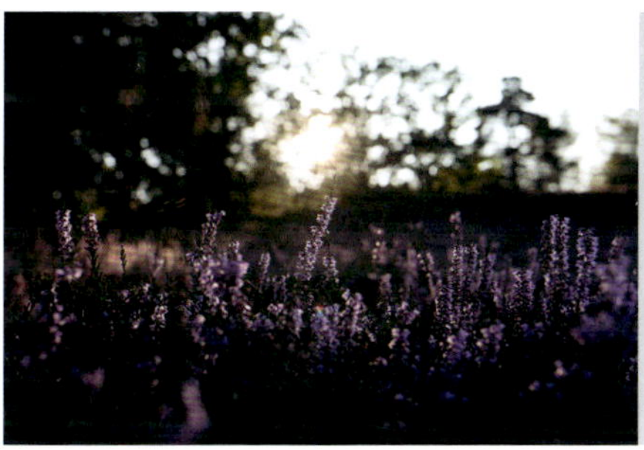

Blende 5.6 gibt unserem Bild zwar noch einen unscharfen Hintergrund, aber die Schärfeebene ist schon deutlich größer. Canon EOS 5D Mark IV | Sigma 35 mm F1.4 DG HSM Art | 1/200 | f/5.6 | ISO 200 | 18:38 Uhr

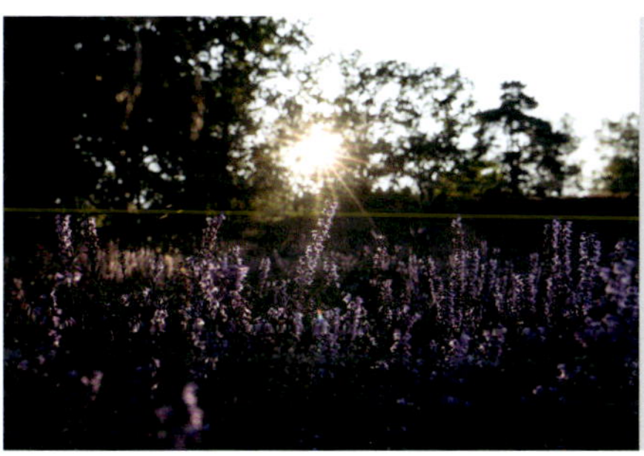

Bei Blende 11 ist die ganze Heide im vorderen Bereich scharf. Die Sonne wird zudem durch die Schließung der Blende zu einem Sonnenstern, die Strahlen treten hervor. Canon EOS 5D Mark IV | Sigma 35 mm F1.4 DG HSM Art | 1/60 | f/11 | ISO 200 | 18:38 Uhr

Da bei sehr hohen Blendenwerten Beugungsunschärfe auftritt und die Fotos dadurch an Qualität verlieren, empfehlen wir dir generell, sehr hohe Blendenwerte (je nach Objektiv ab f/16 oder f/22) nach Möglichkeit zu vermeiden. Beugungsunschärfe ist ein physikalischer/optischer Effekt, der mit zunehmend kleiner werdender Blendenöffnung für einen Schärfeverlust im Bild sorgt.

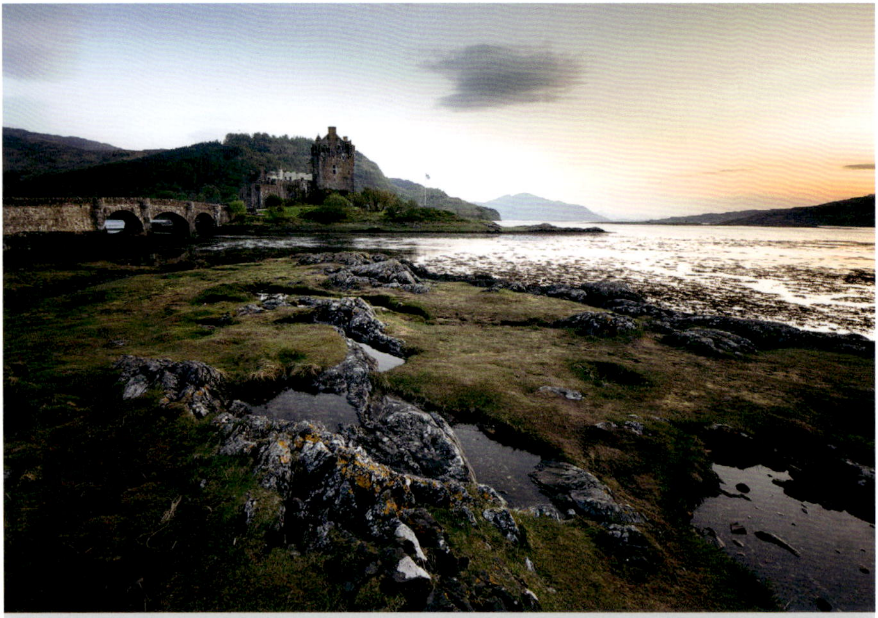

Sowohl die Felsen im Vordergrund als auch die Burg sollten scharf abgebildet werden, wir haben also einen hohen Blendenwert gewählt. Canon EOS 5D Mark III | Canon EF 16–35 mm f/4L IS USM bei 16 mm | 1/250 | f/8 | ISO 4000 | 20:22 Uhr

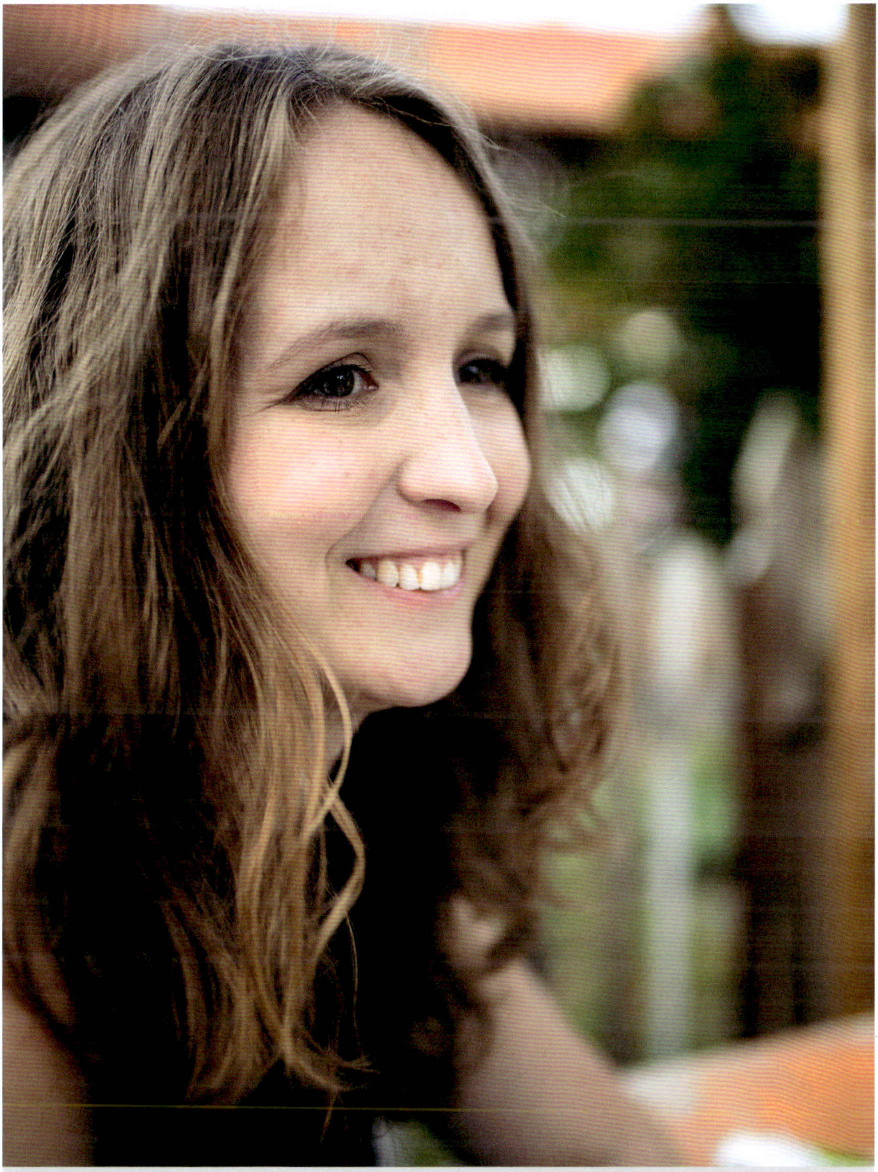

Nur das Gesicht sollte scharf sein, der unruhige Hintergrund hingegen in der Unschärfe verschwimmen. Dieses Foto ist mit sehr offener Blende fotografiert. Canon EOS 5D Mark III | Sigma 35 mm f/1.4 DG HSM Art | 1/400 | f/1.4 | ISO 100 | 19:20 Uhr

Wichtig: Neben der Blende haben auch die Brennweite und der Abstand zum Motiv einen immensen Einfluss auf die Schärfentiefe! Das bedeutet, je dichter du am Motiv stehst oder heranzoomst, desto unschärfer wird der Hintergrund. Je weiter weg du vom Motiv stehst und je geringer deine Brennweite ist, desto schärfer wird der Hintergrund. Möchtest du einen unscharfen Hintergrund erreichen, ist es außerdem wichtig, dass dein Motiv einen großen Abstand zum Hintergrund hat.

FOTOAUFGABE „DIE BLENDE VERSTEHEN"

Schwierigkeitsgrad ★☆☆☆

Stelle deine Kamera in den A- bzw. Av-Modus und wähle Auto-ISO. Suche dir ein Hauptmotiv.

Stelle nun die Blende auf die größtmögliche Offenblende deines Objektivs – also die kleinstmögliche Blendenzahl – ein. Nimm ein Foto auf.

Für dein zweites Foto stelle die Blende auf f/16. Ändere sonst nichts und nimm das gleiche Bild noch einmal auf. Nun vergleiche deine beiden Fotos. Siehst du einen Unterschied in der Schärfentiefe? Wie gut ist der Hintergrund jeweils erkennbar?

Hinweis: Die Belichtung deiner Fotos ändert sich in diesem Fall trotz Verstellen der Blende nicht, da deine Kamera dies im A- bzw. Av-Modus durch automatisches Anpassen des ISO-Wertes und der Belichtungszeit wieder ausgleicht.

Lust auf den Austausch mit uns und anderen Leserinnen und Lesern? Poste dein Foto auf Instagram mit dem Hashtag #draussenfotos und gib anderen Fotos unter diesem Hashtag dein Feedback. Wir selbst schauen uns alle Posts an und werden so viele wie möglich persönlich kommentieren!

Belichtungszeit

Die Belichtungszeit, auch Verschlusszeit genannt, bestimmt, wie lange Licht durch die geöffnete Blende auf den Sensor fällt. Sie ist damit der zweite wichtige Wert für die Belichtung deines Fotos.

Die Belichtungszeit wird in ganzen Sekunden bzw. in Bruchteilen von Sekunden angegeben. Eine Belichtungszeit von 1/250 bedeutet also beispielsweise, dass der Verschluss der Kamera eine 250stel Sekunde (also 0,004 Sekunden) lang geöffnet ist.

GRUNDSÄTZLICH GILT:

Je **länger** die Belichtungszeit ist, desto **heller** wird das Foto.
Je **kürzer** die Belichtungszeit ist, desto **dunkler** wird das Foto.

Leider kannst du nicht beliebig lange belichten, da eine längere Belichtungszeit dafür sorgt, dass aus der Hand aufgenommene Fotos verwackeln (Verwacklungsunschärfe). Bei bewegten Motiven wie beispielsweise Tieren verwischen bei langen Belichtungszeiten außerdem die Bewegungen (Bewegungsunschärfe). Dies führt zu besonderen Effekten und kann manchmal sogar gewünscht sein. Wenn du die Bewegung eines Motivs scharf abbilden möchtest, benötigst du allerdings eine kurze Verschlusszeit.

Als Faustformel für das Fotografieren aus der Hand gilt, dass du den Kehrwert der Brennweite noch verwacklungsfrei halten kannst. Bei einer Brennweite von 30 mm sollte deine Belichtungszeit also nicht länger als 1/30 Sekunde sein. Bei einer Brennweite von 200 mm solltest du eine Verschlusszeit von 1/200 Sekunde nicht überschreiten.

Benötigst du längere Belichtungszeiten (z. B. bei wenig Umgebungslicht, etwa in der Dämmerung), solltest du unbedingt mit Stativ fotografieren, damit es nicht zu Verwacklungsunschärfe kommt.

Bedenke, dass diese Faustformel nur für Vollformatsensoren gilt und bei APS-C-Kameras entsprechend dem Crop-Faktor umgerechnet werden muss.

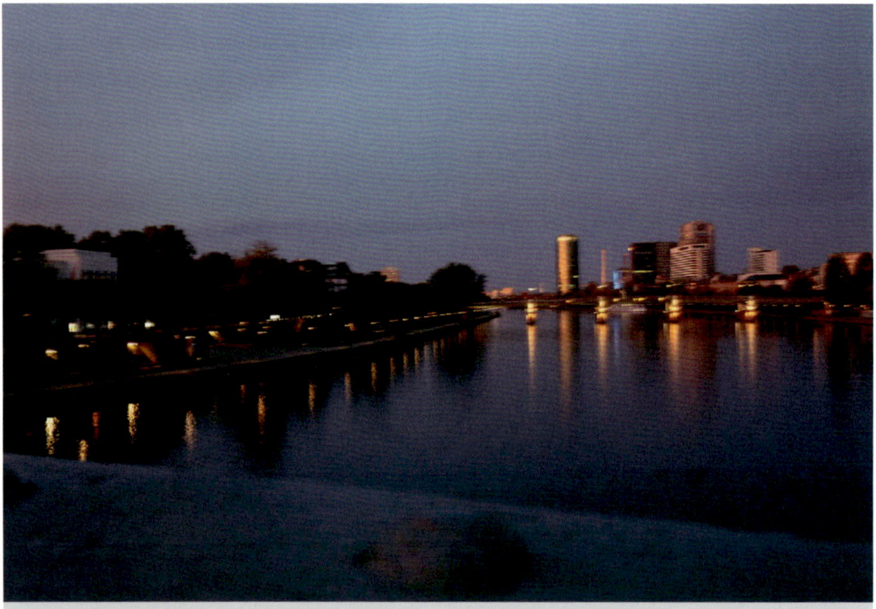

Eine Belichtungszeit von mehreren Sekunden kannst du unmöglich aus der Hand halten – die Fotos werden verwackeln und dadurch unscharf. Canon EOS 5D Mark III | Canon EF 16–35 mm f/4L IS USM bei 35 mm | 6 sek | f/16 | ISO 100 | 06:46 Uhr

Bei bewegten Motiven muss also, wie schon gesagt, eine möglichst kurze Belichtungszeit genutzt werden, damit die Bewegungen scharf abgebildet werden. Wie kurz die Belichtungszeit sein muss, hängt von dem Motiv bzw. seiner Geschwindigkeit ab. Während bei gehenden Menschen 1/200 Sekunde ausreicht, solltest du bei einem rennenden Hund nicht länger als 1/1000 Sekunde belichten. Kolibrifotos haben wir sogar mit 1/4000 Sekunde Belichtungszeit aufgenommen, und selbst diese sind an den Flügeln nicht vollkommen scharf!

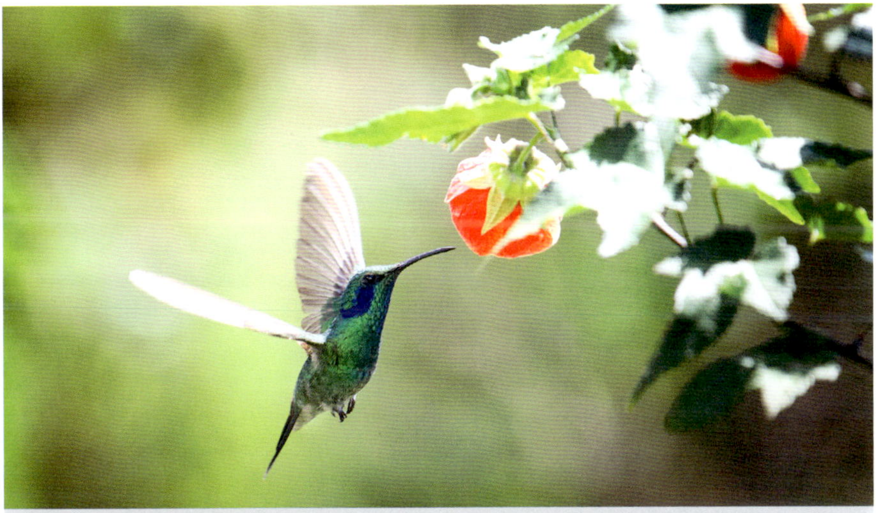

Enorm schwer zu fotografieren: Kolibris bewegen sich so schnell, dass selbst eine Belichtungszeit von 1/4000 Sekunde ihre Flügel nicht scharf abbilden kann. Canon EOS 7D | Canon EF 70–200 mm f/4L IS USM bei 200 mm | 1/4000 | f/4.5 | ISO 2000 | 14:47 Uhr

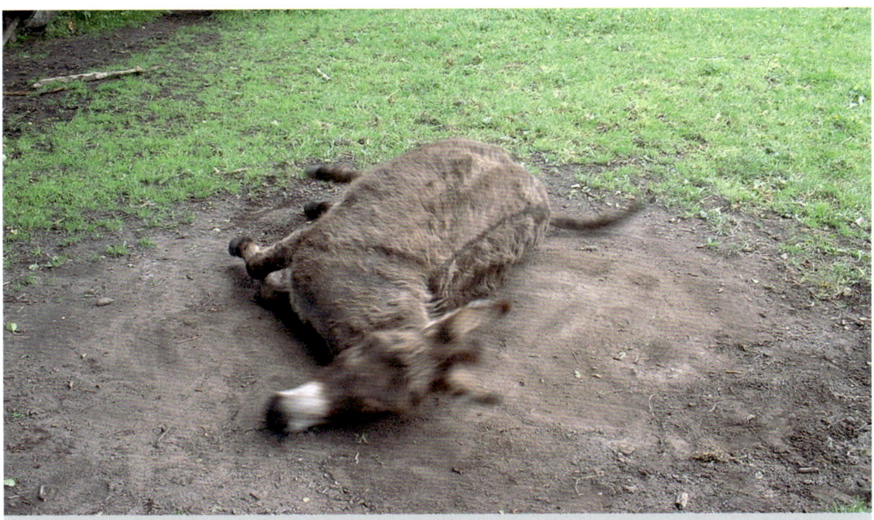

Dieses Foto wurde mit einer zu langen Belichtungszeit aufgenommen. Der Kopf des Esels, der sich schnell bewegt, ist daher unscharf. Kompaktkamera Fuji FinePix | 1/110 | f/3.5 | ISO 100 | 14:42 Uhr

Hast du Probleme mit unscharfen Fotos, kontrolliere also auf jeden Fall die Belichtungszeit – und zwar sowohl hinsichtlich der Bewegungsunschärfe (bewegtes Motiv unscharf) als auch der Verwacklungsunschärfe (ganzes Foto unscharf)!

Kurze Verschlusszeiten sind eine Herausforderung für korrekt belichtete Fotos: In diesem Fall musst du nämlich die anderen beiden Belichtungsparameter – Blende und ISO – stark strapazieren, um ausreichend helle Fotos zu bekommen. Möchtest du hauptsächlich bewegte Motive fotografieren, solltest du daher entweder in eine lichtstarke Kamera (erlaubt hohe ISO-Werte) oder in ein lichtstarkes Objektiv (erlaubt eine große Offenblende) investieren. Ansonsten kannst du schnelle Motive nur in hellen Lichtsituationen fotografieren.

Langzeitbelichtung

Mit Langzeitbelichtungen werden Fotos beschrieben, auf denen eine besonders lange Verschlusszeit (mehrere Sekunden oder gar Minuten) gewählt wurde. Die lange Belichtung wird meist aus einem der beiden folgenden Gründe genutzt:

1. Um helle Fotos in sehr dunklen Situationen zu machen (Beispiele: Fotografie des Sternenhimmels oder der Nordlichter)
2. Um bestimmte Effekte zu erzielen (Beispiele: verwischtes, weich aussehendes fließendes Wasser oder ziehende Lichtspuren von Autos in der Nacht)

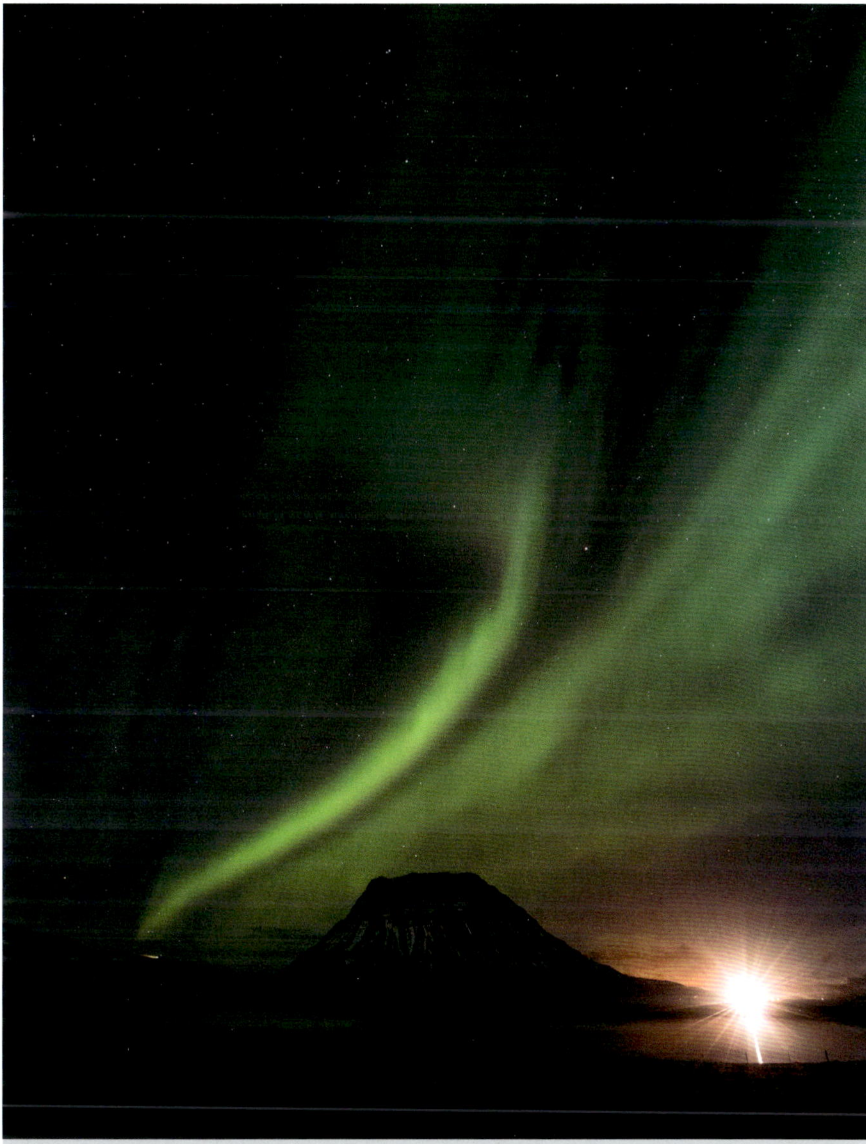

Beim Fotografieren in der Nacht musst du lange belichten, damit deine Bilder nicht zu dunkel werden. Mit Blitz zu fotografieren ist in Situationen wie diesen nicht möglich. Canon EOS 5D Mark III auf Stativ | Canon EF 16–35 mm f/4L IS USM bei 16 mm | 5 sek | f/5 | ISO 6400 | 21:06 Uhr

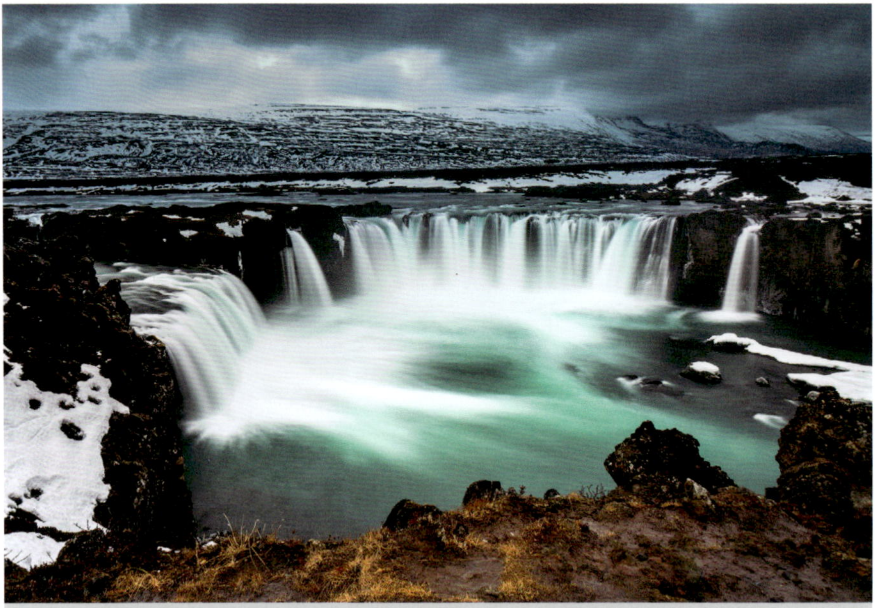

Gerade bei Wassermotiven sorgen lange Belichtungszeiten für besondere Effekte. Canon EOS 5D Mark III auf Stativ mit ND-Filter | Canon EF 24–105 mm f/4L IS USM bei 24 mm | 8 sek | f/22 | ISO 50 | 10:33 Uhr

Langzeitbelichtungen sind ein spannendes Feld der Fotografie, das viele interessante Möglichkeiten eröffnet. Da lange belichtete Fotos sehr hell werden, werden solche Aufnahmen häufig in der Nacht gemacht. Möchtest du Langzeitbelichtungen am Tag machen, musst du dein Foto mithilfe eines ND-Filters abdunkeln. Damit kannst du dann auch am Tag z. B. Fotos von „weichen" Wasserfällen machen oder Passanten auf deinen Fotos verschwinden lassen. Da diese sich bewegen, verschwimmen sie bei langen Belichtungen so stark, dass sie auf dem fertigen Foto nicht mehr sichtbar sind.

Weil lange belichtete Fotos aus der Hand verwackeln würden, benötigst du für Langzeitbelichtungen zwingend ein Stativ oder einen anderen stabilen Ablageort für deine Kamera. Stelle in solchen Fällen den Bildstabilisator immer aus. Damit du auch beim Auslösen nicht verwackelst, löse die Kamera zudem über Selbst- oder Fernauslöser aus.

Die meisten Kameras bieten in den normalen Einstellungen eine Belichtungszeit von bis zu 30 Sekunden an. Willst du noch länger belichten, kannst du den sogenannten Bulb-Modus nutzen. Langzeitbelichtungen verstärken das Bildrauschen, daher wähle einen möglichst niedrigen ISO (z. B. 100).

Fokussiere bei einer Langzeitbelichtung wenn möglich automatisch und stelle nach dem Finden des Fokuspunktes den Schalter am Objektiv auf MF (Manueller Fokus) um, damit das Objektiv nicht ständig neu fokussiert. Wenn es zu dunkel ist, musst du manuell fokussieren.

Welche Belichtungszeit du für deine Langzeitbelichtung benötigst, hängt stark von der Geschwindigkeit des Motivs sowie von der Aufnahmesituation ab. Wir empfehlen dir, mit einer Belichtungszeit von 2 bis 3 Sekunden zu starten und dich dann weiter an die ideale Zeit heranzutasten. Mache auf jeden Fall mehrere Bilder mit unterschiedlichen Einstellungen und vergleiche die Ergebnisse miteinander.

Im Folgenden haben wir eine kleine Tabelle mit typischen Situationen und Ideen für Langzeitbelichtungen für dich zusammengestellt. Sie bietet dir einen Anhaltspunkt, mit welcher Belichtungszeit du starten kannst. Die ideale Einstellung kann je nach Situation allerdings deutlich abweichen.

Belichtungszeiten in unterschiedlichen Situationen

Fließendes Wasser	2 bis 20 Sekunden – je nach Fließgeschwindigkeit und gewünschtem Effekt
Bewegung der Wolken	ab 30 Sekunden
Stadtszenen und Skylines (nachts)	ab 2–3 Sekunden
Laufende Menschen ausblenden	ab 20 Sekunden, es können aber auch mehrere Minuten nötig sein
Fahrende Autos	ab 2–3 Sekunden
Feuerwerk	10–15 Sekunden
Gewitter	5–30 Sekunden (je nach Blitzmenge)
Riesenräder	ab 20 Sekunden
Sternenhimmel ohne Lichtspuren	unter 10–20 Sekunden, je nach Brennweite
Sternenhimmel mit Lichtspuren	30 Minuten bis 3 Stunden
Nordlichter	10 Sekunden als Startwert, je nach Stärke

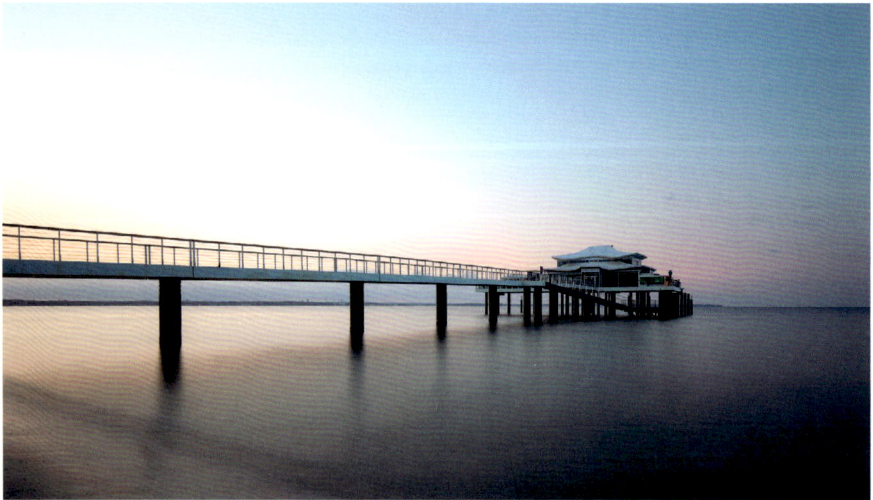

Durch die Langzeitbelichtung wirkt nicht nur das Wasser ruhig und weichgezeichnet, auch die Passanten auf der Seebrücke werden unsichtbar. Canon EOS 5D Mark IV auf Stativ mit ND-Filter | Canon EF 16–35 mm f/4L IS USM bei 22 mm | 30 sek | f/8 | ISO 400 | 21:28 Uhr

FOTOAUFGABE „DIE BELICHTUNGSZEIT VERSTEHEN"

Schwierigkeitsgrad ★☆☆☆

Stelle deine Kamera in den Tv- bzw. S-Modus und den ISO auf Auto. Wähle als Belichtungszeit ½ Sekunde und fotografiere ohne Stativ ein beliebiges Motiv. Dein Bild wird verwackeln, weil die Belichtungszeit zu lang ist.

Fotografiere nun das gleiche Motiv noch einmal, dieses Mal mit einer Belichtungszeit von 1/200 Sekunde. Dein Foto wird nun scharf werden, da bei einer so kurzen Belichtungszeit keine Verwacklungsunschärfe mehr entsteht.

Schwierigkeitsgrad ★★★☆

Suche dir ein fließendes Gewässer, etwa einen Wasserfall oder einen Springbrunnen. Alternativ geht auch ein aufgehängter Wasserschlauch oder deine Dusche. Fotografiere mit Stativ und im Tv- bzw. S-Modus mit Auto-ISO.

Auf dem ersten Foto wähle eine kurze Belichtungszeit von etwa 1/500 Sekunde. Du erkennst auf deinem Foto nun die einzelnen Tropfen des Wassers: Je kürzer deine Belichtungszeit ist, desto besser.

Auf dem zweiten Foto mache eine Langzeitbelichtung. Wähle eine Belichtungszeit von 2 Sekunden oder länger. Wenn dein Foto zu hell wird, mache die Aufgabe nachts oder nutze einen ND-Filter. Du wirst nun auf dem Foto weich fließendes Wasser erhalten, also einen völlig anderen Effekt.

Hinweis: Im Tv- bzw. S-Modus werden deine Fotos trotz der längeren Belichtungszeit nicht heller, da deine Kamera ISO und Blende automatisch entsprechend anpasst.

Lust auf den Austausch mit uns und anderen Leserinnen und Lesern? Poste dein Foto auf Instagram mit dem Hashtag **#draussenfotos** und gib anderen Fotos unter diesem Hashtag dein Feedback. Wir selbst schauen uns alle Posts an und werden so viele wie möglich persönlich kommentieren!

ISO

Der dritte wichtige Belichtungsparameter ist der ISO. Dieser Wert gibt in der analogen Fotografie die Lichtempfindlichkeit des Films an, kann dort also nicht von einem Foto zum nächsten beliebig umgestellt werden. In der digitalen Fotografie bezeichnet der ISO die Lichtempfindlichkeit des Sensors und kann flexibel verstellt werden.

Bei den meisten Kameras ist – unter normalen Einstellungen – ISO 100 der niedrigste mögliche ISO-Wert. Wie weit nach oben dieser verstellbar ist, hängt von der Kamera ab. Der ISO bestimmt neben der Helligkeit des Fotos auch dessen Rauschen bzw. Körnung.

GRUNDSÄTZLICH GILT:

Je **niedriger** der ISO-Wert, desto **dunkler** und **rauschärmer** das Foto.
Je **höher** der ISO-Wert, desto **heller** und **verrauschter** das Foto.

Zum Vergleich zwei Fotos mit hohem und niedrigem ISO:

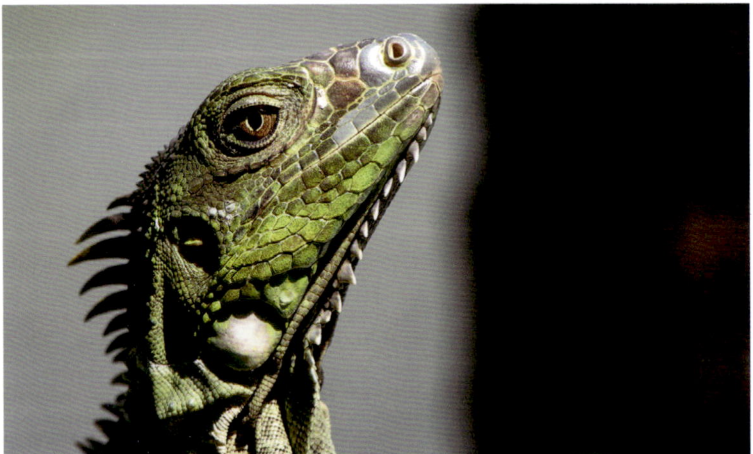

ISO 160 an der Canon EOS 7D (Ausschnitt): Dieses Bild ist klar, es ist kein Bildrauschen sichtbar.

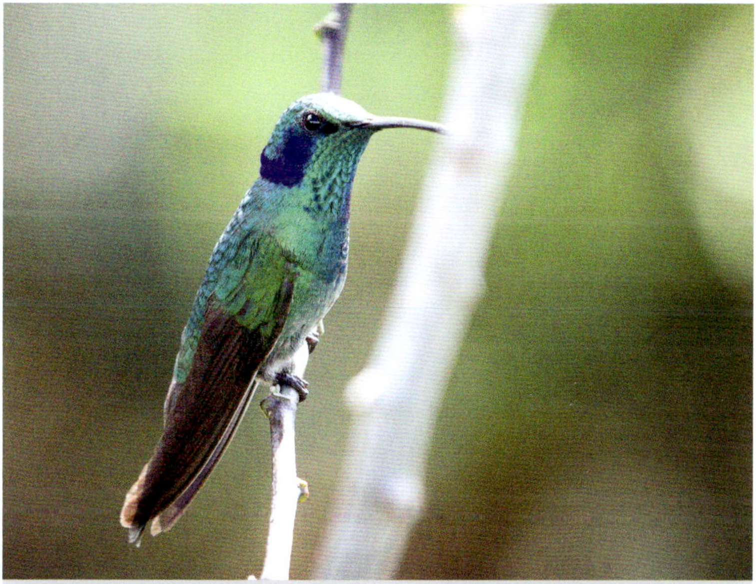

ISO 3200 an der Canon EOS 7D (Ausschnitt): Auf diesem Bild ist deutliches Bildrauschen zu sehen. Dies kannst du zu großen Teilen in der RAW-Entwicklung entfernen.

Grundsätzlich solltest du den ISO immer so niedrig wie möglich einstellen, da ein hoher ISO zu Bildrauschen und damit ab einem bestimmten Wert zu Fotos führt, die deutlich an Schärfe verlieren. Stelle den ISO daher nur dann hoch, wenn der Einsatz einer längeren Belichtungszeit oder einer offeneren Blende bei deinem Foto nicht sinnvoll ist.

Für die Belichtung gilt: Eine Verdoppelung des ISO-Wertes macht genau eine Blendenstufe aus. Wenn du bei gleicher Verschlusszeit also mit Blende 4.0 und ISO 400 fotografierst, erreichst du ein genauso helles Bild wie mit Blende 5.6 (eine Blendenstufe mehr, also einen Blendenwert dunkler) und ISO 800. Bei Blende 8 benötigst du schon ISO 1600, um ein gleich helles Foto zu bekommen.

Ab welchem ISO-Wert deine Kamera stark rauschende Bilder produziert, musst du ausprobieren. Während manche Kameras schon bei ISO 800 deutlich an ihrer Grenze sind, kannst du mit neueren Kameras auch mit ISO 12800 noch annehmbare Fotos machen. Nimm also ein paar Fotos mit verschiedenen ISO-Werten auf und sieh sie dir am PC an. Welches Rauschen ist für dich noch akzeptabel und mit welchem Wert möchtest du lieber nicht mehr fotografieren?

In der Bildbearbeitung kannst du das Bildrauschen bis zu einem gewissen Grad entfernen. Das Foto verliert dadurch etwas an Schärfe, aber gerade störendes Farbrauschen kannst du dadurch oft bändigen. Unscharfe Fotos hingegen kannst du nicht korrigieren. Nimm daher im Zweifel lieber Bildrauschen in Kauf als Unschärfe durch lange Belichtungszeiten!

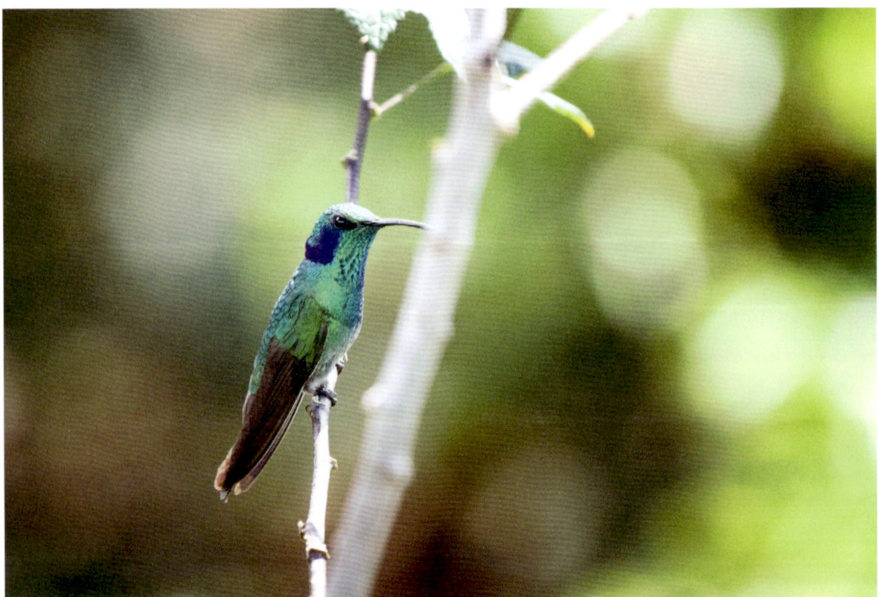

Entrauscht und bearbeitet ergibt das Kolibrifoto ein schönes Bild. Canon EOS 7D | Canon EF 70–200 mm f/4L IS USM bei 200 mm | 1/4000 | f/4 | ISO 3200 | 14:45 Uhr

FOTOAUFGABE „DEN ISO VERSTEHEN"

Schwierigkeitsgrad ★☆☆☆

Wähle an deiner Kamera den Modus P und suche dir ein Motiv. Stelle den ISO zunächst auf 100 und mache ein Foto. Gehe alle ISO-Werte deiner Kamera durch und mache mit jedem Wert ein Foto. Nutze auch die ganz hohen ISO-Werte.

Schaue dir die Fotos anschließend auf dem PC an und beurteile das Bildrauschen. Ab welchem ISO-Wert kannst du Bildrauschen erkennen? Bis zu welchem ISO-Wert ist es für dich noch akzeptabel, und wann fängt es an, die Fotos zu stören? Entscheide für dich, welchen ISO-Wert du im Notfall noch akzeptieren kannst und welchen nicht mehr. Merke dir diesen Wert für deine zukünftige Fotografie.

Hinweis: Im P-Modus werden deine Fotos trotz der höheren ISO-Werte nicht heller, da deine Kamera Belichtungszeit und Blende automatisch entsprechend anpasst.

Lust auf den Austausch mit uns und anderen Leserinnen und Lesern? Poste dein Foto auf Instagram mit dem Hashtag **#draussenfotos** und gib anderen Fotos unter diesem Hashtag dein Feedback. Wir selbst schauen uns alle Posts an und werden so viele wie möglich persönlich kommentieren!

Das Zusammenspiel

Blende, Belichtungszeit und ISO arbeiten bei der korrekten Belichtung eines Fotos zusammen. Da sie alle neben der Belichtung auch einen Einfluss auf Schärfeparameter bzw. das Bildrauschen haben, musst du sie überlegt verstellen, um nicht am Ende ausreichend helle, aber unscharfe Fotos zu bekommen.

Möchtest du deine Fotos heller belichten, musst du einen der drei folgenden Kompromisse eingehen:

- Blende vergrößern (kleinere Zahl): Das Foto bekommt weniger Schärfentiefe. Dies ist z. B. bei Makros oder Landschaften oft nicht gewollt.
- Belichtungszeit verlängern: Bewegungen verwischen ab einem bestimmten Wert. Dies ist bei bewegten Motiven ein Problem und ab längeren Belichtungszeiten auch beim Fotografieren aus der Hand.
- ISO erhöhen: Dies führt zu stärkerem Bildrauschen.

Welchen dieser Kompromisse du am ehesten eingehen kannst, hängt von deinem Motiv ab. Bei Landschaften kannst du z. B. eine lange Belichtungszeit gut in Kauf nehmen und auch problemlos vom Stativ aus fotografieren, um Verwacklungsunschärfe zu vermeiden. Bei bewegten Tieren hingegen brauchst du unbedingt eine sehr kurze Verschlusszeit und musst dafür in vielen Fällen Bildrauschen in Kauf nehmen.

Blende, Belichtungszeit und ISO stehen in einem festen Verhältnis zueinander. Bei der Belichtung wird immer in Blendenwerten gerechnet. Die Abstufungen haben wir bereits auf Seite 62 vorgestellt. Ein Blendenwert höher entspricht der Verdopplung der Belichtungszeit bzw. des ISO-Wertes. Ein Foto mit Blende f/4.0, 1/250 Sekunde und ISO 200 wird also genauso hell wie ein Foto mit f/5.6, 1/125 Sekunde und ISO 200.

Zwei weitere Beispiele:

1. Du fotografierst mit Blende f/5.6, 1/125 Sekunde und ISO 800. Die Belichtung soll identisch bleiben, du wünschst dir aber einen unschärferen Hintergrund. Dafür stellst du die Blende auf f/2.8 (also zwei Werte nach unten). Nun musst du entweder den ISO oder die Belichtungszeit um zwei Stufen anpassen, also zweimal halbieren, damit dein Foto nicht plötzlich viel zu hell wird. Deine neuen Einstellungen sind also:
   - Bei Anpassung des ISO-Wertes: f/2.8, 1/125, ISO 200
   - Bei Anpassung der Belichtungszeit: f/2.8, 1/500, ISO 800
2. Du fotografierst einen schnell rennenden Hund mit Blende f/5.6, 1/125 Sekunde und ISO 100. Der Hund wird unscharf, deswegen willst du die Belichtungszeit auf 1/1000 Sekunde verkürzen (also um drei Blendenwerte anpassen). Wenn du ein entsprechend lichtstarkes Objektiv hast, solltest du, um Rauschen zu vermeiden, die Blende um drei Werte weiter öffnen. Gibt dein Objektiv das nicht her, musst du den ISO dreimal verdoppeln. Deine neuen Einstellungen sind also wie folgt:
   - Bei Anpassung der Blende: f/2.0, 1/1000, ISO 100
   - Bei Anpassung des ISO-Wertes: f/5.6, 1/1000, ISO 800

Natürlich ist auch eine Mischung denkbar, etwa indem du die Blende um einen Wert weiter öffnest und den ISO um zwei Stufen erhöhst: f/4.0, 1/1000, ISO 400.

Verzweifle nicht!

So theoretisch erklärt, wirkt das Zusammenspiel der Belichtungsparameter auf dich zunächst vielleicht erschlagend. Wir empfehlen dir daher, direkt beim Lesen deine Kamera in die Hand zu nehmen, in den manuellen Modus zu schalten und ein unbewegtes, einfaches Testmotiv im Raum zu fotografieren.

Probiere aus, welche Einstellungsveränderungen welchen Effekt haben und auf welche Weisen du die Bilder heller oder dunkler fotografieren kannst. Geh auch mit der Kamera nach draußen und probiere alles in Ruhe aus. Mit der Zeit wirst du immer sicherer werden und deine Fotos nach und nach manuell belichten können. Sei geduldig, wenn es nicht gleich funktioniert, und fotografiere erst einmal in den Halbautomatikmodi Tv/S bzw. Av/A, bis du dich im manuellen Modus sicher fühlst.

Ganz ausführlich und mit vielen Praxisbeispielen erklären wir dir die manuellen Einstellungen und deren Zusammenspiel in unserem E-Book *Weg vom Automatikmodus*, welches du dir im Shop auf unserer Website herunterladen kannst. Über den QR-Code gelangst du direkt dorthin.

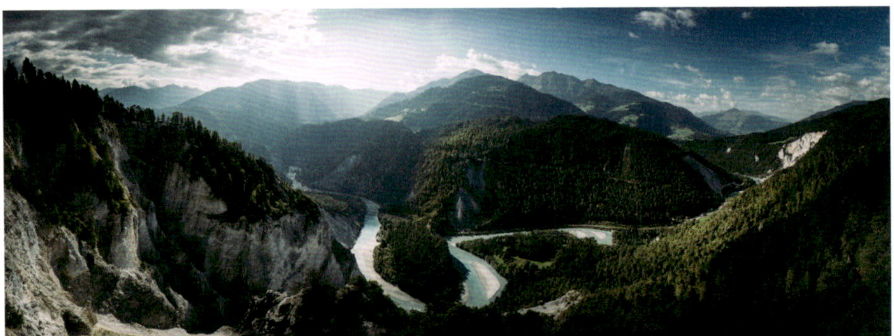

Wenn du die manuellen Einstellungen beherrschst, kannst du jedes Motiv einfangen, auch bei Gegenlicht oder in der Nacht. Canon EOS 5D Mark III | Canon EF 16–35 mm f/4L IS USM bei 16 mm | 1/500 | f/5.6 | ISO 200 | 10:38 Uhr | Panorama zusammengesetzt aus 10 Einzelfotos

Fokus

Der Fokus der Kamera sorgt dafür, dass der Schärfepunkt auf dem Foto genau dort sitzt, wo er sitzen soll. Wenn also z. B. der Hintergrund scharf ist und das Motiv unscharf, dann liegt das zwangsläufig an einer falschen Fokussierung.

Autofokus

Während früher immer manuell fokussiert werden musste, sind die heutigen Autofokusse zum Glück ziemlich gut, und die Kamera nimmt dir hier in den meisten Fällen die Arbeit ab. Damit die Kamera nicht „raten" muss, was genau dein Motiv ist und welchen Bereich des Fotos sie scharf stellen soll, gibt es unterschiedliche Autofokus-Modi und verschiedene Fokusfelder, die du auswählen kannst. Hiermit überlässt du deiner Kamera zwar die eigentliche Fokussierung, gibst ihr aber vor, *worauf* sie fokussieren soll.

Folgende Modi werden unterschieden:

- One Shot (oder Single Shot)
- Kontinuierlicher Autofokus (AI Servo oder AF-C)
- Misch-Modus (AI Fokus oder AF-A)

Grundsätzlich solltest du bei unbewegten Motiven den One-Shot-Modus verwenden und bei bewegten Motiven den kontinuierlichen Autofokus. Der Misch-Modus entscheidet selbst, welchen der beiden Modi er verwendet. Da er oft falschliegt, empfehlen wir dir diesen Modus nicht.

Der Autofokus funktioniert generell über die verschiedenen Autofokusfelder, die du als Punkte oder Vierecke in deinem Sucher siehst. Das Fokusfeld, welches die Kamera gerade benutzt, leuchtet auf. Das bedeutet, dass das, was an dieser Stelle im Bild liegt, scharf wird.

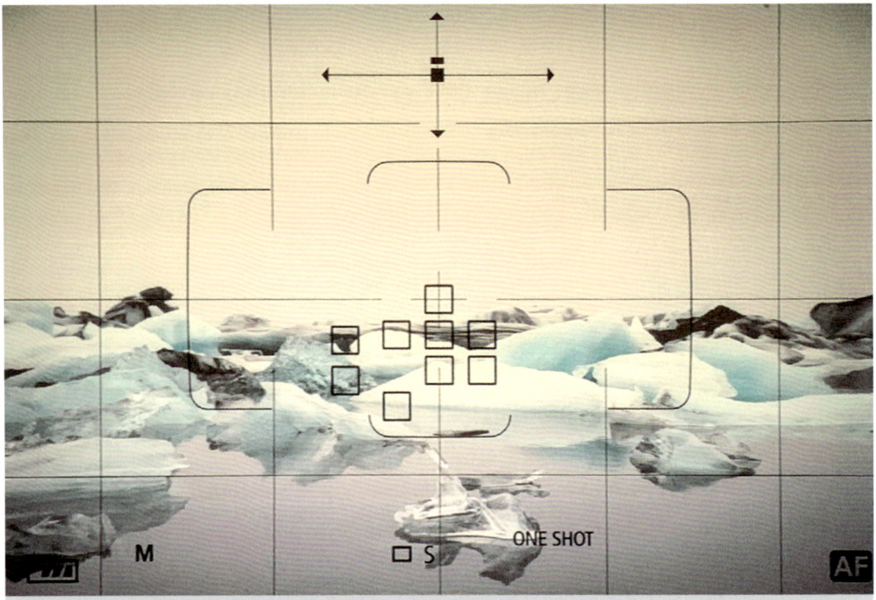

Fotografiert durch den Sucher: Die Vierecke zeigen den Bereich, den die Kamera zum Fokussieren ausgewählt hat.

Im One-Shot-Modus fokussiert die Kamera ein einziges Mal. Solange du den Auslöser halb durchgedrückt hältst, fokussiert die Kamera nicht neu, auch wenn du oder das Motiv sich bewegt. Im kontinuierlichen Autofokus hingegen verfolgt der Autofokus das Motiv und justiert sich fortwährend neu. Für bewegte Motive ist dieser Modus daher ideal.

Eine gute Möglichkeit, die Kamera zwar selbst fokussieren zu lassen, aber Einfluss darauf zu nehmen, was fokussiert werden soll, ist die manuelle Auswahl der Fokusfelder. Du wählst hier selbst das Feld (oder die Gruppe von Feldern) aus, das auf deinem Hauptmotiv liegt. Die Kamera fokussiert dann diesen Bereich. Wir empfehlen dir diese Funktion für stille Motive im One-Shot-Modus. Bei bewegten Motiven im kontinuierlichen Autofokus bietet es sich hingegen an, alle Fokusfelder zu aktivieren.

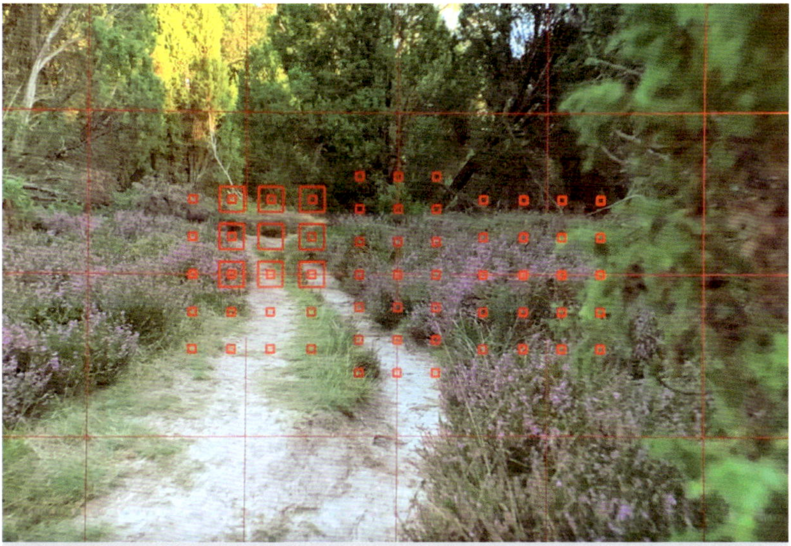

Über die manuelle Fokusfeldwahl haben wir die neun Felder oben links ausgewählt. Auf diesen Bereich wird die Kamera fokussieren.

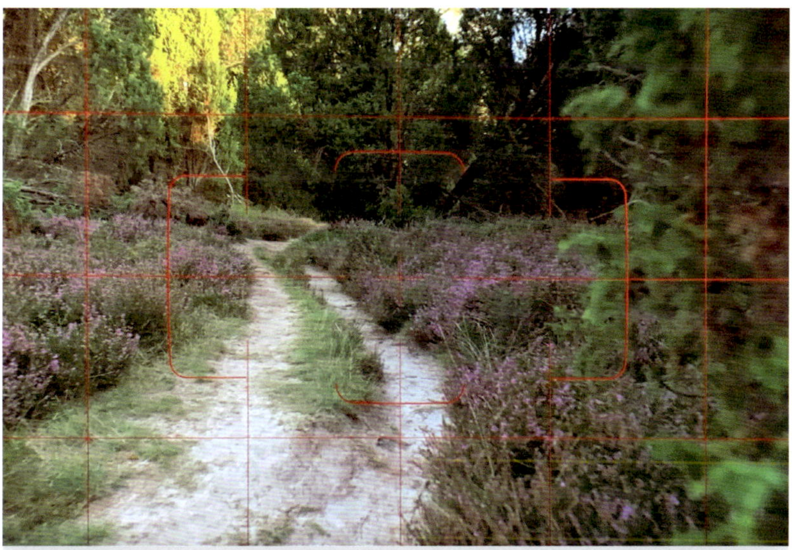

Hier sind alle Fokusfelder aktiv. Die Kamera wird jetzt selbst versuchen, auf den richtigen Bereich zu fokussieren.

NUTZE DEIN HANDBUCH

Wie genau du die Autofokus-Modi oder die unterschiedlichen Fokusfelder in deiner Kamera auswählst, hängt von deinem Kameramodell ab. Schau dir hierzu auf jeden Fall das Handbuch an und übe das Verschieben der Autofokus-Felder mit den Tasten deiner Kamera.

Manueller Fokus

Wir empfehlen dir, den manuellen Fokus nur dann zu nutzen, wenn der Autofokus seine Grenzen erreicht. Dies ist z. B. oft in der Makrofotografie, bei der Fotografie in der Nacht oder bei dem Einsatz starker ND-Filter der Fall. In diesen Fällen musst du den Fokus manuell setzen. Stelle also MF am Objektiv ein und drehe am Fokusring, bis der gewünschte Bereich deines Fotos scharf ist. Da dies im Sucher sehr schwer zu sehen ist, empfehlen wir dir folgende Methode:

Nutze ein Stativ. Aktiviere den Live-View und vergrößere dein Hauptmotiv auf dem Display so stark wie möglich. Wenn du jetzt am Fokusring drehst, kannst du die Schärfe bestmöglich beurteilen. Sobald der Fokus sitzt, zoome am Live-View wieder heraus und drücke den Auslöser.

SONDERFALL MAKROS

In der Makrofotografie ist das Fokussieren eine echte Herausforderung. Wir arbeiten hier mit folgender Methode: Stelle den Fokusring zunächst auf die dichtestmögliche Fokussierung ein. Nun nähere dich mit der Kamera dem Motiv so weit, bis es sich im Fokusbereich befindet. Ist diese Position erreicht, mache dein Foto. So erhältst du automatisch die maximale Vergrößerung des Motivs.

Weißabgleich

Der Weißabgleich ist für die korrekte Farbwiedergabe deines Fotos verantwortlich; er steuert die Farbtemperatur deiner Aufnahme. Ein falsch eingestellter Weißabgleich führt zu ungewollten Farbstichen – deine Fotos werden also z. B. zu blau, zu gelb oder zu rosa. Die Farben auf dem Foto entsprechen dann nicht den Farben, die du mit dem Auge wahrnimmst.

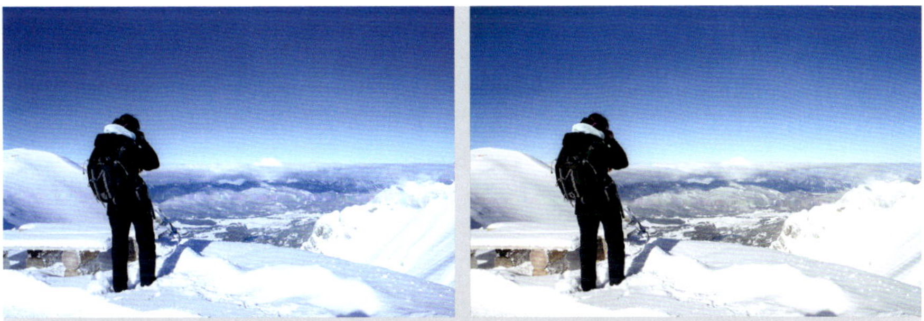

Der automatische Weißabgleich liegt im Schnee oft daneben; das Bild wird zu blau. Auf dem rechten Foto wurde der Weißabgleich korrigiert – die Farben entsprechen der Realität. Canon EOS 7D | Sigma 17–70 mm f/2.8–4 DC Makro OS HSM bei 17 mm | 1/640 | f/8 | ISO 200 | 12:51 Uhr

Je nach Umgebungssituation und Lichtquelle (z. B. Kerzenlicht, Neonröhren, Sonnenlicht, ...) unterscheidet sich die Farbtemperatur. Ein weißes Blatt Papier erscheint dadurch manchmal bläulich und manchmal gelblich, obwohl es eigentlich immer reinweiß ist. Mit dem Auge nehmen wir dies nicht wahr, da das Gehirn die Umgebung richtig zu interpretieren gelernt hat und das Papier immer weiß zeigt. Auf einem Foto kommt es aber mitunter zu Abweichungen.

In den meisten Situationen ist es sinnvoll, mit automatischem Weißabgleich (AWB) zu fotografieren. Sollte die Kamera aber danebenliegen und z. B. den schönen roten Sonnenuntergang zu blass und bläulich oder deine Schneefotos mit Blaustich anzeigen, kannst du den Weißabgleich manuell einstellen. Im Weißabgleich-Menü deiner Kamera werden dir verschiedene Lichtsituationen vorgeschlagen, von denen du die passendste auswählen kannst. Typische Möglichkeiten sind z. B.:

- Tageslicht (Symbol: Sonne)
- Bewölkt (Symbol: Wolke)
- Kunstlicht (Symbol: Glühlampe)

Da dies nicht immer funktioniert, kannst du den Weißabgleich anhand der Kelvin-Zahl auch vollkommen manuell einstellen. Folgende Skala hilft dir zur Orientierung:

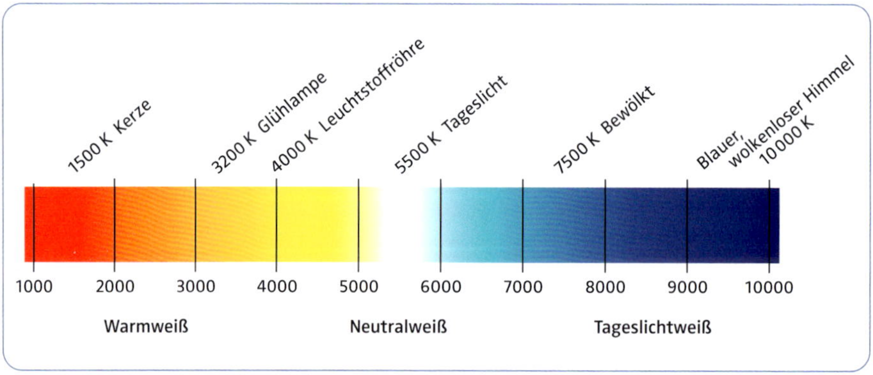

Einen riesigen Vorteil beim Thema Weißabgleich bietet dir das Fotografieren im RAW-Modus. Hier kannst du den Weißabgleich im Nachhinein bei der Bildbearbeitung in einer Software einstellen. Du erhältst dir so den maximalen Spielraum und kannst dich vor Ort beim Fotografieren ganz auf dein Motiv und die Bildgestaltung konzentrieren.

RAW vs. JPEG

Schon ganz am Anfang des Buches haben wir dir geraten, eine Kamera zu kaufen, die das Fotografieren im RAW-Modus ermöglicht. Unserer Meinung nach ist das RAW-Format ein „Gamechanger“ in der digitalen Fotografie, und wir empfehlen dir, es wenn möglich auf jeden Fall zu nutzen. Für uns selbst und für viele Einsteiger, die wir auf ihrem Weg in die Fotografie begleitet haben, war der Wechsel des Bildformats von JPEG auf RAW ein wichtiger Schritt, um mehr Einfluss auf die Fotos zu haben und damit bessere Ergebnisse zu erzielen.

Während dir das JPEG-Format ein fertiges Foto liefert, hast du beim RAW-Format ein Foto im Rohformat (roh = engl. *raw*). Dieses Bild wird im Gegensatz zu einem JPEG nicht kameraintern entwickelt. Es wirkt dadurch flauer und blasser als ein JPEG, also auf den ersten Blick „schlechter“. Außerdem ist die Datei sehr groß und lässt sich nur mit bestimmten Programmen öffnen. All diese scheinbaren Nachteile führen dazu, dass die meisten Einsteiger sehr lange im JPEG-Format fotografieren und sich mit RAW nicht weiter beschäftigen.

RAW bietet dir jedoch enorme Vorteile, wenn du deine Fotos nachbearbeiten möchtest. Die riesige RAW-Datei enthält sämtliche Bildinformationen, die du in der Bearbeitung nutzen und verändern kannst. Du kannst (und musst) dein RAW also digital entwickeln – so, wie in der analogen Fotografie Filme im Labor entwickelt werden. Hierdurch kannst du am PC festlegen, wie dein Foto hinterher aussehen soll. Du kannst z. B. den Weißabgleich frei festlegen und die Farben, die Kontraste und die Helligkeit selbst bestimmen.

Einer der großen Vorteile der RAW-Fotografie ist, dass sehr helle oder sehr dunkle Bereiche im Foto deutlich besser „gerettet" werden können. Überbelichtete Himmel kannst du bis zu einem gewissen Grad abdunkeln und so Wolken wieder sichtbar machen. Auch in dunklen Bildbereichen einer RAW-Fotografie kannst du Strukturen herausarbeiten.

Folgendes Beispiel zeigt links das unbearbeitete RAW und rechts die fertig entwickelte Version. Hier wurde nichts von außen hinzugefügt oder hineingemalt. Wir haben lediglich über die verschiedenen Regler von Adobe Lightroom und durch den Einsatz digitaler Verlaufsfilter bestimmte Bereiche abgedunkelt, Kontraste angehoben etc. So sah es auch in echt aus, und alle Informationen sind in der RAW-Datei enthalten! Mehr zum Thema Bildbearbeitung erfährst du ab Seite 241.

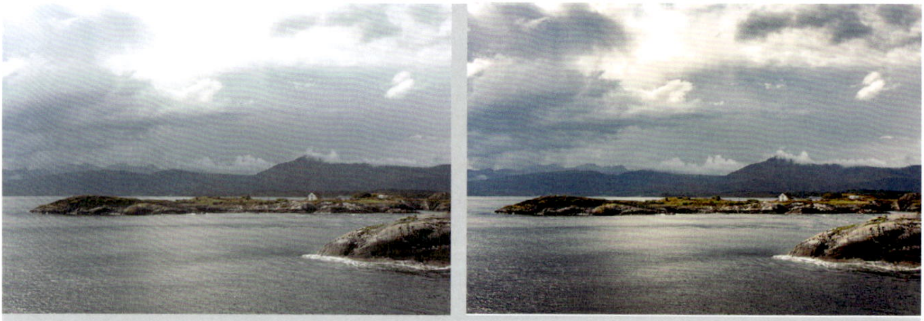

Das RAW (links) ist farblos und flau, enthält aber alle Bildinformationen. Durch die digitale Entwicklung entsteht das rechte, fertige Foto. Canon EOS 40D | Tokina AT-X 124 Pro DX 12–24 mm F4 (IF) bei 24 mm | 1/250 | f/8 | ISO 125 | 12:28 Uhr

Am Ende der digitalen Entwicklung exportierst du dein Foto dann als JPEG und hast ein „normales" Bild, welches du allerdings zu einem viel größeren Teil selbst gestaltet hast, als dies bei einem Foto im JPEG-Format möglich gewesen wäre.

Die RAW-Fotografie ist besonders dann sinnvoll, wenn du deine Fotos auch tatsächlich nachbearbeitest. Tust du das aktuell nicht, empfehlen wir dir dennoch, ab sofort in beiden Formaten parallel zu fotografieren: RAW und JPEG. Die meisten Kameras bieten diese Möglichkeit an. So hast du sofort die fertigen JPEGs, kannst aber gleichzeitig die RAWs auf der Festplatte ablegen. Wenn du dich später doch noch mit dem Thema Bildbearbeitung beschäftigst, wirst du dich riesig freuen, wenn du aus deinen alten Fotos noch mehr herausholen kannst.

LICHT IST ALLES

Gutes Licht / schlechtes Licht

Der allerwichtigste Tipp der gesamten Fotografie und damit auch dieses Buches ist der, der von Anfängern leider am häufigsten übersprungen oder missachtet wird: **Fotografiere bei gutem Licht!** Verbünde dich mit dem Licht und lerne es sehr gut kennen. Es kann sowohl dein größter Helfer als auch dein schlimmster Feind sein.

Als Naturfotograf musst du mit einer besonderen Herausforderung umgehen: Während Studiofotografen das perfekte Licht für ihr Foto mit Blitzen, Lampen, Softboxen und Reflektoren künstlich erschaffen, bist du in der Natur auf das natürliche Licht der Sonne angewiesen. Dieses kannst du nicht verändern – umso besser musst du es daher beobachten und den Umgang mit ihm lernen.

Finde heraus, wann genau sich „gutes Licht“ zeigt, und mache deine Fotos dann gezielt zu diesen Zeiten. Alle anderen Tipps und Tricks zur Fotografie, alle anderen Techniken und Kniffe, können ihre Wirkung kaum entfalten und sind damit irrelevant, wenn du diese Regel nicht beachtest.

Vielleicht denkst du, dass das Thema Licht sehr abstrakt ist oder dass du dich mit deinen Fotos noch nicht auf einem Niveau befindest, auf dem das Licht relevant ist. Beides stimmt nicht: Das Licht ist von Anfang an von immenser Wichtigkeit. Und keine Sorge: Mithilfe dieses Buches wirst du das Thema verstehen und lernen, worauf du achten musst. Deine Fotos werden sich um Welten verbessern!

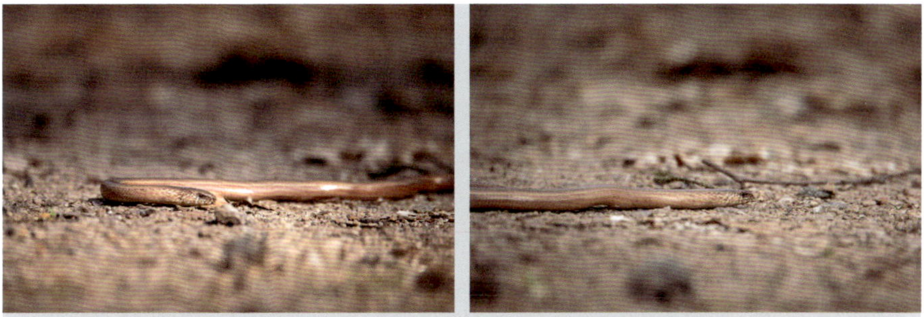

Diese Fotos haben wir kurz nacheinander mit dem gleichen Equipment aufgenommen, auch die Bearbeitung ist identisch. Allein durch das Licht wirkt das erste viel stärker. Links: Canon EOS 5D Mark IV | Sigma 150–600 mm F5–6.3 bei 600 mm | 1/1250 | f/6.3 | ISO 800 | 14:43 Uhr | Rechts: Canon EOS 5D Mark IV | Sigma 150–600 mm F5–6.3 bei 600 mm | 1/500 | f/6.3 | ISO 800 | 14:44 Uhr

Im Gegensatz zu vielen anderen Gestaltungsmitteln, die in den meisten Fällen Auslegungs-, Stil- und Geschmackssache sind, gibt es bei dem Licht tatsächlich „gutes Licht" und „schlechtes Licht": Schlechtes Licht sorgt für sogenannte „ausgefressene Lichter" und „absaufende Tiefen" – die hellen Farbtöne werden zu hell, die dunklen zu dunkel. Dies kannst du weder mit anderen Einstellungen noch in der Nachbearbeitung retten. Gutes Licht hingegen schenkt dir schöne Farben und Kontraste. Deine Fotos bekommen einen tollen Look und heben sich sofort sichtbar von anderen Bildern ab.

Das Licht um dich herum wahrzunehmen und gutes von schlechtem Licht zu unterscheiden, erfordert am Anfang etwas Übung. In den folgenden Kapiteln erklären wir dir, worauf du achten kannst und was du besser vermeiden solltest, damit du zu 100 Prozent von gutem Licht profitieren und das Beste aus deinen Fotoideen herausholen kannst. Es lohnt sich!

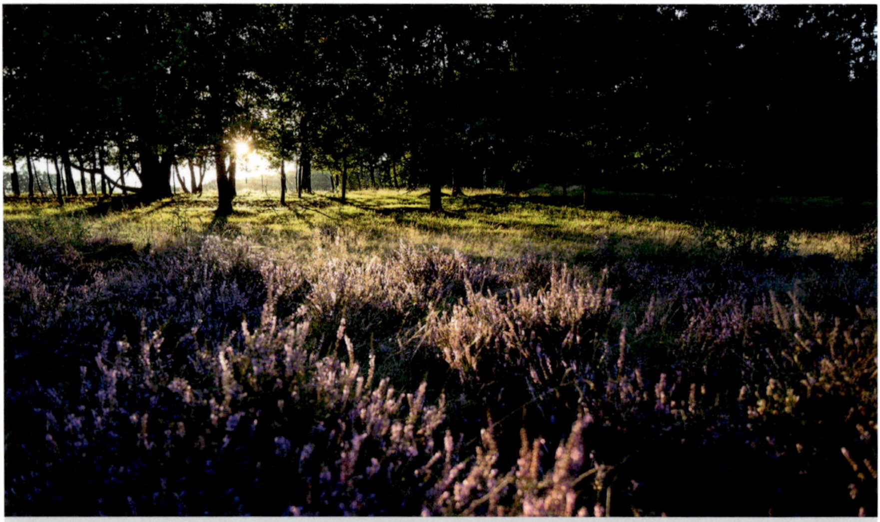

Bei tief stehender Sonne aufgenommen, sind die Farben und Kontraste kräftig, durch Licht und Schatten entsteht ein Tiefeneffekt. Canon EOS Mark III | Canon EF 24–70 mm 4L IS USM bei 24 mm | 1/200 | f/4 | ISO 320 | 19:07 Uhr

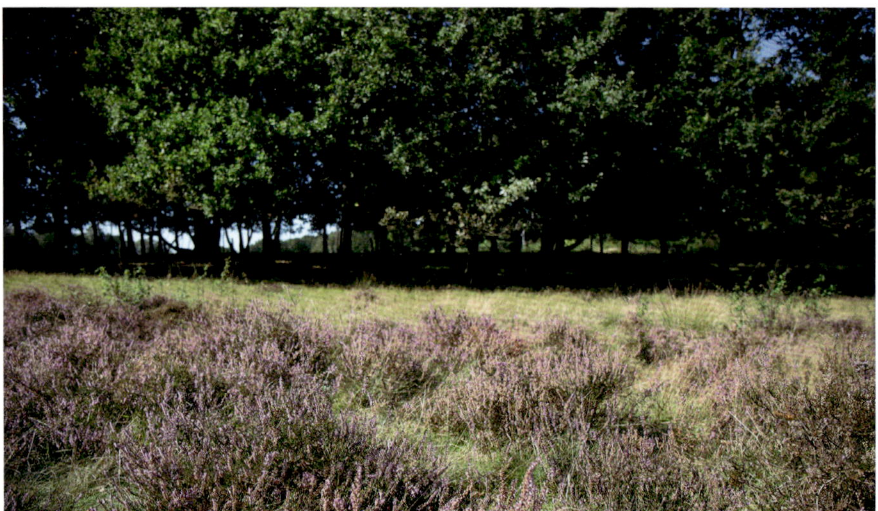

Die gleiche Szenerie wirkt bei hoch stehender Sonne flach und langweilig, die Farben und Kontraste sind blass und es entsteht ein typisches „schlechtes Foto". Canon EOS Mark III | Canon EF 24–70 mm 4L IS USM bei 24 mm | 1/500 | f/4 | ISO 200 | 13:21 Uhr

Tageszeiten

Es ist völlig egal, was du draußen fotografieren willst – eine Landschaft, einen Hasen, deine Kinder, ein Insekt oder einen Baum ... Das wichtigste Kriterium für gutes oder schlechtes Licht ist der Stand der Sonne.

HIERBEI GILT GRUNDSÄTZLICH:

Je tiefer die Sonne am Himmel steht, desto besser ist das Licht.
Je höher die Sonne am Himmel steht, desto schlechter ist das Licht.

Dies ist nicht unbedingt an Uhrzeiten festzumachen: Im Winter steht die Sonne beispielsweise um 15 Uhr schon so niedrig wie im Sommer erst am Abend. Dafür können wir im Juli noch um 21 Uhr gut fotografieren, während es im Winter zu dieser Uhrzeit längst dunkel ist. In Deutschland fotografieren wir persönlich an klaren Tagen im Dezember etwa von 8 Uhr bis 11 Uhr morgens und zwischen 15 Uhr und 17 Uhr nachmittags, im Juni sind wir am Morgen von 4 Uhr bis 8 Uhr und am Abend von 19 Uhr bis 22 Uhr unterwegs.

Wenn tagsüber die Sonne scheint, fotografieren wir nur dann, wenn es gar nicht anderes möglich ist (z. B. bei Aufträgen, die nicht anders zu legen sind). Tatsächlich nehmen wir auf Touren tagsüber bei Sonnenschein unsere Kameras nicht mit, weil wir gelernt haben, dass es sich fotografisch so gut wie nie lohnt.

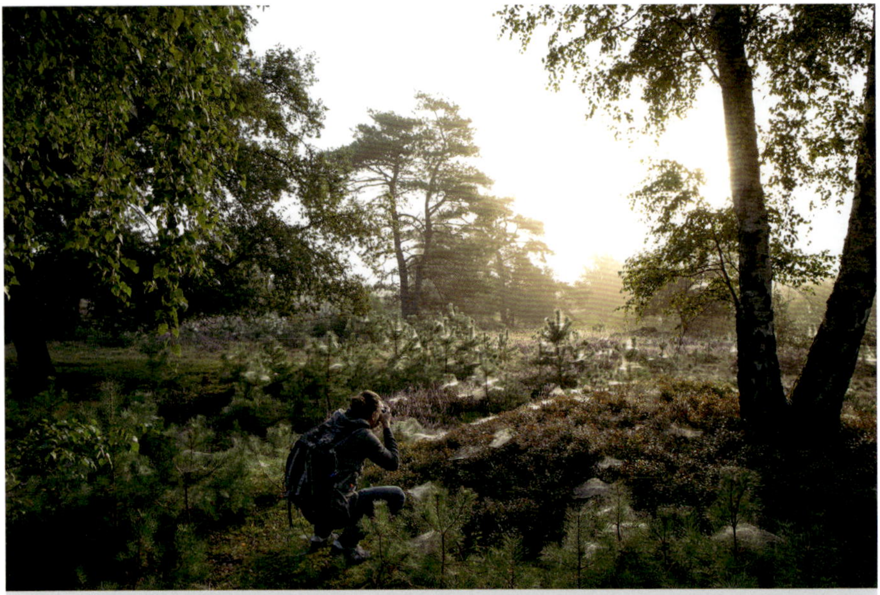

Wir profitieren nicht nur von dem fantastischen Licht, sondern auch von der absoluten Stille und Einsamkeit, die zu dieser Uhrzeit wie ein Schleier über der Landschaft liegt. Canon EOS 5D Mark IV | Canon EF 24–70 mm f/4L IS USM bei 24 mm | 1/160 | f/5.6 | ISO 320 | 07:40 Uhr

Wenn wir dir empfehlen, Fotos zu machen, wenn die Sonne tief am Himmel steht, dann meinen wir damit nicht zwangsläufig, dass du den Sonnenuntergang selbst fotografieren oder typische romantische Abendsonnenfotos machen sollst. Wie schon gesagt: Es ist unerheblich, *was* du fotografierst. Wichtig ist, wo genau die Sonne sich befindet.

Steht die Sonne hoch am Himmel, ist das Licht extrem hell, und dadurch werden die Schatten auf deinen Bildern sehr dunkel. Die Kontraste zwischen hellen und dunklen Tönen sind entsprechend hoch. Dies fällt selbst bei „geringen" Schatten auf, z. B. bei der Fotografie eines Porträts: Die hellen Bereiche des Gesichts werden zu hell und treten überbelichtet hervor, während etwa die Augen viel zu dunkel abgebildet werden; Nase und Augenhöhlen werfen harte Schatten.

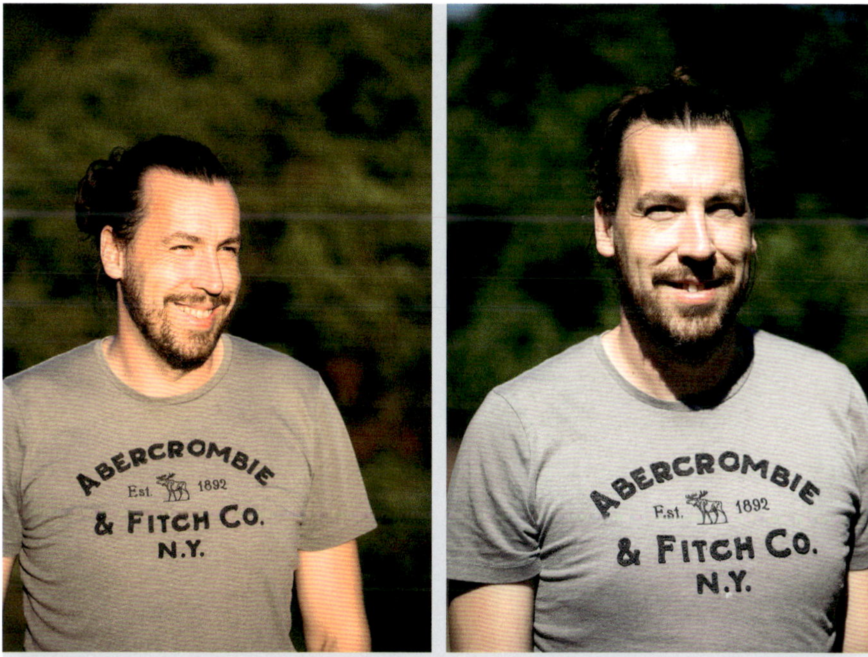

Bei tief stehender Sonne fotografiert (links), ist das ansonsten gleiche Foto viel besser ausgeleuchtet: Die Kontraste sind angenehm, die Hauttöne schön und die Gesichtszüge kommen gut zur Geltung. Links: Canon EOS 5D Mark III | Canon EF 70–200 mm f/4L IS USM bei 155 mm | 1/800 | f/4.5 | ISO 200 | 18:45 Uhr | Rechts: Canon EOS 5D Mark IV | Canon EF 70–200 mm f/4L IS USM bei 116 mm | 1/2000 | f/4 | ISO 200 | 13:24 Uhr

Was wir hier am Beispiel eines Porträts zeigen, gilt genauso für Tierfotos, Landschaften, Details, Objekte, Architektur und sämtliche andere denkbare Fotomotive. Bei Landschaften kommt bei hoch stehender Sonne noch das Problem fehlender Tiefe hinzu. Auch der Grad der Bewölkung spielt eine Rolle: An wolkenverhangenen Tagen ist der Stand der Sonne sogar fast irrelevant, da die Wolken für diffuses Licht sorgen.

Goldene Stunde

Die Goldene Stunde ist eine besondere Zeit für die Fotografie: Dieser Ausdruck bezeichnet den Zeitraum morgens direkt nach dem Sonnenaufgang und abends direkt vor dem Sonnenuntergang. In diesem ersten und letzten Licht des Tages wird die Welt in ein besonderes, goldenes Licht getaucht, welches für eine romantische, magische und ganz besonders stimmungsvolle Atmosphäre sorgt.

Die Goldene Stunde solltest du für deine Fotos in der Natur unbedingt nutzen: Landschaften entfalten zu dieser Zeit einen einzigartigen Zauber, aber auch Fotos von Tieren, Personen oder gar Gebäuden wirken in der Goldenen Stunde malerisch und ausdrucksvoll. Hierbei kannst du sowohl mit Licht von vorne (Gegenlicht) als auch mit Licht von der Seite oder von hinten arbeiten. In der Goldenen Stunde entstehen lange Schatten, kräftige und lebendige Farben sowie weiche Kontraste, wodurch in deinem Foto eine besondere Tiefe entsteht.

Kleiner Tipp: Damit das besondere, warme Licht der Goldenen Stunde nicht verloren geht, stelle den Weißabgleich an deiner Kamera korrekt ein oder fotografiere im RAW-Format, sodass du ihn im Nachhinein in der Software anpassen kannst.

Anders als der Name suggeriert, dauert die Goldene Stunde nicht unbedingt eine Stunde lang: Je nachdem, wo du dich auf der Welt befindest, kann sie länger oder kürzer sein. Auf verschiedenen Websites und mit entsprechenden Apps kannst du dir anzeigen lassen, von wann bis wann die Goldene Stunde an deinem Standort an einem bestimmten Datum dauert. Wir nutzen dafür die App PhotoPills. Eine Alternative ist die Website Photo Ephemeris (Englisch).

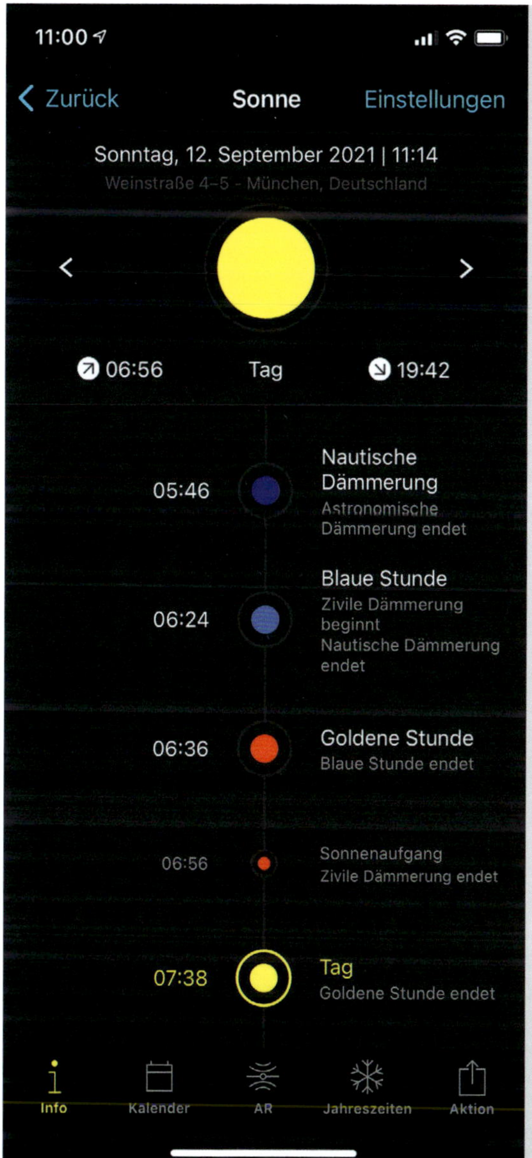

Screenshot aus der App PhotoPills: Am 12. September beginnt die Goldene Stunde in München um 06:36 Uhr und endet um 07:38 Uhr. Sonnenaufgang ist um 06:56 Uhr.

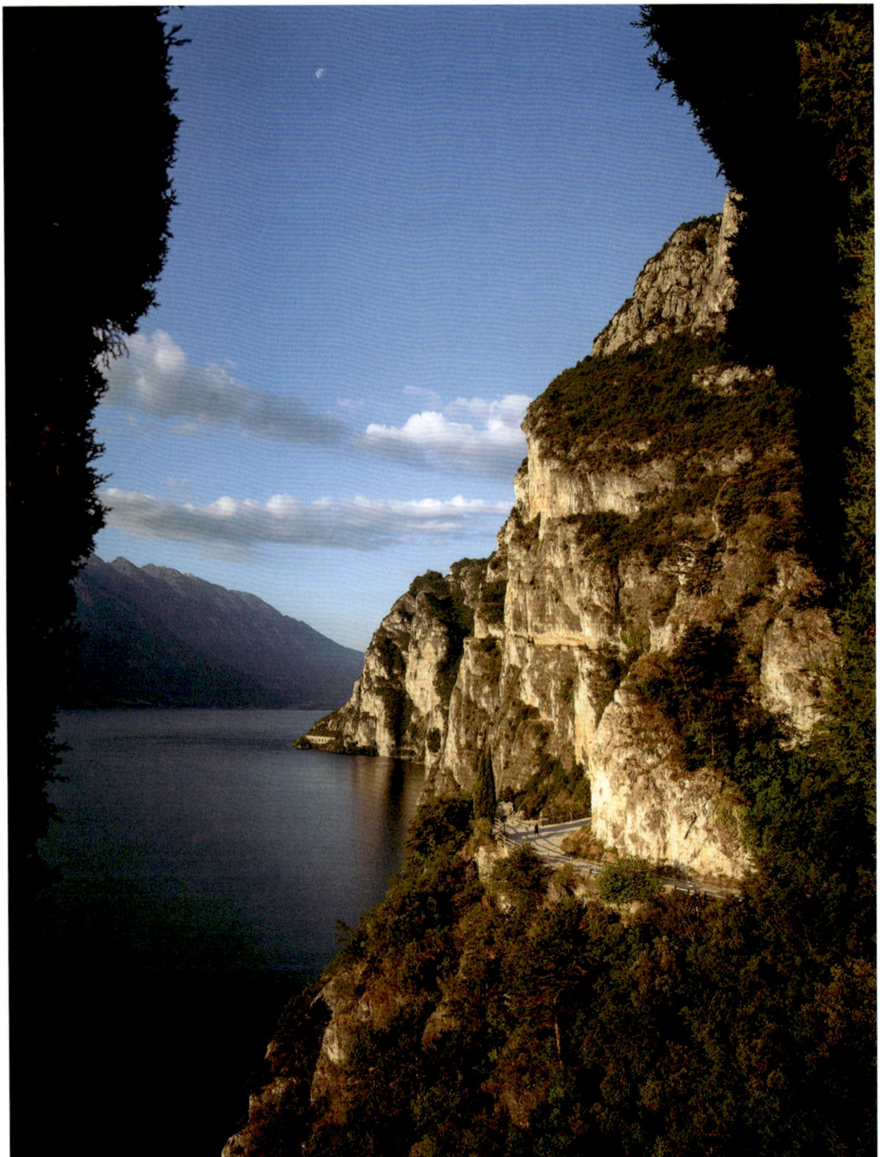

Das erste Licht des Tages bringt die schroffen Klippen zum Leuchten. Am Himmel ist noch der Mond zu sehen. Canon EOS 5D Mark III | Canon EF 24–70 mm f/4L IS USM bei 28 mm | 1/160 | f/10 | ISO 200 | 06:31 Uhr

EINIGE BEISPIELE

Goldene Stunde am 20.06. in
- Oslo: 03:03–05:13 Uhr und 21:25–23:36 Uhr
- Frankfurt: 04:10–05:35 Uhr und 20:31–21:57 Uhr
- Teneriffa: 06:53–07:44 Uhr und 20:32–21:23 Uhr

Goldene Stunde am 20.12. in
- Oslo: 08:41–11:24 Uhr und 13:06–15:49 Uhr
- Frankfurt: 07:57–09:20 Uhr und 15:28–16:49 Uhr
- Teneriffa: 07:38–08:29 Uhr und 17:39–18:30 Uhr

Auch wenn es uns manchmal schwerfällt, früh aufzustehen, nutzen wir zum Fotografieren gerne die Goldene Stunde am Morgen. Der große Vorteil gegenüber abends ist, dass kurz nach Sonnenaufgang noch fast keine Menschen unterwegs sind und wir Städte und Landschaften so ganz für uns allein haben. Hierdurch entstehen oft Fotos, die wir abends in der Goldenen Stunde nicht machen könnten.

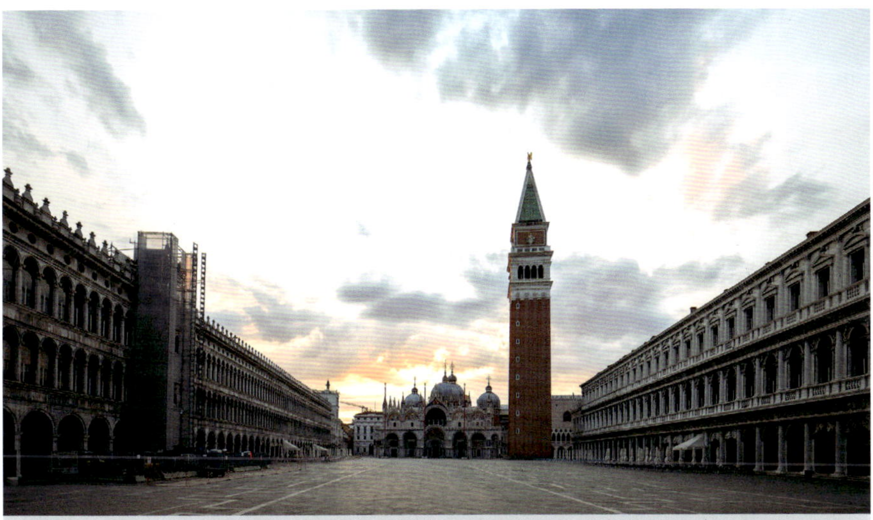

Durch das frühe Aufstehen konnten wir den Markusplatz in Venedig völlig menschenleer fotografieren. Canon EOS 5D Mark IV | Canon EF 16–35 mm f/4L IS USM bei 16 mm | 1/125 | f/4 | ISO 400 | 05:41 Uhr

Blaue Stunde

Die Blaue Stunde bezeichnet den Zeitraum zwischen Tag und Nacht, also morgens die Zeit kurz vor Sonnenaufgang und abends die Zeit kurz nach Sonnenuntergang. Das Licht ist dann ungewöhnlich blau, und die Sonne ist zwar nicht mehr sichtbar, hat aber noch genügend Kraft, um den Himmel zu färben.

In der Zeit der Blauen Stunde kannst du hervorragend mit Komplementärfarben arbeiten, wenn du beispielsweise Lichter in der Stadt fotografierst. Die gelben und orangen Farben bilden einen harmonischen Farbkontrast zum intensiven Blau des Himmels, was eine besondere Stimmung erzeugt.

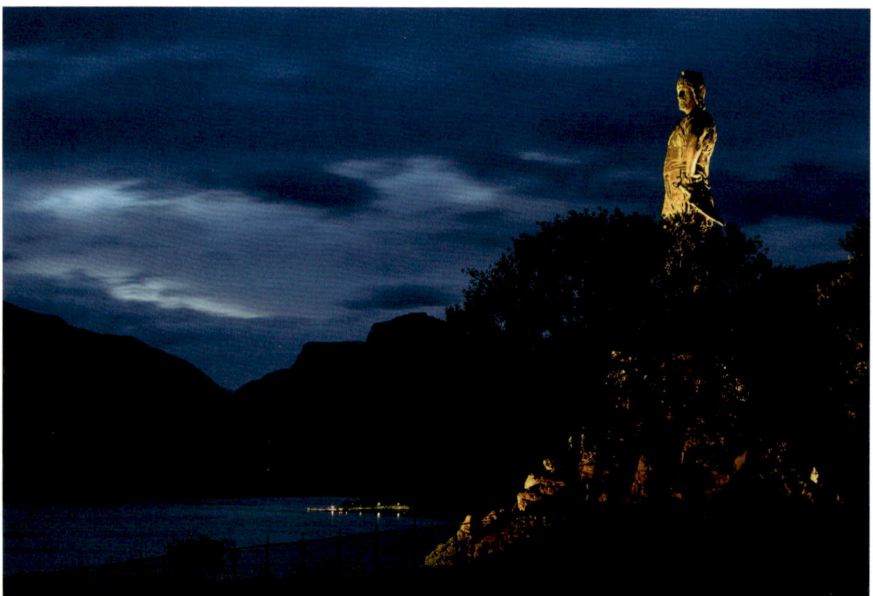

In der Blauen Stunde wirken künstlich beleuchtete Elemente besonders stark, da Gelb und Blau einen ansprechenden Farbkontrast bilden. Canon EOS 7D auf Stativ | Sigma 17–70 mm F2.8–4 DC Macro OS HSM bei 53 mm | 30 sek | f/7.1 | ISO 100 | 22:14 Uhr

Für Fotos in der Blauen Stunde eignen sich alle leuchtenden und beleuchteten Motive, also etwa Häuser und Wolkenkratzer, Kirchen und Paläste, Straßen, Brücken oder auch Kraftwerke. Da zu dieser Zeit nur wenig Umgebungslicht vorhanden ist, solltest du mit längeren Verschlusszeiten und dementsprechend mit Stativ fotografieren.

Genau wie die Goldene Stunde dauert auch die Blaue Stunde nicht unbedingt eine ganze Stunde lang. Wenn du nah am Äquator bist, musst du sogar besonders schnell sein: Die Blaue Stunde ist in diesen Breitengraden nach nur wenigen Minuten vorbei. Die gleichen Websites und Apps, die die Goldene Stunde berechnen, zeigen dir auch die Zeiten der Blauen Stunde an.

EINIGE BEISPIELE:

Blaue Stunde am 20.06. in
- Oslo: 02:09–03.02 Uhr und 23:36–00:28 Uhr
- Frankfurt: 03:50–04:10 Uhr und 21:57–22:17 Uhr
- Teneriffa: 06:42–06:53 Uhr und 21:23–21:34 Uhr

Blaue Stunde am 20.12. in
- Oslo: 08:20–08:41 Uhr und 15:49–16:09 Uhr
- Frankfurt: 07:43–07:57 Uhr und 16:49–17:04 Uhr
- Teneriffa: 07:28–07:38 Uhr und 18:30–18:40 Uhr

Möchtest du gerne in Städten fotografieren, dann empfehlen wir dir die Blaue Stunde am Morgen im Sommer: Auch in beliebten Großstädten und an bekannten Touristen-Hotspots bist du zu dieser sehr frühen Uhrzeit fast allein unterwegs, was dir Fotos (und auch Momente!) ermöglicht, die tagsüber völlig unmöglich sind.

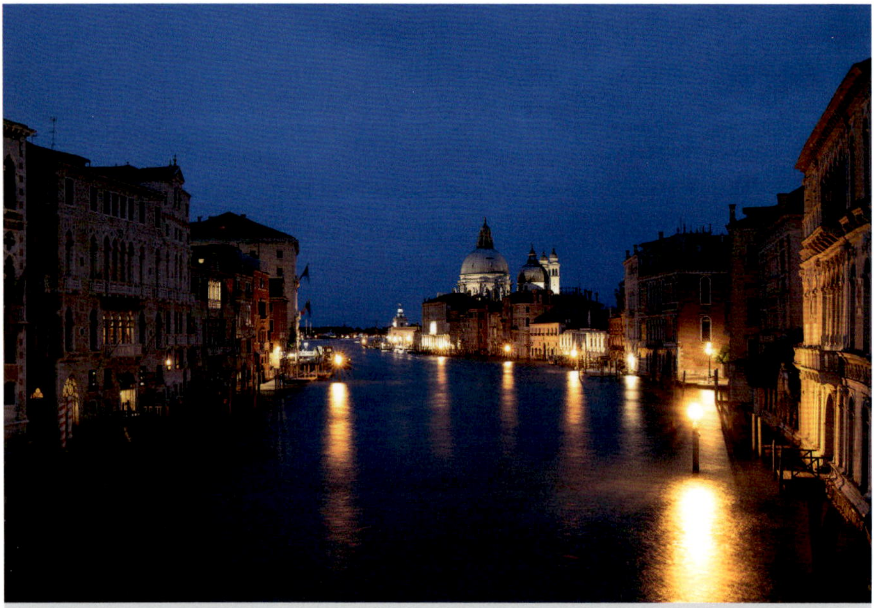

Venedig früh am Morgen, bevor der Trubel beginnt. Wir sind sehr dankbar, dass uns die Fotografie diese privilegierten Momente ermöglicht. Canon EOS 5D Mark IV auf Stativ | Canon EF 24–70 mm f/4L IS USM bei 38 mm | 30 sek | f/13 | ISO 100 | 04:50 Uhr

Fotografieren zur Mittagszeit

Wir selbst fotografieren nur dann zur Mittagszeit, wenn es wegen eines Auftrags anders nicht möglich ist. Mit „Mittagszeit" (ein passenderer Ausdruck wäre vielleicht „tagsüber") meinen wir alle Zeiten, zu denen die Sonne hoch am Himmel steht – im Sommer also einen deutlich längeren Zeitraum als im Winter.

ZUR GROBEN ORIENTIERUNG

In Deutschland meiden wir an klaren Tagen im Dezember die Zeit zwischen 11 Uhr und 15 Uhr und an klaren Tagen im Juni tatsächlich die gesamte Zeitspanne zwischen 8 Uhr und 19 Uhr.

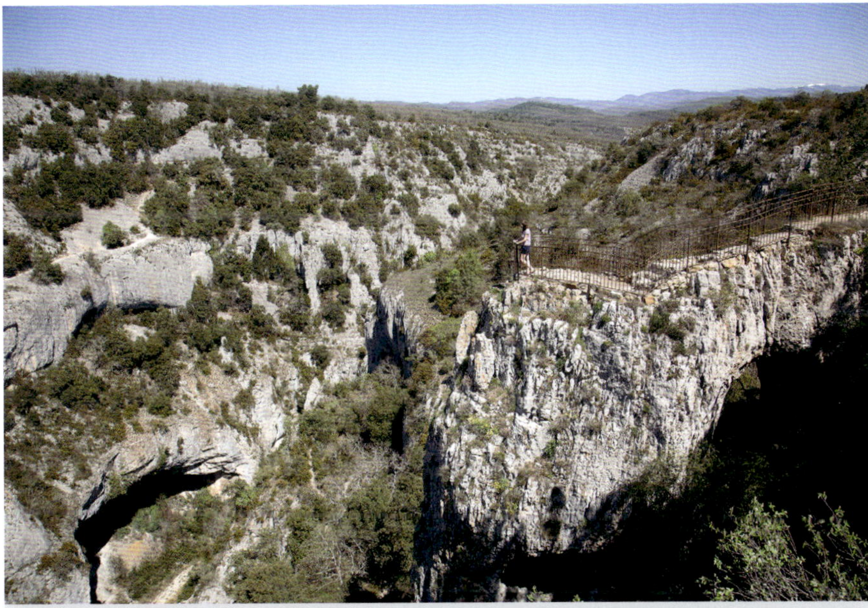

Die Landschaft ist wunderschön, das Foto aber ohne jede Tiefe. Schuld ist die hoch stehende Sonne am Mittag. Auch Bildbearbeitung hilft hier nicht weiter. Canon EOS 5D Mark III | Canon EF 24–105 mm f/4L IS USM bei 24 mm | 1/400 | f/8 | ISO 200 | 12:35 Uhr

Tagsüber zu fotografieren ist wiederum kein Problem, wenn es bewölkt ist, weil dann keine Schatten sichtbar sind. Die Wolken wirken wie ein riesiger natürlicher Diffusor, der das direkte Sonnenlicht zerstreut, also weich macht. Die Szenerie wird dadurch gleichmäßig ausgeleuchtet, es gibt keine Schatten und somit besteht auch das Problem der starken Hell-Dunkel-Unterschiede nicht, die durch pralle Sonne entstehen.

Möchtest du an einem wolkenlosen Tag zur Mittagszeit fotografieren, dann kannst du das Problem des sehr hellen Lichts umgehen, indem du im Schatten fotografierst. Dies ist bei Landschaften nicht umsetzbar, deswegen können wir dir nur empfehlen, Landschaftsfotos zu dieser Zeit ruhen zu lassen.

Motive wie Tiere, Menschen, Pflanzen oder Makros kannst du aber durchaus im Schatten fotografieren. Achte hierbei darauf, dass wirklich der ganze Bereich schattig ist, also keine Lichtflecken auf dem Motiv zu sehen sind. Auch der Hintergrund muss unbedingt im Schatten liegen, damit er nicht hell überstrahlt und du wieder das Problem der harten Licht-Schatten-Kontraste hast.

Einige Fotografen haben Bedenken, dass ihre Fotos zu dunkel werden, wenn sie im Schatten fotografieren, aber diese Angst ist unbegründet: Du stellst die Kamera ja bewusst auf die Helligkeit (oder Dunkelheit) der Umgebung ein – so kannst du theoretisch sogar taghelle Fotos in der Nacht machen. Zu dunkel werden die Fotos nur, wenn die Kamera falsch eingestellt oder aber der Hintergrund zu hell ist.

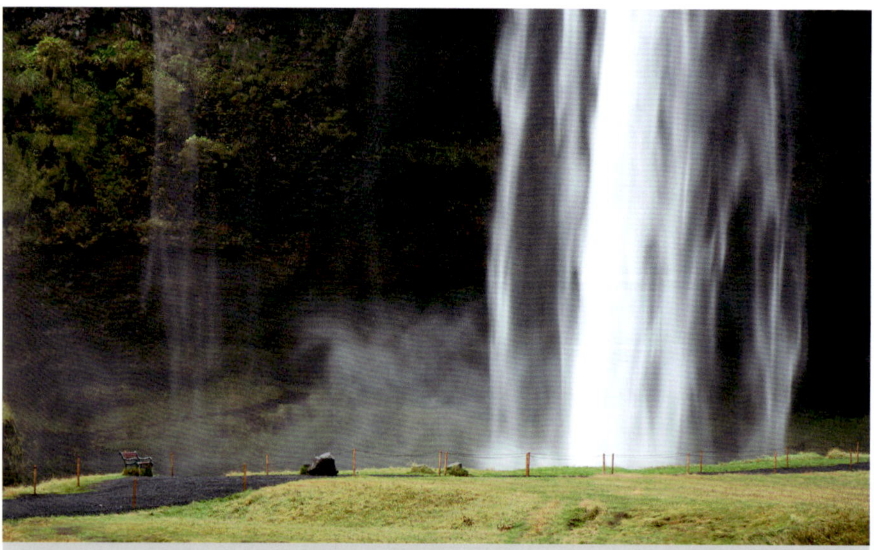

Durch die Bewölkung dieses trüben Oktobertages ist das Licht weich und gleichmäßig, es sind keine Schatten sichtbar. Canon EOS 40D auf Stativ | Canon EF-S 17–85 mm F4–5.6 bei 85 mm | 1/6 | f/8 | ISO 100 | 13:17 Uhr

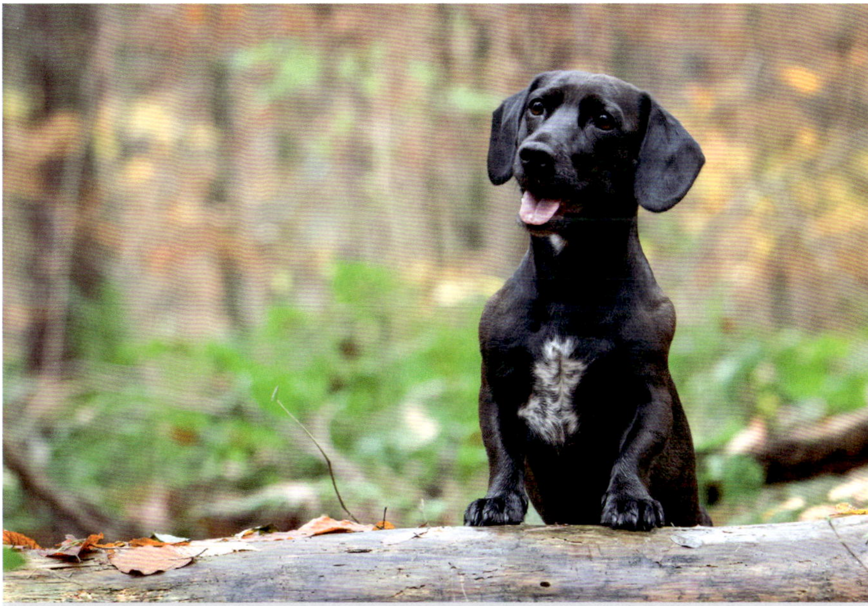

Dieses Foto wurde an einem regnerischen Tag im Wald aufgenommen. Durch entsprechende Einstellungen (relativ lange Belichtungszeit, hoher ISO) ist es trotzdem hell genug.
Canon EOS 7D | Canon EF 70–200 mm f/4L IS USM bei 106 mm | 1/100 | f/4.5 | ISO 3200 | 11:13 Uhr

Diffuses und direktes Licht

Wichtig für die Arbeit mit natürlichem Licht ist nicht nur, aus welcher Richtung das Licht kommt, sondern auch dessen Härte. Wir unterscheiden hierbei zwischen direktem Licht und diffusem Licht. Direktes Licht fällt direkt auf das Motiv, etwa der Strahl einer Taschenlampe oder die direkte Einstrahlung der Sonne. Diffuses Licht hingegen fällt nicht direkt ein, sondern wird über einen großen Bereich gestreut. Im Fotostudio geschieht dies durch große weiße Softboxen, in der Natur durch die Wolkendecke.

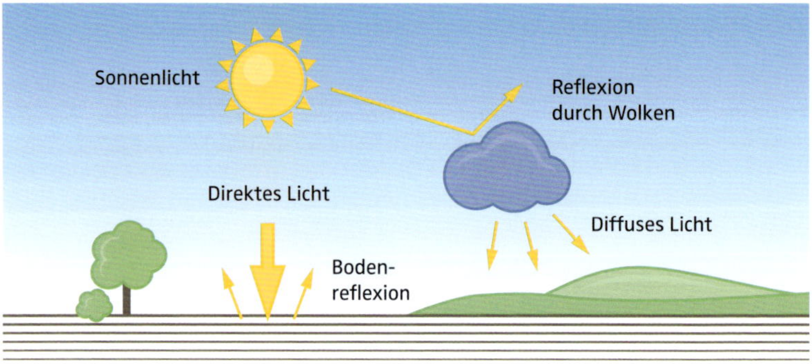

Diffuses Licht ist sehr weich und leuchtet eine Szenerie und ein Motiv gleichmäßig aus. Es entstehen keine harten Schatten, das Licht wirkt harmonisch und schmeichelnd. Diffuses Licht ist daher sehr beliebt in der Porträtfotografie. Auch Tiere und Makros kannst du gut in diffusem Licht, also bei bewölktem Himmel oder im Schatten fotografieren.

Der große Vorteil von diffusem Licht – seine einfache Handhabung – kann ggf. auch zu seinem Nachteil werden: Diffuses Licht wirkt schnell langweilig. Du kannst hiermit keine Fotos mit besonderen Lichtstimmungen machen, und der Faktor „Licht“, der auf vielen starken Fotos eine große Relevanz hat, geht verloren. Besonders auf Landschaftsfotos kommt dies zum Tragen: Landschaften wirken auf Fotos an bewölkten Tagen oft platt und nichtssagend. Das liegt daran, dass die Schatten und Kontraste fehlen und die Plastizität verloren geht.

Auch im Nebel hast du jedoch diffuses Licht, und diesen kannst du wiederum sehr gut für Landschaftsfotos nutzen. Durch das Element des Nebels wirken die Fotos oft stimmungsvoll, mystisch, geheimnisvoll und intensiv.

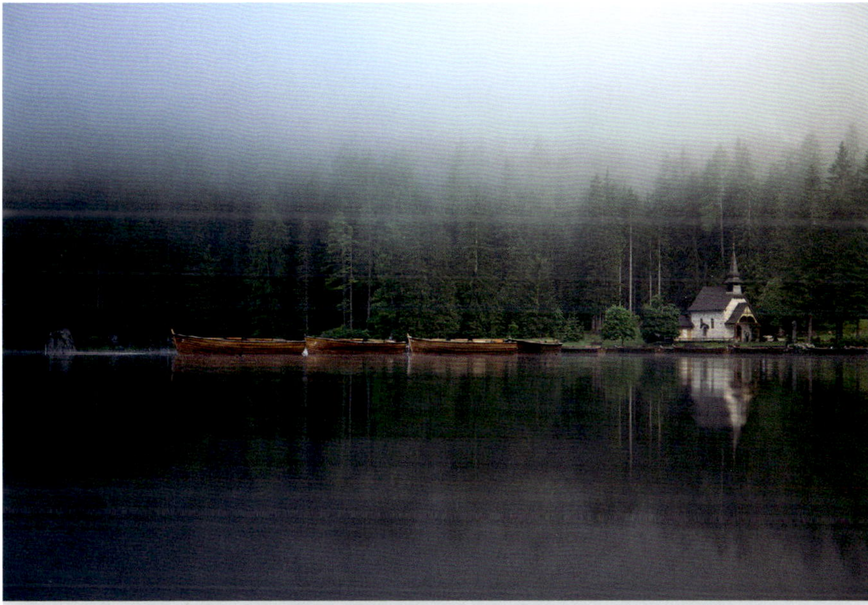

Der Nebel verstärkt hier die ruhige Morgenstimmung ideal. Das gleiche Bild würde in der Sonne seine Wirkung verlieren. Canon EOS 5D Mark III | Canon EF 24–70 mm f/4L IS USM bei 70 mm | 1/250 | f/4 | ISO 200 | 07:10 Uhr

UNSERE EMPFEHLUNG

- **Direktes Licht und hoch stehende Sonne:** gar nicht oder nur im Schatten fotografieren
- **Direktes Licht und niedrig stehende Sonne:** geeignet für alle Motive
- **Diffuses Licht durch Bewölkung:** geeignet für alle Motive außer Landschaften
- **Diffuses Licht durch Nebel:** geeignet für stimmungsvolle, mystische Fotos

Gegenlicht

Fotografieregeln sind oft sinnvoll. Manche sind aber grundlegend falsch und schränken viele Anfänger in ihrer Kreativität ein. Die wohl bekannteste falsche Fotografieregel, die sich leider hält wie eine Klette, lautet: Fotografiere nicht gegen die Sonne. Sie wird verbreitet, weil die automatische Belichtungsmessung der Kamera im Gegenlicht meist danebenliegt und zu dunkel belichtet. Da du nun aber weißt, wie du manuell heller belichten kannst (siehe Kapitel „Kameramodi"), kannst du diese Regel guten Gewissens ignorieren.

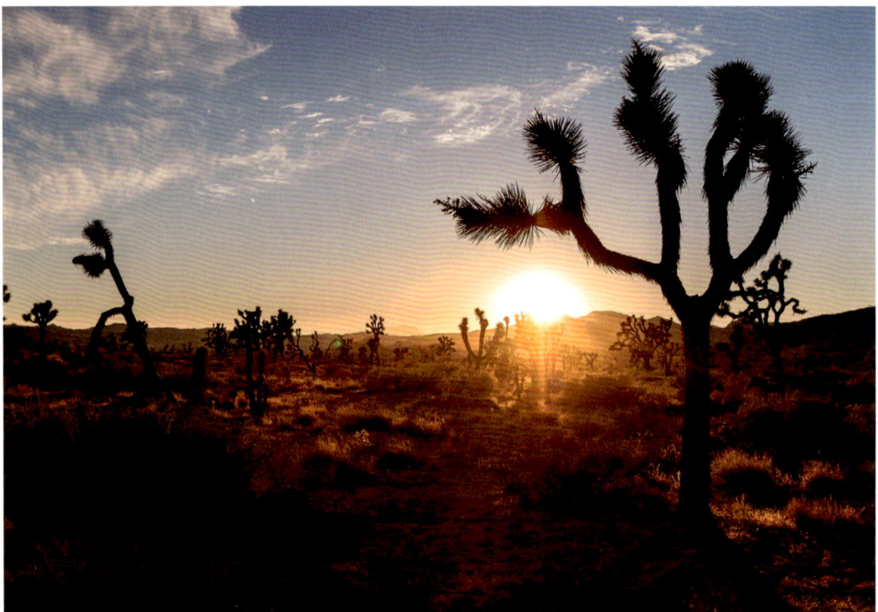

Wie viele schöne Fotos uns entgingen, wenn wir nicht gegen die Sonne fotografieren würden! Canon EOS 400D | Canon EF-S 10–22 mm f/3.5–4.5 USM bei 22 mm | 1/800 | f/4.5 | ISO 100 | 17:39 Uhr

Das Fotografieren im Gegenlicht eröffnet dir grandiose Möglichkeiten für stimmungsvolle Fotos. Fotografiere also ab jetzt auch bewusst gegen die Sonne! Dadurch kannst du unter anderem:

- romantische, weiche Stimmungen erzielen
- dein Motiv vom Hintergrund abheben
- störende Schatten vermeiden
- schöne Bokehs erzielen
- Silhouettenfotos machen
- dramatische Landschaftsfotos umsetzen

Fotografierst du im Gegenlicht, kommen bestimmte Bereiche deines Motivs besonders gut zur Geltung. Dies gilt vor allem für feine und dünne Strukturen, wie etwa für Blätter, deren Äderchen im Gegenlicht sichtbar werden, oder für Pflanzen, deren Härchen im Gegenlicht leuchten. An den Kanten deines Motivs entstehen im tief stehenden Gegenlicht zudem feine Lichtsäume, die es vom Hintergrund freistellen und es schön hervorheben. Steht die Sonne etwas höher, sorgt Gegenlicht für verträumte und romantische Stimmungen.

Auch Landschaften fotografieren wir am liebsten im Gegenlicht. Typische Sonnenaufgangs- und -untergangsfotos machen wir dabei nur ab und zu. In den meisten Fällen suchen wir aber dramatisches Gegenlicht, also etwa Sonnenstrahlen, die durch eine Wolkendecke brechen. Dies bringt Spannung und das gewisse Etwas. Das direkte, tief stehende Licht sorgt außerdem für starke Kontraste und kräftige Farben.

Während Licht im Rücken für eine gute Ausleuchtung des Motivs sorgt, führt Gegenlicht zu besonderen Effekten und beeindruckenden Stimmungen – und zwar sowohl romantisch und weich als auch dramatisch und hart. Für unsere Fotos, egal ob Landschaften, Wildtiere oder Models, ist Gegenlicht daher ein extrem wichtiges Element. Achte mal bei den Fotos in diesem Buch darauf!

BOKEH

Bei der Fotografie von Tieren, Pflanzen oder Makros wird Gegenlicht häufig genutzt, um Unschärfekreise, ein sogenanntes Bokeh, entstehen zu lassen. Ein besonders schönes Bokeh erhältst du, wenn niedrig stehendes Gegenlicht durch Strukturen wie Blätter im Hintergrund fällt. Um diesen Effekt ideal umzusetzen, empfehlen wir dir eine Festbrennweite mit großer Offenblende (z. B. f/1.8 oder f/2.8) oder ein Objektiv mit großer Brennweite (z. B. 150 mm).

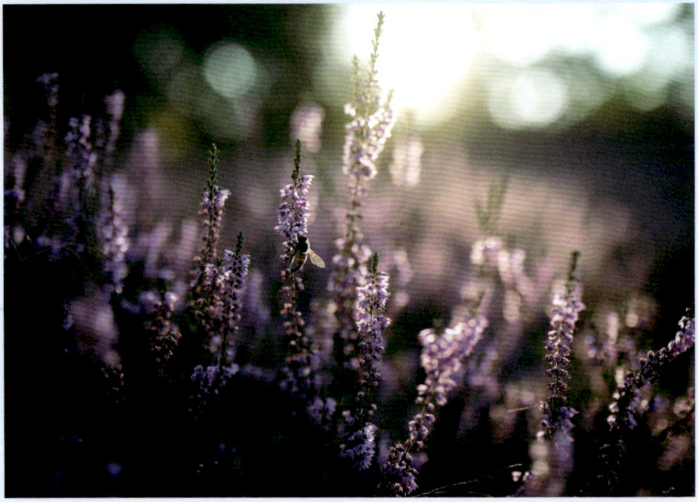

Durch die offene Blende und das durch die Bäume fallende Gegenlicht entstehen weiche Unschärfekreise im Hintergrund. Canon EOS 5D Mark IV | Sigma 35 mm F1.4 DG HSM Art | 1/1000 | f/1.8 | ISO 200 | 18:35 Uhr

SONNENSTERN

Als besonderen Effekt kannst du auf deinen Fotos auch eine sternförmig erscheinende Sonne einbinden. Dies wirkt auf Gegenlichtaufnahmen oft interessanter als ein großer weißer Fleck. Um einen Sonnenstern zu erhalten, fotografiere mit einer geschlossenen Blende zwischen f/11 und f/16. Die Sonne sollte möglichst gerade so hinter einem Berg, einem Haus o. Ä. hervor- bzw. durch Blätter oder andere Strukturen hindurchscheinen. Ein Sonnenstern gelingt nur mit direktem Licht, also bei klarem Himmel.

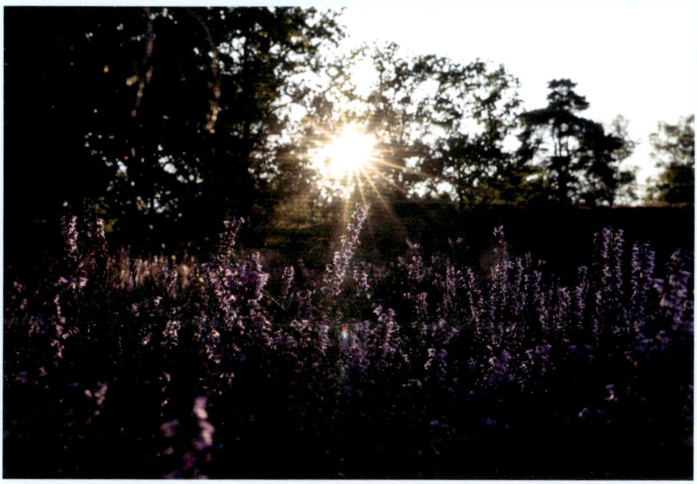

Durch die geschlossene Blende und das Licht, das durch die Blätter fällt, entsteht der Sonnenstern. Canon EOS 5D Mark IV | Sigma 35 mm F1.4 DG HSM Art | 1/40 | f/16 | ISO 200 | 18:38 Uhr

BLENDENFLECKE

Fotografierst du gegen die Sonne, werden auf deinem Foto in vielen Fällen Blendenflecke zu sehen sein. Das sind Bildfehler, die durch die Lichtbrechung im Objektiv entstehen. Du kannst versuchen, sie durch Anpassung deiner Perspektive abzuschwächen, ganz vermeiden kannst du sie aber oft nicht. In diesem Fall musst du sie in der Nachbearbeitung entfernen, wenn sie dir nicht gefallen. Du kannst aus der Not aber auch eine Tugend machen und die Blendenflecke in dein Foto einbauen. Wir finden, dass sie oft sehr stimmungsvoll wirken, und nutzen sie gerne für unsere Gegenlichtfotos.

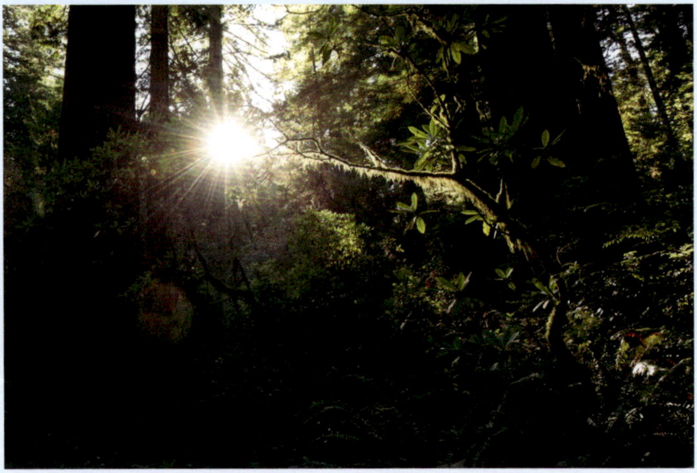

Das extreme Gegenlicht sorgt für zwei Blendenflecke in der linken Bildhälfte. Canon EOS 5D Mark III | Canon EF 16–35 mm f/4L IS USM bei 16 mm | 1/125 | f/7.1 | ISO 250 | 11:13 Uhr

Wetter

Das vielleicht wichtigste Gestaltungselement unserer Fotos ist das Wetter. Es sorgt für unterschiedliche Stimmungen und kann dasselbe Motiv dramatisch, romantisch, frühlingshaft oder düster wirken lassen. Es hat damit einen starken Einfluss auf das Bild. Dies ist für alle Bereiche der Naturfotografie relevant, gilt aber insbesondere für Landschaftsaufnahmen. Seit wir das Wetter bewusst in unsere Fotos einbinden, hat sich unsere Fotografie massiv verbessert. Deswegen empfehlen wir es dir auch, und zwar von Anfang an!

Schau dir mal ein paar Landschaftsfotos an, die dir sehr gut gefallen. Fast alle werden in irgendeiner Form das Wetter nutzen. Und so ist Landschaftsfotografie oft auch Wetterfotografie. Einzig das Wetter kann ein harmonisches Postkartenmotiv in ein Endzeitszenario verwandeln. Es kann dafür sorgen, dass der Betrachter den eisigen Wind der Nordsee spürt, den feuchten Morgennebel eines Waldspaziergangs oder die romantische Abendstimmung auf der Wiese. Das Wetter sorgt dafür, dass sich dein Foto von der Masse an stimmungslosen, langweiligen Aufnahmen abhebt.

Besonders interessant für die Fotografie ist die Stimmung kurz vor oder nach einem Unwetter. Wenn sich gigantische Wolkenmassen auftürmen und Sonnenstrahlen durch die dramatische Wolkendecke brechen, die die Szenerie in beeindruckenden Farben leuchten lassen, hast du die besten Bedingungen für intensive und starke Fotos.

Halte Ausschau nach unterschiedlichen Wettersituationen und binde sie bewusst in deine Fotos ein. Versuche nicht, schlechtes Wetter zu vermeiden, sondern nutze die Bandbreite des Wetters für abwechslungsreiche Fotos. Ein trüber, regnerischer Tag im November ist beispielsweise ideal für melancholische und ruhige Fotos. Suche bewusst Motive, die zu der jeweiligen Wetterstimmung passen: ein dunkel gekleideter Mensch, der mit gesenktem Haupt durch die Straßen eilt, eine verwelkte Pflanze, im Wind wehende Blätter, kahle Bäume, ...

Oder du arbeitest bewusst mit Kontrasten, etwa indem du ein in den Pfützen spielendes Kind in bunter Regenjacke fotografierst.

Lass dich vom Wetter leiten, nimm die Stimmung in dir auf und mache starke Fotos mit einer ganz besonderen Wirkung. Um deine Kamera vor Regen zu schützen, kannst du einen einfachen und günstigen Regenüberziehschutz aus Plastik verwenden.

Mit der Bildbearbeitung kannst du zudem die Stimmungen auf deinen Fotos noch verstärken, z. B. indem du die Kontraste und Farben dramatischer Fotos verstärkst oder sie auf melancholischen, grauen Bildern noch weiter abschwächst. Gerade Fotos, auf denen der (oft zu hell erscheinende) Himmel eine wichtige Rolle spielt, profitieren sehr von der Bearbeitung.

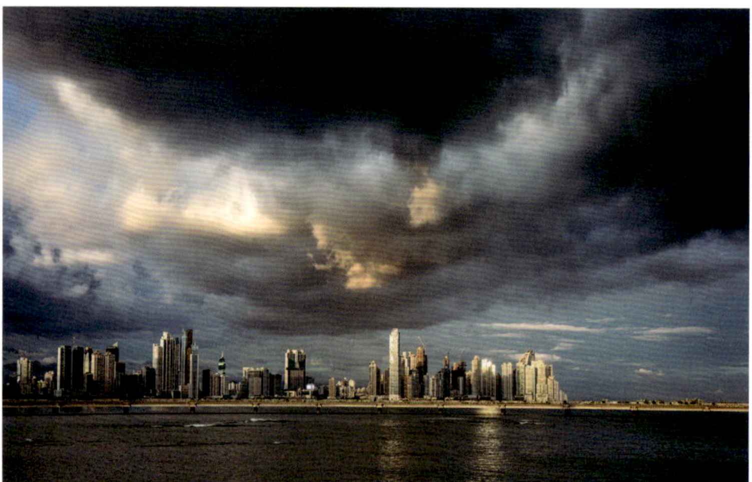

Spektakuläres Wetter bringt Spannung und starke Kontraste. Die niedrig stehende Sonne sorgt auf diesem Bild für leuchtende Strukturen. Canon EOS 5D Mark III | Canon EF 16–35 mm f/4L IS USM bei 35 mm | 1/160 | f/5.6 | ISO 200 | 18:35 Uhr

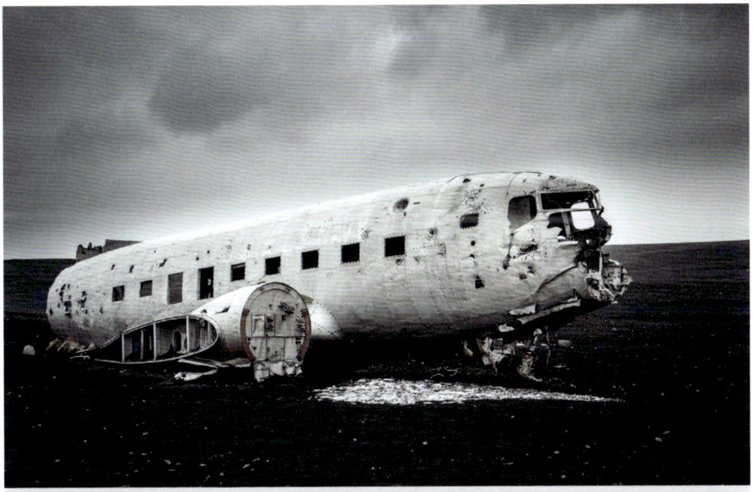

Das trübe Wetter passt zu der kargen, düsteren Szenerie und dem Motiv und verstärkt so die Wirkung des Fotos. Strahlender Sonnenschein wäre hier unpassend. Canon EOS 5D Mark III | Canon EF 24–105 mm f/4L IS USM bei 55 mm | 1/320 | f/6.3 | ISO 640 | 16:35 Uhr

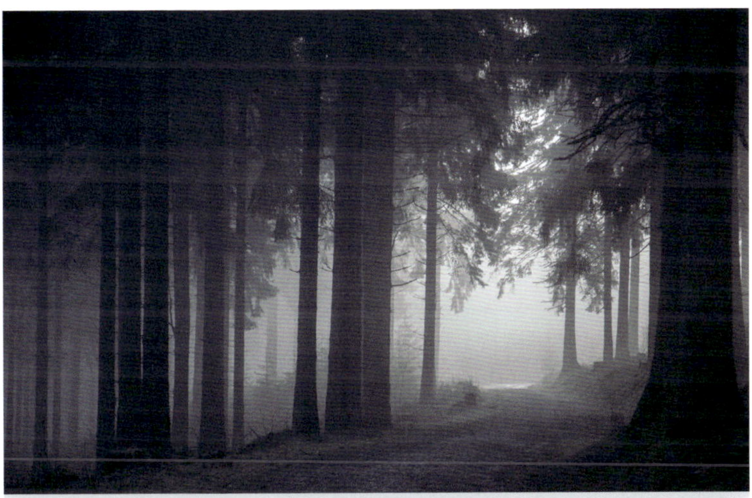

Der Nebel unterstreicht die mystische Stimmung des Winterwaldes, die Szenerie wirkt durch das besondere Wetter märchenhaft und ruhig. Canon EOS 5D Mark III | Canon EF 24–105 mm f/4L M IS USM bei 105 mm | 1/60 | f/5.6 | ISO 400 | 09:52 Uhr

FOTOAUFGABE „DAS LICHT EINES TAGES“

Schwierigkeitsgrad ★★★★

Diese Aufgabe ist aufwendig, du lernst dadurch aber, das Licht bewusst zu nutzen. Du benötigst dazu einen sonnigen Tag.

Suche dir einen Ort mit einem interessanten Motiv und verbringe dort den ganzen Tag (von Sonnenaufgang bis Sonnenuntergang). Fotografiere im Laufe des Tages immer wieder das gleiche Motiv. Achte darauf, wie sich das Licht verändert und wie diese Veränderung die Wirkung des Motivs und des Ortes beeinflusst: Von wo kommt das Licht? Wie wirken die Farben, welche Schatten entstehen? Welche Art von Licht wirkt für dein Motiv gut, welche weniger?

Schwierigkeitsgrad ★★☆☆

Mache die gleiche Aufgabe, nimm allerdings nur zwei Fotos zu unterschiedlichen Tageszeiten auf: zum Beispiel morgens und mittags oder morgens und abends. Achte auch hier ganz bewusst darauf, wie der unterschiedliche Sonnenstand die Wirkung deiner Fotos beeinflusst.

Lust auf den Austausch mit uns und anderen Leserinnen und Lesern? Poste dein Foto auf Instagram mit dem Hashtag **#draussenfotos** und gib anderen Fotos unter diesem Hashtag dein Feedback. Wir selbst schauen uns alle Posts an und werden so viele wie möglich persönlich kommentieren!

BILDGESTALTUNG

Was möchtest du zeigen?

Dein Bild ist eine leere Leinwand. Womit füllst du sie? Wie soll dein Foto aussehen? Was möchtest du zeigen? Welche Geschichte willst du erzählen, welche Erinnerung festhalten? Als Fotograf bist du der Gestalter jedes Fotos, das du machst. Du legst bei jeder Aufnahme neu fest, was auf diesem Bild, deiner Abbildung der Wirklichkeit, zu sehen ist – und auf welche Art es zu sehen ist.

Jedes gute, ansprechende Foto wirkt aus bestimmten Gründen. Und jedes schlechte, langweilige Foto wirkt aus bestimmten Gründen nicht. Diese Gründe hängen fast immer mit dem Licht und der Bildgestaltung zusammen. Letztere sollte daher unbedingt bewusst und überlegt erfolgen. Eine hervorragende Bildgestaltung macht aus jedem noch so banalen Motiv ein starkes Foto. Und eine unüberlegte Bildgestaltung versaut jedes Motiv, egal wie spektakulär es ist.

Bildgestaltung zu üben ist deutlich schwieriger und langwieriger, als die technischen Einstellungen der Fotografie zu lernen. Richtig abschließen wirst du diesen Prozess vermutlich nie. Das ist aber gar nicht schlimm, denn es macht unheimlich viel Spaß, sich mit diesem Thema auseinanderzusetzen! Diese kreative Beschäftigung mit der Welt und der Übertragung der Wirklichkeit auf ein Bild macht die Fotografie zu der reizvollen, künstlerischen und herausfordernden Tätigkeit, die uns so sehr fasziniert.

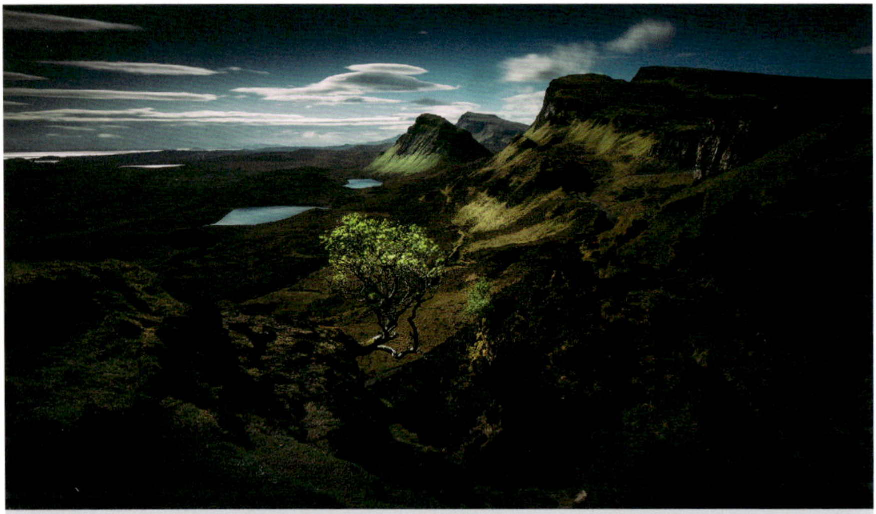

Ein einsamer Baum in den schottischen Highlands – durch Bildgestaltung in Szene gesetzt. Warum dieses Bild ein Beispiel für eine gelungene Aufnahme ist, erfährst du auf Seite 171. Canon EOS 5D Mark III auf Stativ mit ND-Filter | Canon EF 16–35 mm f/4L IS USM bei 16 mm | 30 sek | f/13 | ISO 50 | 09:40 Uhr

Wenn du fotografierst, dann beginne jedes Mal mit folgender Frage: **Was möchtest du zeigen?** Die Antwort hierauf ist oft nicht so banal, wie du im ersten Moment vielleicht denkst. Formuliere sie deshalb möglichst konkret:

- Was ist dein Motiv?
- Was soll dein Foto vermitteln?
- Welches Gefühl soll es auslösen?
- Was benötigst du dafür?
- Was stört dabei?

Alle Elemente deines Fotos, alle Gestaltungsmittel, dienen dann diesem einen Zweck: Dein Foto soll zeigen, was du zeigen willst. Das kann die epische Weite einer Landschaft sein, die fragile Zerbrechlichkeit eines Insekts, die Stärke eines Raubtieres, das Lachen eines Menschen, ... Vielleicht möchtest du nur die Schönheit einfangen, die du siehst, vielleicht soll das Foto aber auch eine Geschichte erzählen.

Was auch immer du vorhast: Sorge dafür, dass jedes Element auf dem Foto dieses Ziel unterstützt. Und – noch wichtiger und viel schwieriger: Sorge dafür, dass du alles, was dich diesem Ziel nicht näherbringt, weglässt, denn es schwächt dein Foto unnötig ab.

Bei der bewussten Bildgestaltung geht es in erster Linie darum, welche Elemente du in deinem Bild zeigst und wie du sie darin anordnest. Denn mit der Gestaltung führst du den Blick des Betrachters durch das Bild. Die Gestaltung des Fotos entscheidet, wo der Betrachter hinsieht, wo sein Blick hängen bleibt und ruhen kann, und wo er vielleicht abgelenkt oder verwirrt wird. Die Gestaltung allein (nicht das Motiv!) entscheidet darüber, ob der Betrachter tief in das Bild hineingesogen wird und begeistert ist – oder ob er gelangweilt und schulterzuckend weiterblättert.

Auf den nächsten Seiten lernst du, wie du diese schwierige Herausforderung meisterst und wie sich welche Gestaltungsmittel auf deine Fotos auswirken.

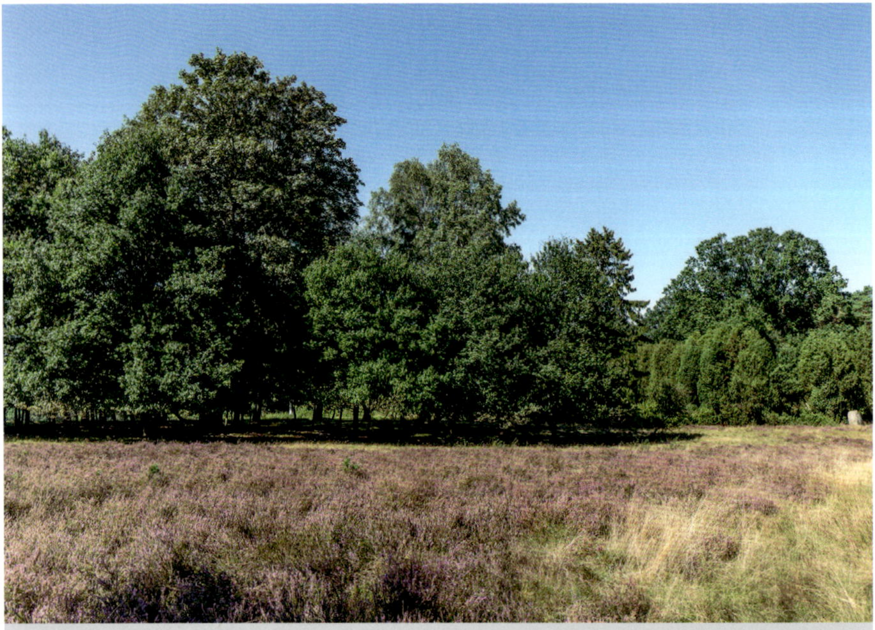

Wir stehen in einem lila Blütenmeer, fotografieren mit Profi-Equipment – und produzieren trotzdem ein langweiliges Foto. Was diesem Foto alles fehlt und warum es so nichtssagend ist, erfährst du auf Seite 173. Canon EOS 5D Mark III | Canon EF 24–70 mm f/4L IS USM bei 24 mm | 1/320 | f/4 | ISO 200 | 13:32 Uhr

Bildschnitt

Der Bildschnitt bzw. die Bildaufteilung entscheidet darüber, wo im Foto sich dein Motiv befindet. Er ist ein wirksames Mittel zur Gestaltung von Fotos und hat einen großen Einfluss auf ihre Wirkung.

Intuitiv platziert ein Anfänger sein Motiv meist im Zentrum des Bildes. Auch der Horizont verläuft in der Regel mittig. Beides sorgt für wenig Spannung im Foto, wirkt einfallslos und langweilig. Eine der bekanntesten Fotografieregeln lautet daher: **Raus aus der Mitte!**

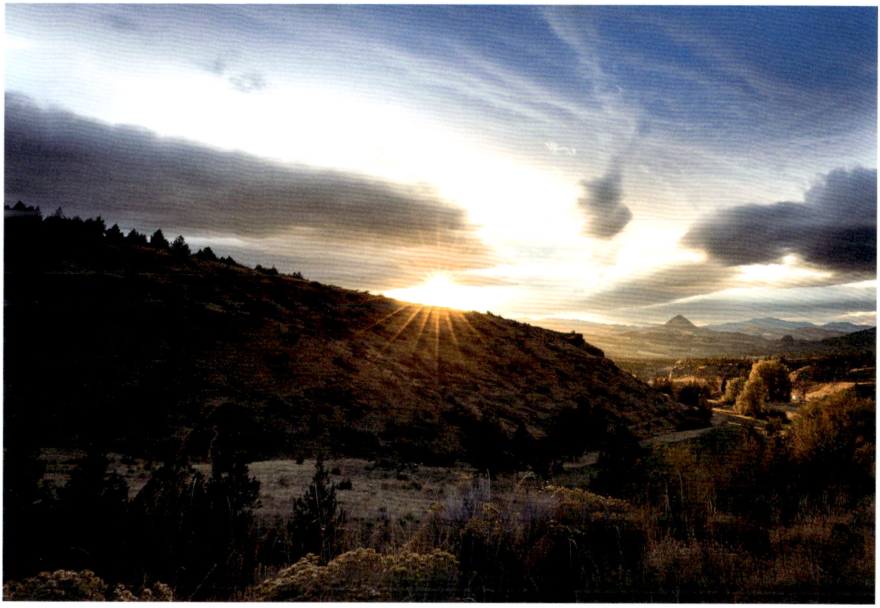

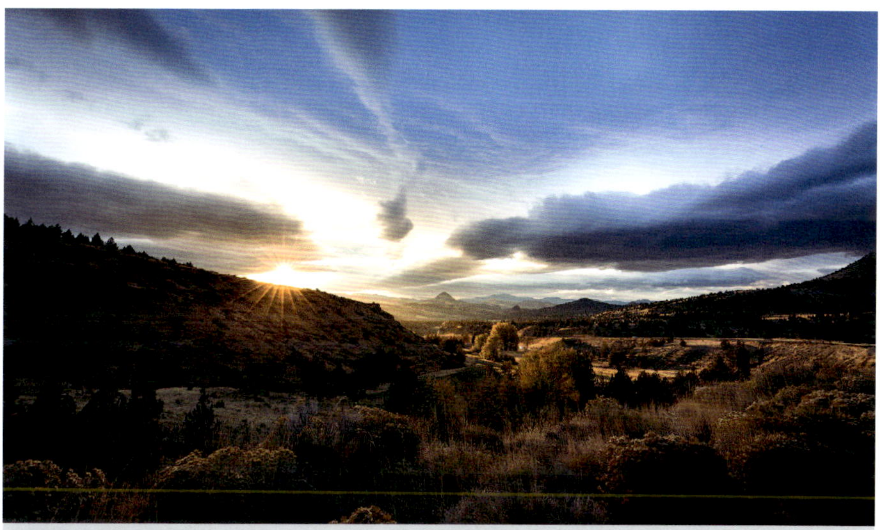

Die mittige Anordnung der Sonne auf dem ersten Foto wirkt beengt und unausgewogen. Der weite Panoramaschnitt mit der seitlichen Anordnung der Sonne passt hier deutlich besser: Der Blick schweift in die Landschaft hinein. Canon EOS 5D Mark III | Canon EF 16–35 mm f/4L IS USM bei 16 mm | 1/125 | f/10 | ISO 1250 | 18:18 Uhr

Am ästhetischsten wird in der Regel eine Bildaufteilung nach dem Goldenen Schnitt empfunden, bei dem das Foto in zwei Bildteile mit einem Längenverhältnis von etwa 38 zu 62 geteilt wird. Da dies sehr kompliziert bzw. schwierig abzuschätzen ist, wird als Vereinfachung des Goldenen Schnitts die sogenannte Drittelregel angewendet. Diese gilt als eine der wichtigsten Gestaltungsgrundlagen der Fotografie und ist dabei leicht anwendbar und sehr wirksam.

Bei der Dreiteilung wird das Foto sowohl horizontal als auch vertikal in drei gleich große Bereiche (Drittel) aufgeteilt, sodass neun Bildabschnitte entstehen. Das Motiv wird dann idealerweise auf einer der Drittellinien oder auf einem Schnittpunkt der Drittellinien platziert. Bei Landschaftsfotos wirkt es zudem oft spannender, den Horizont auf der oberen oder unteren Drittellinie zu platzieren statt in der Bildmitte. Es entsteht so ein interessantes Verhältnis von Vordergrund und Himmel.

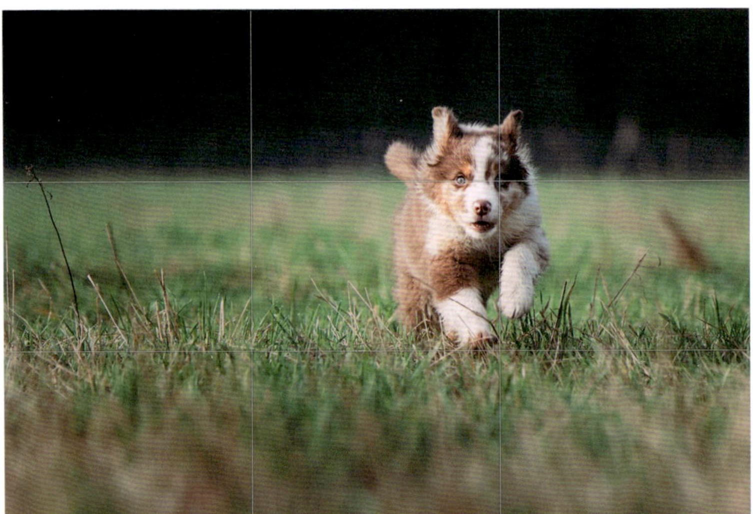

Dieses Foto ist exakt nach der Dreiteilung angeordnet. Der Welpe befindet sich auf der rechten Drittellinie, das Auge genau auf dem Schnittpunkt der rechten und oberen Linie. Canon EOS 40D | Canon EF 70–200 mm f/4L IS USM bei 155 mm | 1/640 | f/4.5 | ISO 400 | 12:38 Uhr

Wenn du Menschen oder Tiere fotografierst, legst du idealerweise das vordere Auge exakt auf einen der vier Schnittpunkte der Drittellinien. Hierbei sollte die Person oder das Tier so platziert sein, dass sie in das Bild hineinschaut, also in Blickrichtung mehr Platz ist als zur anderen Seite.

Bei vielen Kameras und auch Smartphone-Apps sowie in fast jeder Bildbearbeitungssoftware ist es möglich, die Drittellinien auf dem Sucher bzw. Monitor einblenden zu lassen. Dies ist gerade zu Anfang eine große Hilfe bei der Bildgestaltung. Achte bewusst darauf, das Motiv und auch den Horizont nicht mittig, sondern auf einer der Drittellinien zu platzieren. Unglücklich gestaltete oder alte Fotos kannst du auch noch nachträglich in der Bildbearbeitung in einen wirkungsvolleren Schnitt setzen.

Aber Achtung: Die Dreiteilung solltest du als eine Hilfe, jedoch niemals als eine in Stein gemeißelte Richtlinie ansehen. Sie hilft dir in vielen Fällen dabei, deine Fotos interessanter zu gestalten, ist aber keinesfalls die einzig richtige Vorgehensweise. Du musst die Drittelregel also nicht zwangsweise befolgen, wenn sie deinem ästhetischen Empfinden widerspricht.

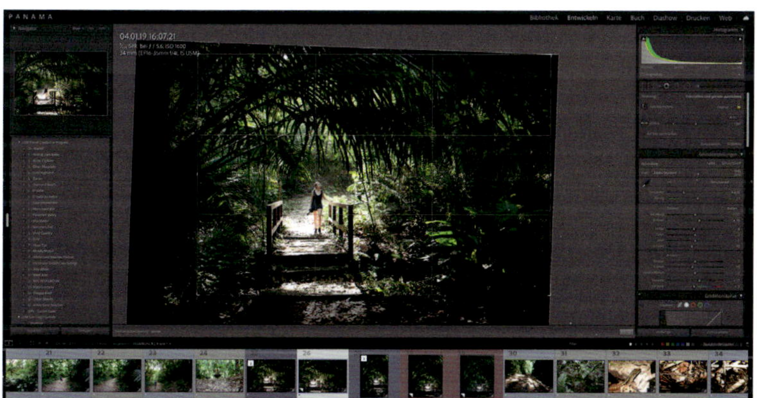

Beim Begradigen und Beschneiden der Fotos kannst du dir in Bildbearbeitungsprogrammen wie Adobe Lightroom Classic 10 die Drittellinien einblenden lassen.

SYMMETRIE

Die meisten Motive wirken unter Berücksichtigung der Dreiteilung ästhetischer und harmonischer. Dies gilt in fast allen Fällen, jedoch nicht für symmetrische Motive, wie sie oft z. B. in der Architektur, aber nicht selten auch in der Natur zu finden sind. Eine exakt mittige Platzierung wirkt für symmetrische Motive in der Regel am allerbesten. Achte hierbei darauf, dich bei der Aufnahme wirklich mittig zu platzieren, da bereits eine leichte Verschiebung deines Standortes oder des Kamerawinkels zu störenden Verzerrungen der Linien führt.

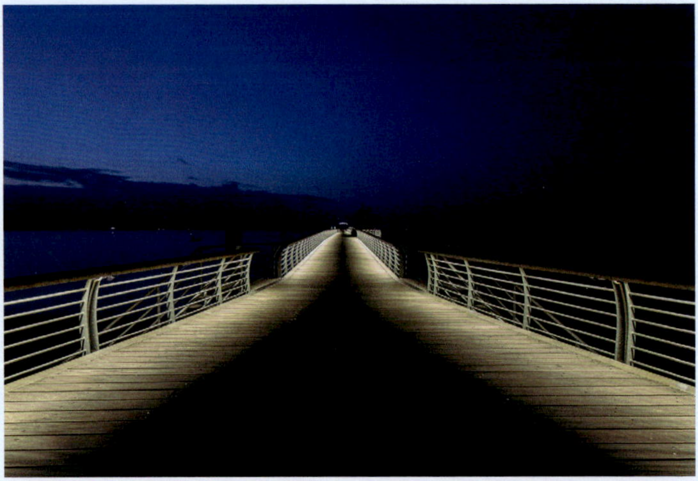

Motive wie dieses solltest du genau aus der Mitte fotografieren, damit sie ihre Stärke entfalten und ausgewogen wirken. Canon EOS 5D Mark IV auf Stativ mit ND-Filter | Canon EF 16–35 mm f/4L IS USM bei 16 mm | 30 sek | f/8 | ISO 200 | 22:36 Uhr

EXTREME BILDSCHNITTE

Fotografie ist Kunst. Du solltest die Gestaltungsregeln zwar kennen, manchmal aber auch bewusst aus diesen ausbrechen. Wage zwischendurch also auch immer mal wieder extreme Bildschnitte, etwa mit einem sehr niedrigen Horizont, der gerade noch am unteren Bildrand zu sehen ist, oder platziere dein Hauptmotiv bewusst sehr weit außen im Foto. Du kannst deine Bilder auch sehr nah und eng schneiden, z. B. ein Porträt direkt über den Augen. Was wirkt intensiv, was unharmonisch? Experimentiere bewusst mit verschiedenen Bildschnitten und Aufteilungen – sei kreativ, sei mutig!

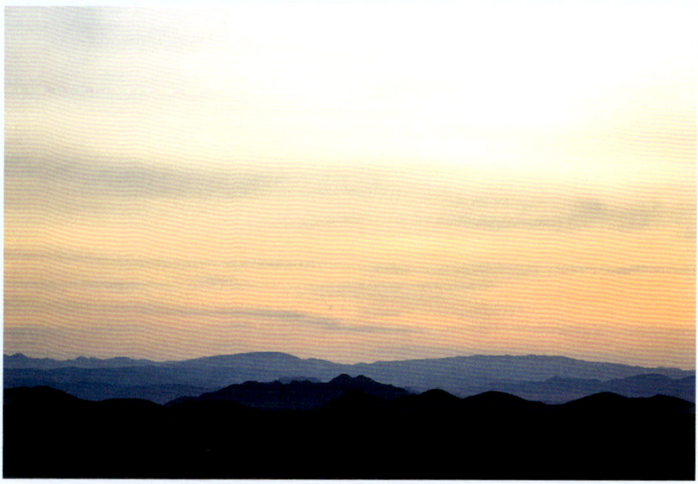

Warum nicht mal ganz anders? Den Horizont haben wir bewusst niedrig platziert; die Tiefe entsteht durch eine Staffelung der Bergketten. Mehr Vordergrund ist hier nicht notwendig. Canon EOS 5D Mark III | Canon EF 24–105 mm f/4L IS USM bei 105 mm | 1/6000 | f/8 | ISO 200 | 19:07 Uhr

Perspektive

Neben dem Bildschnitt hat auch die Perspektive einen enormen Einfluss darauf, wie dein Foto wirkt. Von vielen wird sie anfangs vernachlässigt, dabei kann die richtige Perspektive aus langweiligen Fotos schnell großartige machen!

Sicher hast du schon einmal beobachtet, dass professionelle Fotografen selten im Stehen auf Augenhöhe fotografieren. Stattdessen liegen sie auf der Erde, gehen in die Hocke, verrenken sich umständlich oder klettern auf Erhöhungen. Wir haben ganze Bildserien von unserem „Foto-Yoga", das unsere Social-Media-Follower regelmäßig amüsiert.

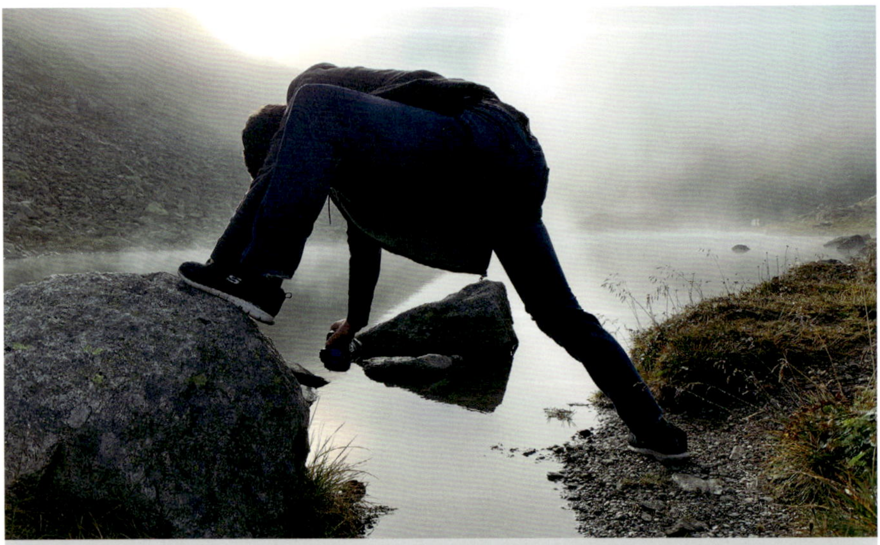

Mit ungewöhnlichen Perspektiven machst du auch unscheinbare Strukturen wie diesen Stein zu echten Hinguckern. Making-of, fotografiert mit dem iPhone 6s | 08:51 Uhr

Wenn du interessante Fotos machen möchtest, wirst du nicht darum herumkommen, ebenfalls dem „Foto-Yoga" zu frönen. Du wirst dich auf die Erde legen, knien, hocken, bücken, verrenken, sitzen und klettern – Aufnahmen aus normaler Stehhöhe werden zur Seltenheit.

Überlege dir für jedes Foto bewusst, welche Perspektive das Motiv am besten in Szene setzt, und wage es auch ruhig einmal, im Schlamm zu liegen oder in die Knie zu gehen. Es lohnt sich!

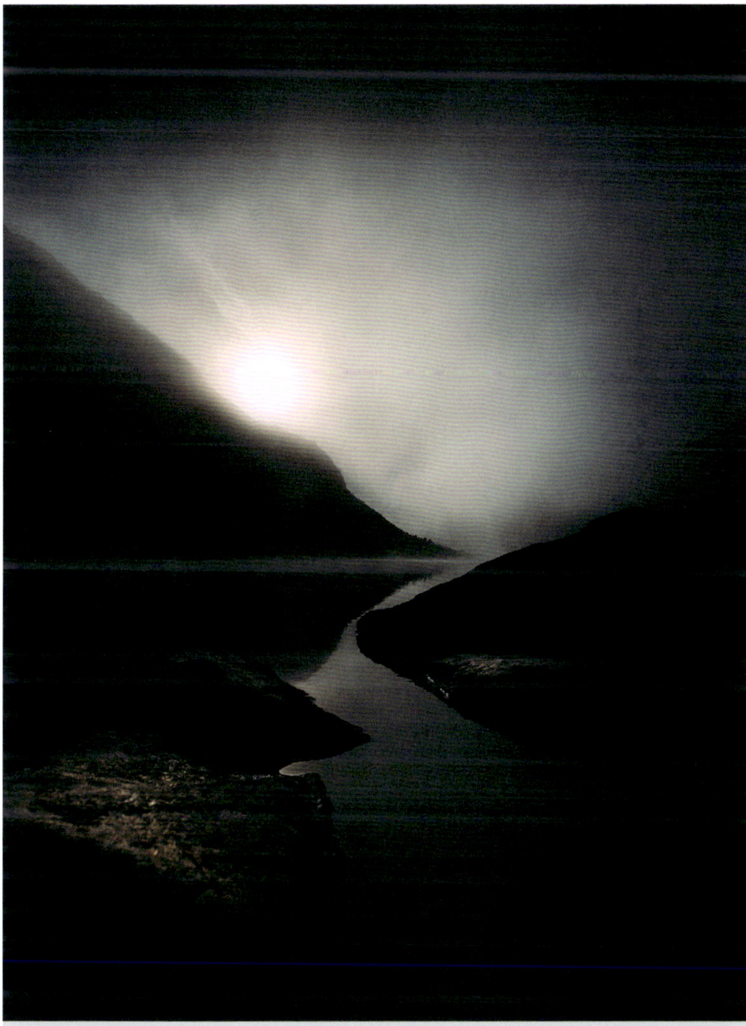

... Und das ist das Ergebnis. Da hat sich der volle Körpereinsatz doch gelohnt! Canon EOS 5D Mark III | Canon EF 16–35 mm f/4L IS USM bei 16 mm | 1/3200 | f/8 | ISO 200 | 08:51 Uhr

Die Froschperspektive

Wenn du von ganz tief unten fotografierst (aus der sogenannten Froschperspektive), verändern sich die Verhältnisse: Kleine Wasserflächen wie Pfützen wirken plötzlich wie riesige Seen und Blumenbeete wie Urwälder. Vorher unscheinbare Linien führen in dein Foto hinein, und die Arbeit mit Ebenen vereinfacht sich extrem.

Auch neue Hintergründe ergeben sich durch die niedrige Perspektive. Unscheinbare Motive wirken dadurch plötzlich deutlich spannender. Wir nutzen die Froschperspektive sehr gerne, da sie viel Potenzial für kreative und interessante Fotos bietet und völlig neue Sichtweisen auf die Welt ermöglicht.

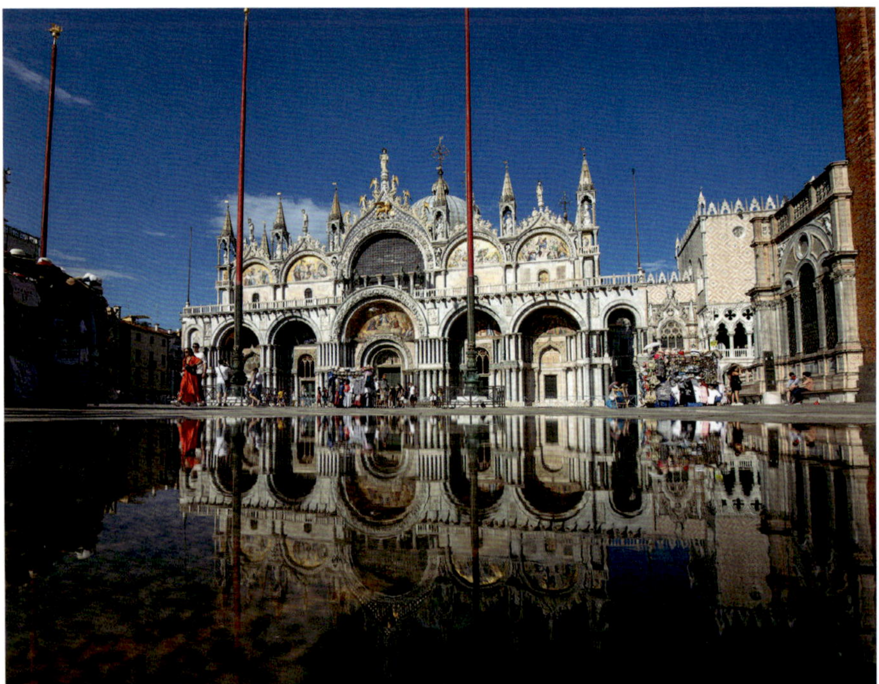

Aus sehr tiefer Perspektive fotografiert wirkt die kleine Pfütze wie ein Teich und ermöglicht ein Foto mit schöner Spiegelung. Canon EOS 5D Mark IV | Canon EF 16–35 mm f/4L IS USM bei 16 mm | 1/1000 | f/8 | ISO 200 | 17:47 Uhr

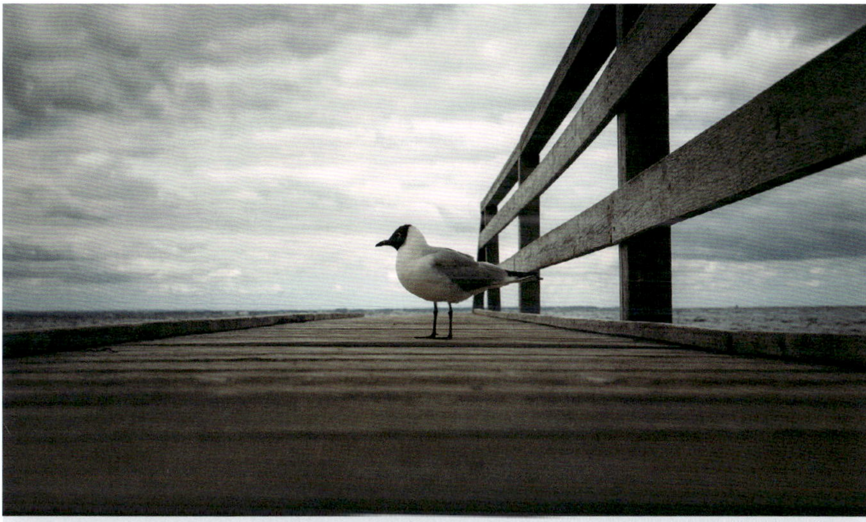

Das gleiche Foto würde von oben herab fotografiert stark an Nähe und Intensität verlieren. Canon EOS 5D Mark IV | Canon EF 16–35 mm f/4L IS USM bei 35 mm | 1/800 | f/5.6 | ISO 200 | 15:52 Uhr

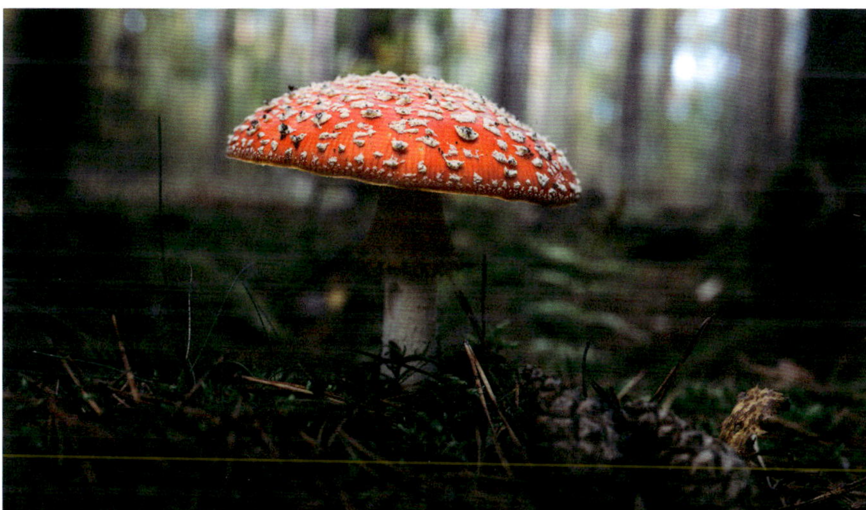

Bodennah fotografiert wirken kleine Tiere, Pflanzen und Pilze viel interessanter, größer und weniger gewöhnlich. Canon EOS 5D Mark III | Sigma 35 mm f/1.4 DG HSM | 1/160 | f/5.6 | ISO 1000 | 14:52 Uhr

Die Vogelperspektive

Die Vogelperspektive ist das Gegenteil der Froschperspektive: Du fotografierst dein Motiv von oben. Hierfür benötigst du nicht unbedingt eine Drohne – auch normale Erhöhungen bieten sich an, etwa Aussichtspunkte, Blicke aus Fenstern o. Ä. Wir klettern für leichte Vogelperspektiven außerdem oft auf Bänke, Mauern oder Baumstümpfe.

Die Vogelperspektive hebt sich von unserer normalen Augenhöhe deutlich ab und wirkt allein dadurch interessant, neu und anders. Landschaften und Städte von oben fotografiert, lösen zudem ein Gefühl von Freiheit aus.

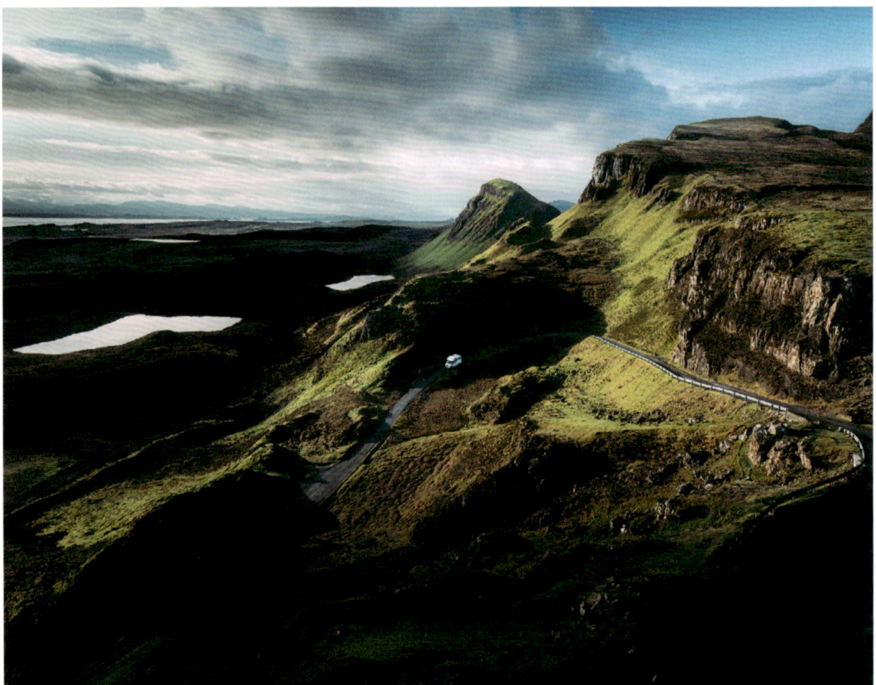

Wirkt wie ein Drohnenfoto, ist aber eine Weitwinkelaufnahme: Hier standen wir auf einer Anhöhe mit Blick auf die Straße. Canon EOS 5D Mark III | Canon EF 16–35 mm f/4L IS USM bei 20 mm | 1/160 | f/8 | ISO 320 | 07:24 Uhr

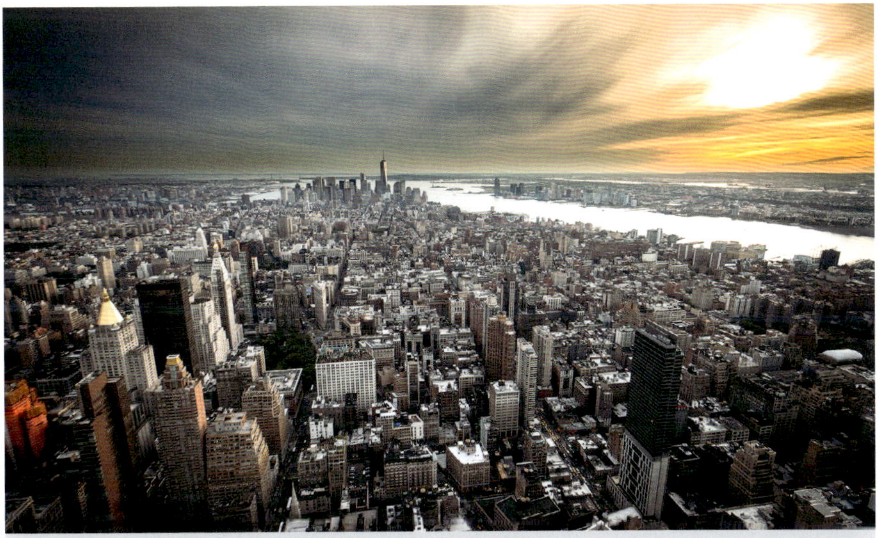

Die Vogelperspektive vermittelt ein erhabenes Gefühl und zeigt ein beeindruckendes Bild der Metropole New York. Canon EOS 400D | Canon EF-S 10–22 mm f/3.5–4.5 USM bei 10 mm | 1/400 | f/4 | ISO 100 | 17:34 Uhr

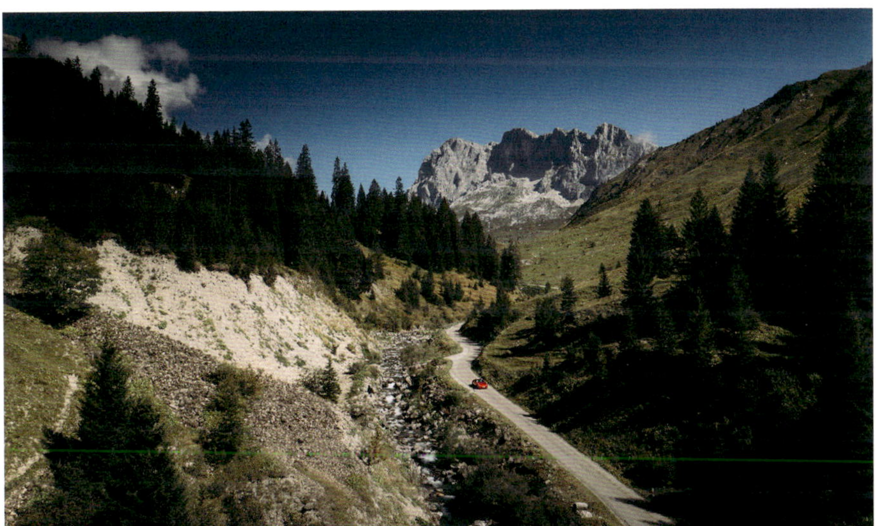

Eine Möglichkeit für besondere Ansichten von oben sind Drohnenfotos. DJI Mavic Pro | 26 mm | 1/600 | f/2.2 | ISO 100 | 12:13 Uhr

Auf Augenhöhe

Wenn du Menschen oder Tiere ablichtest, solltest du sie unbedingt auf ihrer (nicht deiner!) Augenhöhe fotografieren. Hierfür musst du sowohl bei Kindern als auch bei den meisten Tieren in die Hocke gehen oder dich bei noch kleineren Tieren mit der Kamera flach auf den Boden legen.

Auf Augenhöhe aufgenommene Fotos wirken deutlich intensiver und näher als Fotos „von oben herab“ und erzielen so sehr einfach eine ganz andere Bildwirkung. Beachte dies auch bei der Fotografie von Zoo- und Wildtieren!

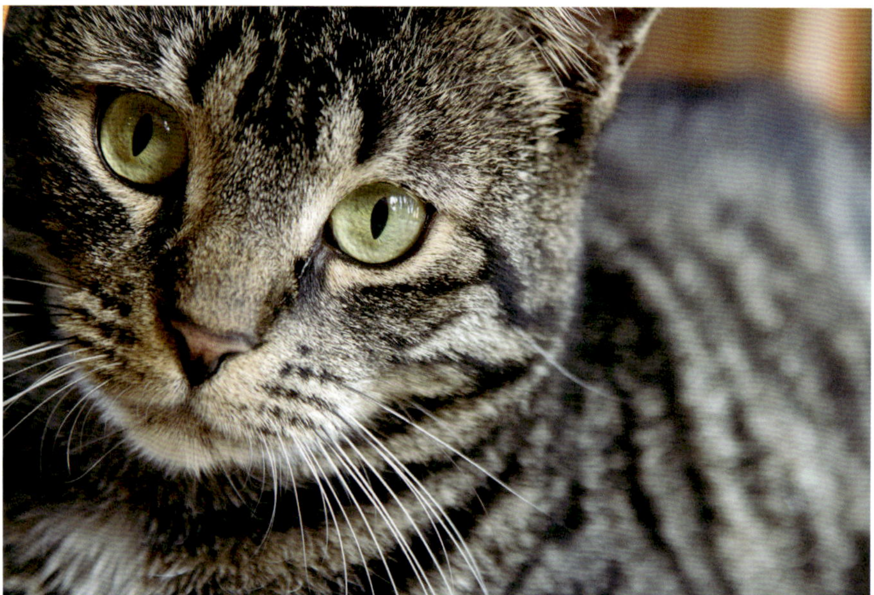

Fotos von Tieren wirken auf Augenhöhe viel näher, direkter und intensiver. Canon EOS 5D Mark III | Canon EF 24–105 mm f/4L IS USM bei 105 mm | 1/60 | f/4.5 | ISO 1600 | 15:57 Uhr

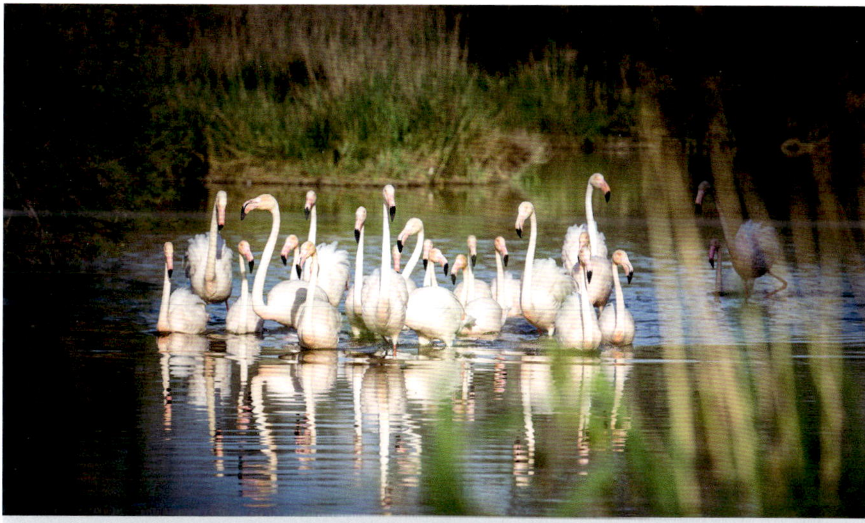

Durch die gewählte Perspektive auf Augenhöhe der Flamingos wird der Betrachter direkt in das Bild hineingesogen. Canon EOS 5D Mark III | Canon EF 70–200 mm f/4L IS USM bei 200 mm | 1/800 | f/5.6 | ISO 200 | 18:34 Uhr

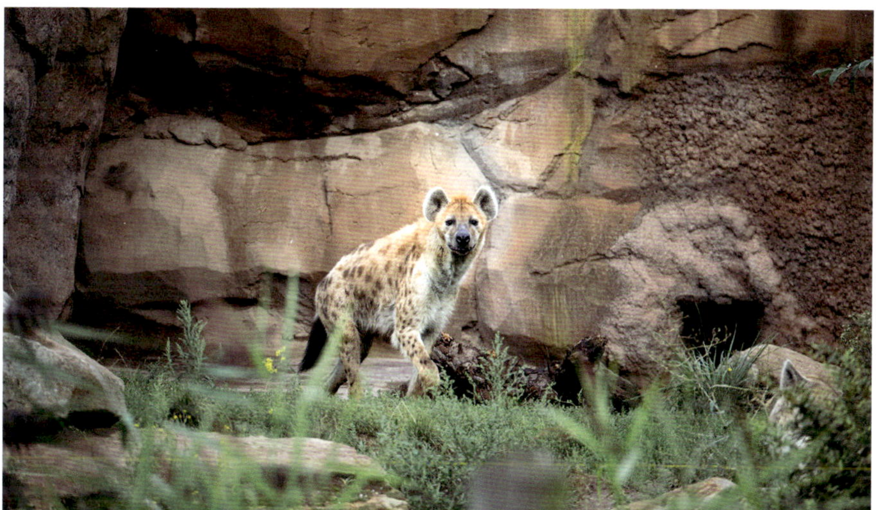

Eine Begegnung auf Augenhöhe mit einer Tüpfelhyäne im Zoo Leipzig. Canon EOS 5D Mark IV auf Einbeinstativ | Sigma 150–600 mm 5–6.3 DG OS HSM Sports bei 390 mm | 1/800 | f/6.3 | ISO 2000 | 10:40 Uhr

Ebenen

Eine der großen Herausforderungen der Fotografie ist es, die 3D-Sicht unserer Augen auf die 2D-Ansicht eines Fotos zu übertragen. Gerade Landschaftsfotos, auf denen die Ferne und Weite eine bedeutende Rolle spielt, wirken durch fehlende Ebenen schnell langweilig und nichtssagend.

In der Realität ist unsere Umgebung räumlich gestaffelt. Manche Objekte befinden sich ganz nah an uns dran, andere sind dahinter, andere noch weiter weg und auch weit im Hintergrund befinden sich noch welche: Der Raum hat eine Tiefe. Auf dem zweidimensionalen Foto geht all dies verloren; alle Motive liegen auf einer einzigen Ebene. Das Problem der fehlenden Tiefe ist insbesondere bei Landschaftsfotos immens, weswegen wir im entsprechenden Kapitel ab Seite 168 noch expliziter auf das Thema eingehen.

Um die Dreidimensionalität der Wirklichkeit auf ein Foto zu übertragen, müssen wir unser Gehirn austricksen und ihm vorgaukeln, dass auch das Bild aus mehreren Ebenen bestünde. Gelingt uns das, wirken die Fotos nicht mehr platt, sondern der Betrachter hat im besten Fall das Gefühl, mitten in der Szenerie zu sein oder sogar in das Foto hineingesogen zu werden.

Um Tiefe in deinen Fotos zu kreieren und sie dadurch interessant und plastisch zu machen, arbeite ganz bewusst mit Vordergrund, Motiv und Hintergrund und baue deine Bilder aus Ebenen auf. Auch Linien, die in das Bild hineinführen, können ein Hilfsmittel sein, um Dreidimensionalität herzustellen.

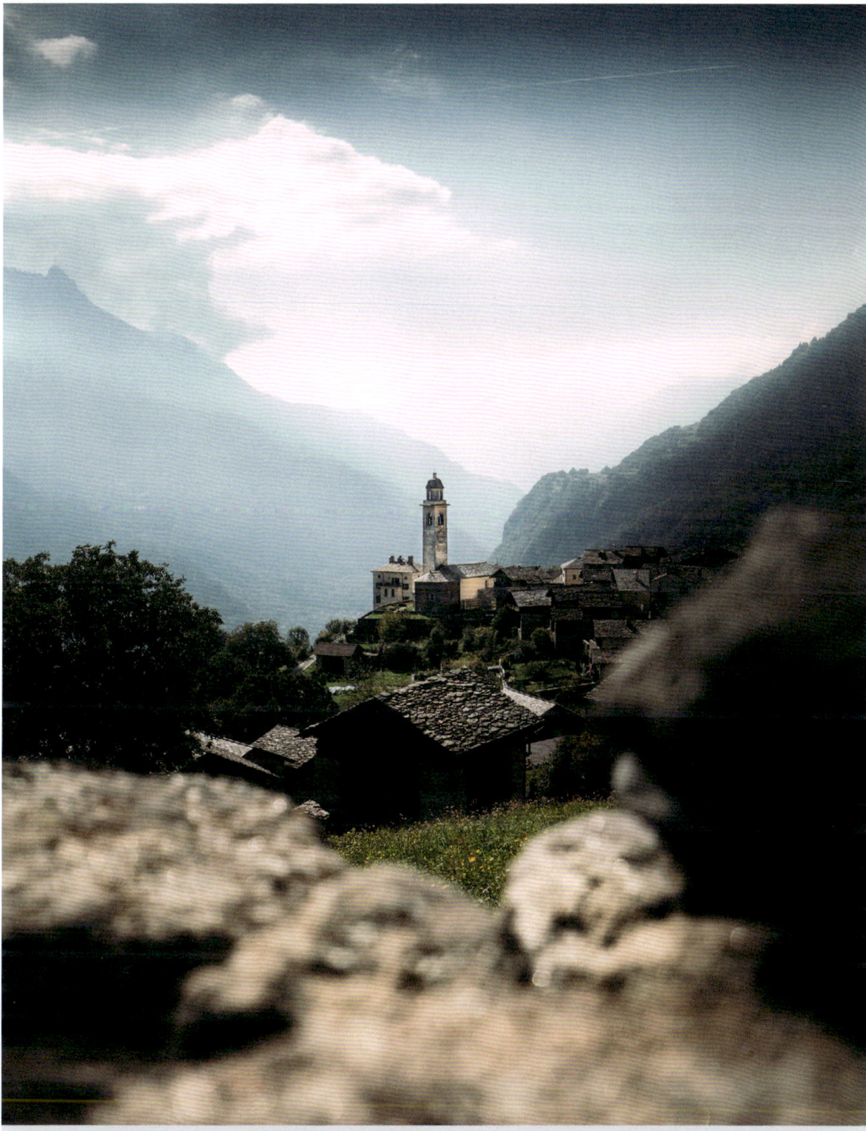

Dieses Foto besteht aus mindestens vier Ebenen. Erkennst du sie? Canon EOS 5D Mark III | Canon EF 16–35 mm f/4L IS USM bei 34 mm | 1/2500 | f/4 | ISO 200 | 15:27 Uhr

Der Vordergrund

Der Vordergrund ist ein wichtiger Bestandteil von Fotos, insbesondere von Landschaftsbildern. Um die Weite einer Szenerie zu zeigen, die sie in der Realität so faszinierend macht, benötigt dein Bild Elemente im Vordergrund. Nur wenn diese als „nah dran“ empfunden werden, können die andere Elemente als „weit weg“ wahrgenommen werden, was deinem Bild die notwendige Tiefe verleiht.

Wenn wir fotografieren, suchen wir uns bewusst Vordergründe für unsere Fotos. Dies können Blätter und Zweige sein, durch die wir hindurchfotografieren, aber auch alle anderen Elemente, die sich räumlich vor dem Hauptmotiv befinden. Achte bewusst auf Pflanzen wie Sträucher, Zweige und Grashalme, auf Steine und Felsen und auch auf Objekte wie Bänke. Wenn du aus der Froschperspektive fotografierst, bildet oft bereits der Boden (z. B. Erde, Asphalt, Schotter oder Geröll) einen geeigneten Vordergrund.

Der Vordergrund bringt nicht nur Tiefe ins Foto, er kann auch das Motiv und die Bildaussage unterstützen. Eine blühende Wiese vor einer Berglandschaft wirkt idyllisch, während eine Industrielandschaft an gleicher Stelle einen starken Kontrast aufbaut. Bei Porträts (Mensch und Tier) ist ein Vordergrund oftmals weniger notwendig als auf Landschaftsfotos, aber auch hier sorgt er für das gewisse Etwas. Ein Wildtier durch Blätter hindurch fotografiert wirkt z. B. unbeobachteter, und Porträts von Menschen, insbesondere von Kindern, wirken durch einen Vordergrund oft natürlicher und ungestellter.

Wie bei allen Gestaltungsregeln gilt aber auch beim Vordergrund: Es ist ein Tipp, kein Gesetz! Wenn dein Foto dir ohne Vordergrund gut gefällt und du für dein Empfinden ausreichend Tiefe im Bild hast, dann benötigst du ihn nicht zwingend.

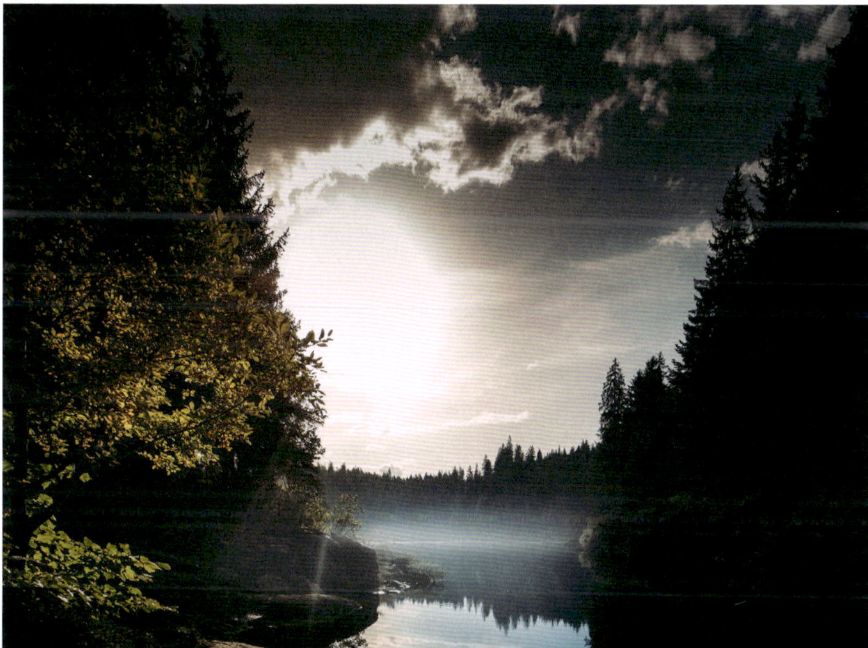

Hier bilden die von der Sonne beschienenen Steine den Vordergrund vor dem See. Canon EOS 5D Mark III | Canon EF 16–35 mm f/4L IS USM bei 16 mm | 1/800 | f/5 | ISO 100 | 08:51 Uhr

Hintergrund

Der Hintergrund ist deutlich einfacher zu finden als der Vordergrund, denn in den allermeisten Fällen wird sich automatisch irgendetwas hinter deinem Motiv befinden. Oft ist es ganz einfach der Himmel.

Für die Bildwirkung ist der Hintergrund sehr wichtig. Ein trüber weißer Himmel wirkt meist langweilig, während eine dramatische Wolkendecke das gleiche Foto zu einem Meisterwerk machen kann. Auch andere Elemente im Hintergrund, wie Bäume, Häuser, Pflanzen oder Berge, solltest du bewusst in dein Foto einbinden.

Achte hierbei darauf, dass dein Motiv sich gut von den Hintergrundelementen abhebt. Dies kann etwa durch die Farbe, die Helligkeit oder die Schärfe geschehen. Wenn du Menschen oder Tiere fotografierst, kannst du dich bewusst für einen harmonischen, ruhigen Hintergrund entscheiden. Bei klassischen Porträts wird dieser meist unscharf dargestellt, damit er nicht vom Hauptmotiv ablenkt. Hierfür muss sich dein Motiv weit genug vom Hintergrund entfernt befinden, und du musst eine möglichst offene Blende und/oder große Brennweite wählen.

Auch bei Motiven, die du nicht bewegen und bewusst positionieren kannst, kannst du Einfluss auf den Hintergrund nehmen: Wechsle dazu einfach deine Perspektive! Ein paar Schritte nach rechts oder links können viel ausmachen und dein Motiv vor einen ruhigeren Hintergrund bringen. Manchmal bietet es sich auch an, aus der Froschperspektive zu fotografieren, um das Motiv gegen den Himmel freizustellen.

Schwieriger ist es in diesem Fall, mit Licht zu arbeiten. Wir planen einige Fotos so, dass das Motiv in der Sonne liegt, der Hintergrund aber im Schatten. Erwischen wir diesen Moment, dann erhalten wir ein sehr gut beleuchtetes Motiv, was sich wundervoll vor einem dunklen Hintergrund abhebt.

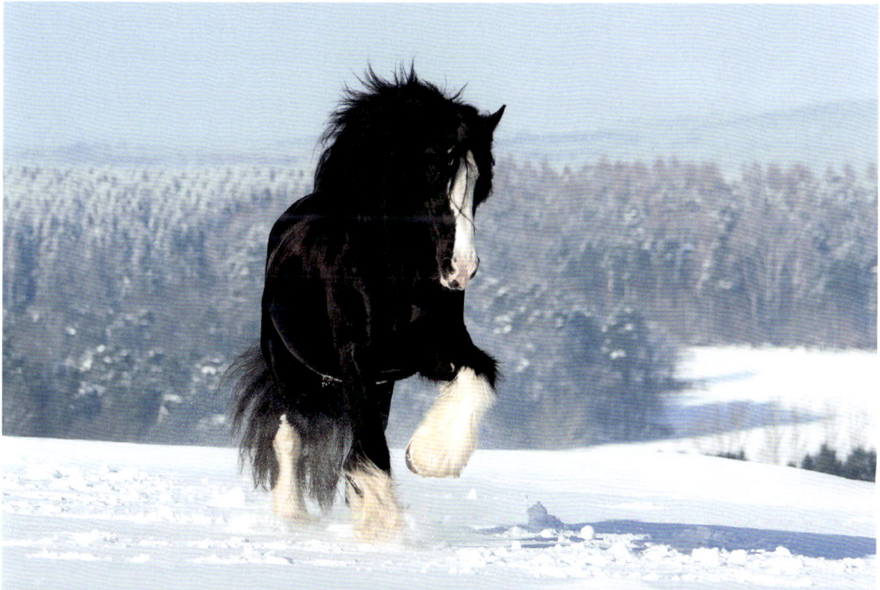

Der dunkle Hengst hebt sich großartig von der verschneiten Winterlandschaft ab. Der Hintergrund ist weit weg und wird dadurch unscharf dargestellt. Canon EOS 40D | Canon EF 70–300 mm f/4–5.6 IS USM bei 135 mm | 1/1250 | f/5 | ISO 200 | 12:40 Uhr

FOTOAUFGABE: „SPANNENDES MOTIV – RUHIGER HINTERGRUND"

Schwierigkeitsgrad ★★☆☆

Nimm ein Foto auf, das du bewusst aus drei Ebenen aufbaust: Vordergrund, Motiv, Hintergrund. Wähle dazu zunächst dein Hauptmotiv aus. Dann suche nach einem geeigneten Vordergrund. Dieser sollte dein Motiv nicht stören, sondern es möglichst einrahmen, zu ihm hinführen oder es anderweitig unterstützen. Achte auch auf den Hintergrund: Wie im Kapitel beschrieben, sollte er ruhig und harmonisch sein und nicht vom Motiv ablenken.

Wenn du dir ein wenig mehr Herausforderung wünschst, dann suche dir noch eine vierte oder gar fünfte Ebene, um noch mehr Tiefe in das Foto zu bringen.

Schwierigkeitsgrad ★★★★

Diese Aufgabe ist perfekt für Hundebesitzer. Wenn du keinen Hund hast, dann frag deinen Nachbarn oder einen Freund, ob du dir seinen Vierbeiner „ausleihen" kannst – der Besitzer freut sich mit Sicherheit über ein paar schöne Fotos. Alternativ kannst du auch einen Gegenstand verwenden.

Geh an einem sonnigen Abend mit dem Hund und deiner Kamera spazieren. Suche dir als Hintergrund eine Struktur wie eine Hauswand oder einen Waldrand, die im Schatten liegt. Positioniere den Hund (oder deinen Gegenstand) einige Meter davor – und zwar unbedingt so, dass er von vorne von der Sonne angeschienen wird. Auf deinem Foto wird nun der Hund schön beleuchtet hervortreten, während der Hintergrund in einem einheitlichen Dunkel verschwindet. Hast du einen wirklich dunklen Hintergrund gefunden, wirkt dieses Foto sogar wie eine Studioaufnahme mit schwarzer Leinwand.

Lust auf den Austausch mit uns und anderen Leserinnen und Lesern? Poste dein Foto auf Instagram mit dem Hashtag **#draussenfotos** und gib anderen Fotos unter diesem Hashtag dein Feedback. Wir selbst schauen uns alle Posts an und werden so viele wie möglich persönlich kommentieren!

Linien

Linien führen den Blick des Betrachters durchs Bild und sind ein bedeutendes Gestaltungsmittel, das du nicht unterschätzen solltest. Zusammen mit den Ebenen sind sie außerdem ein wichtiges Hilfsmittel, um Tiefe in ein Foto zu bekommen.

Das Wichtigste, was du über Linien wissen musst, ist, dass die Blicke ihnen folgen. Dies kannst (und solltest) du dir für deine Fotos zunutze machen, indem du Linien (egal ob geschwungen oder gerade!) von außen zu deinem Motiv führen lässt. Indem der Blick des Betrachters den Linien folgt, findet er in das Bild hinein und bleibt länger daran hängen, anstatt ziellos hin und her zu wandern und das Foto schließlich als „langweilig" oder „überladen" zu empfinden.

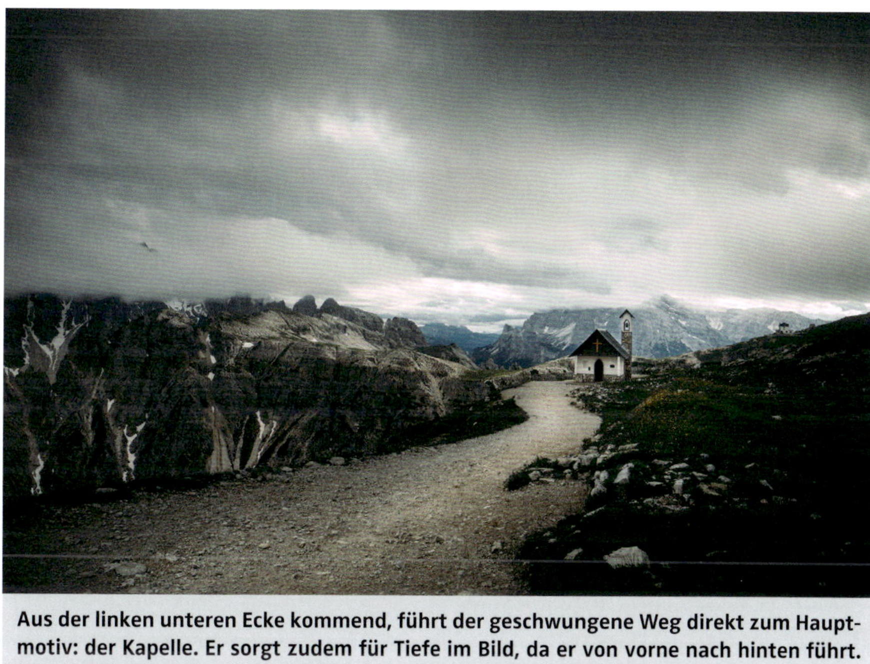

Aus der linken unteren Ecke kommend, führt der geschwungene Weg direkt zum Hauptmotiv: der Kapelle. Er sorgt zudem für Tiefe im Bild, da er von vorne nach hinten führt. Canon EOS 5D Mark III | Canon EF 24–70 mm f/4L IS USM bei 24 mm | 1/250 | f/5.6 | ISO 200 | 18:58 Uhr

Auf vielen Landschaftsfotos verläuft lediglich eine einzige Linie gerade durch das Bild: der Horizont. Das Foto entwickelt so keine Spannung, der Blick wird nirgendwo hingeführt. Gerade auf Landschaftsfotos solltest du aber den Betrachter „an die Hand nehmen" und seinen Blick führen.

Lass deshalb Linien diagonal in dein Bild hinein- oder zum Hauptmotiv hinführen. Was du als Linien nutzen kannst, hängt dabei stark vom Motiv und der Szenerie ab.

Einige Beispiele:

- Straßen und Wege
- Hügel und Bergketten (auch ihre Spiegelungen im Wasser!)
- Uferverläufe
- Zäune
- Flüsse
- Felsen
- Wolken
- Bäume/Äste
- Pflanzenstrukturen (besonders in der Makrofotografie)

Schwierigere Beispiele sind:

- Licht-/Schattenverläufe
- Sonnenstrahlen
- Farben
- Blickrichtungen der Menschen oder Tiere auf dem Foto

Das folgende Foto ist ein gutes Beispiel für den Einsatz von Linien. Das Hauptmotiv ist die zum Horizont führende Straße. Da es ein symmetrisches Motiv ist, haben wir einen mittigen Bildschnitt gewählt. Die Straße selbst ist eine Linie. Sie führt nach hinten zur Bergkette im Hintergrund und somit tief in das Bild hinein. Die niedrige Perspektive sorgt zudem dafür, dass die seitlichen Begrenzungslinien der Straße diagonal in das Bild hineinführen und ein Dreieck entstehen lassen: einen großen Pfeil, der das Auge des Betrachters lenkt.

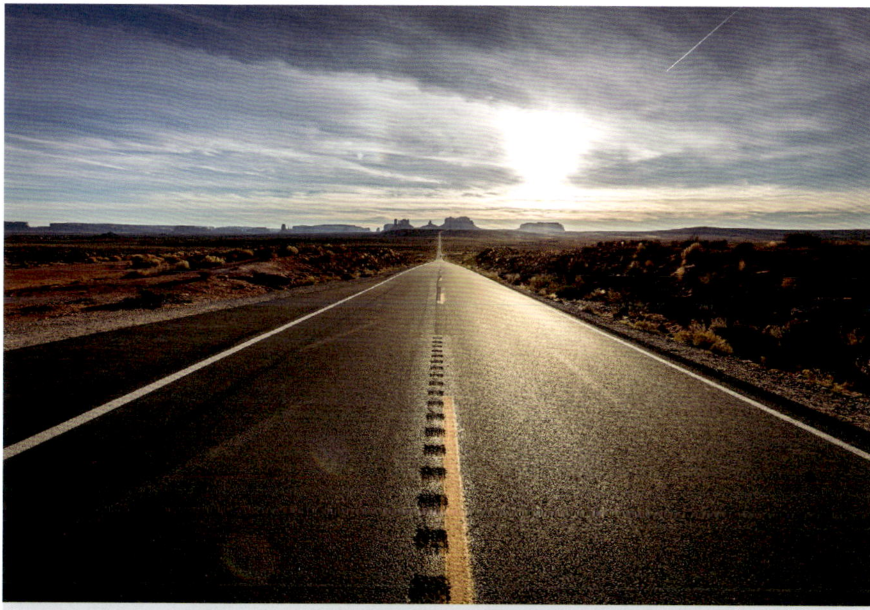

Auch dein Hauptmotiv kann als Gestaltungslinie dienen. Durch die bewusst gewählte Bildgestaltung hat man das Gefühl, vor Ort zu sein. Canon EOS 5D Mark III | Canon EF 16–35 mm f/4L IS USM bei 16 mm | 1/160 | f/11 | ISO 200 | 18:26 Uhr

Achte zudem darauf, wie genau die Linien verlaufen und was sie ggf. berühren. Ein Horizont, der dein Hauptmotiv schneidet, obwohl er sich im Hintergrund befindet, ist nicht die beste Wahl und wirkt schnell unharmonisch.

Um Linien zu finden, gehe bewusst durch die Natur, mache Fotos und schau dir anschließend genau an, wo auf deinem Foto du überall Linien findest. Wo führen sie hin? Welche Linien unterstützen deine Bildwirkung? Welche schaden ihr? Achte auch auf versteckte Linien, die nicht auf den ersten Blick erkennbar sind. Wenn du aus tiefen Perspektiven und mit einem Weitwinkelobjektiv fotografierst, entstehen oft völlig neue Linien. Probiere es einmal aus und lass dich überraschen!

ACHTUNG, VERTIKALE LINIEN!

Vertikale Linien können auf einem Foto Größe, Wachstum und Macht ausdrücken. Sie stoppen allerdings den Blick des Betrachters beim Umherwandern und neigen schnell dazu, das Bild zu unterteilen. Dies kann Nähe vermitteln, wird aber auch manchmal als unangenehm und unharmonisch empfunden. Setze vertikale Linien zur Gestaltung daher nur sehr bewusst ein.

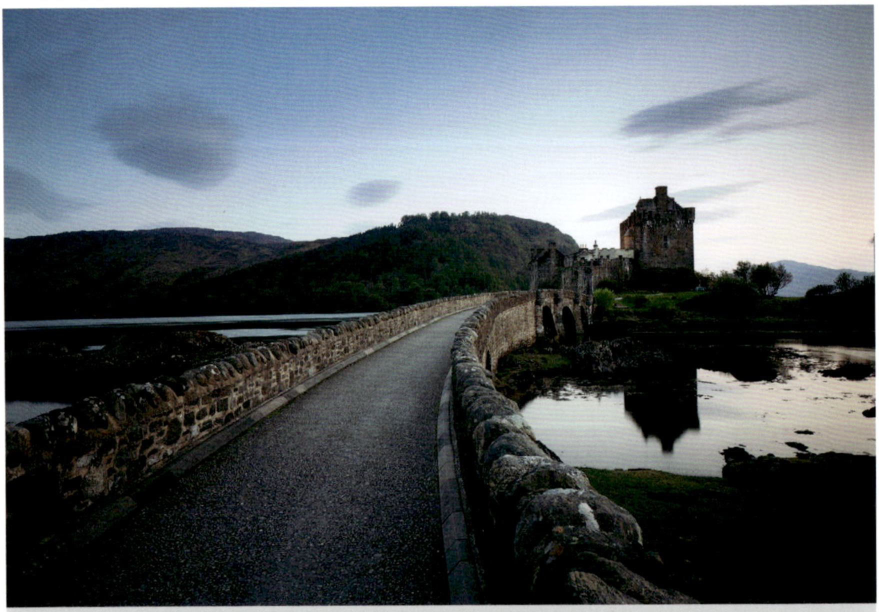

Die schöne geschwungene Auffahrt führt direkt zum Motiv. Canon EOS 5D Mark III auf Stativ mit ND-Filter | Canon EF 16–35 mm f/4L IS USM bei 22 mm | 30 sek | f/9 | ISO 100 | 20:38 Uhr

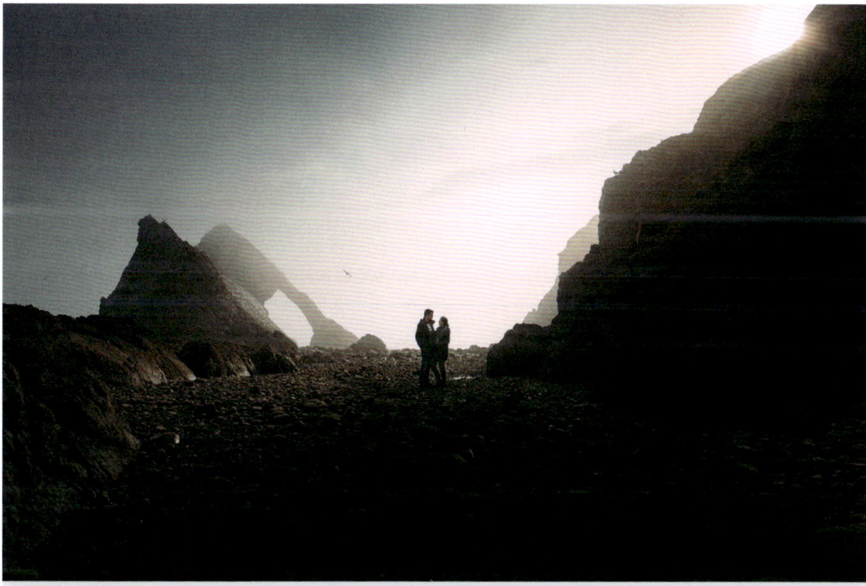

Wenn du einmal damit angefangen hast, wirst du sehr bald überall Linien sehen! Canon EOS 5D Mark III mit Selbstauslöser | Canon EF 16–35 mm f/4L IS USM bei 23 mm | 1/400 | f/10 | ISO 200 | 08:57 Uhr

FOTOAUFGABE: „DER BLICK ZUM HAUPTMOTIV"

Schwierigkeitsgrad ★★☆☆

Gestalte ein Foto mit einem konkreten Hauptmotiv. Lass mindestens eine Linie, besser aber mehrere, von außen auf dein Hauptmotiv zulaufen. Im Idealfall nutze diagonale Linien, die aus den Ecken kommen. Um Linien zu finden, nutze unsere Tipps in diesem Kapitel und achte bewusst darauf, wo in deiner Umwelt sich überall Linien verstecken.

Lust auf den Austausch mit uns und anderen Leserinnen und Lesern? Poste dein Foto auf Instagram mit dem Hashtag **#draussenfotos** und gib anderen Fotos unter diesem Hashtag dein Feedback. Wir selbst schauen uns alle Posts an und werden so viele wie möglich persönlich kommentieren!

Farben

Farben sind eines der wichtigsten Elemente unseres Sehens und damit auch der Fotografie. Durch Farben wird ein Foto zu dem, was es ist: Sie sorgen für Kontraste und Stimmung, für Eyecatcher und Akzente. Sie können aufputschen und beruhigen, blenden und langweilen, sich beißen oder harmonieren. Farben wirken kalt oder warm, frühlingshaft oder herbstlich, fröhlich, melancholisch oder düster. Sie ziehen die Aufmerksamkeit auf sich oder wirken intim.

Das gleiche Foto kann mit unterschiedlichen Farben eine völlig andere Wirkung erzielen. Und so ist es wie mit den anderen Gestaltungsmitteln auch: Farben können dein Foto unterstützen und es großartig machen, sie können dein Foto aber auch stören und von deiner gewünschten Bildaussage wegführen. Setze sie daher bewusst ein!

Farben entstehen durch Licht. Wie die Farben wirken und zur Geltung kommen, hängt daher stark von den gegebenen Lichtverhältnissen ab: Unschöne Farben kommen fast immer durch schlechtes Licht zustande, während gutes Licht je nach Szenerie und Kontext für leuchtende oder sanfte Farben, für pastellige oder düstere Töne, für eine orange Abendstimmung oder für eine melancholische Herbst-Nebelstimmung sorgt. Um die Farben auf deinem Foto zu meistern, solltest du dich also zunächst mit dem Thema Licht auseinandersetzen.

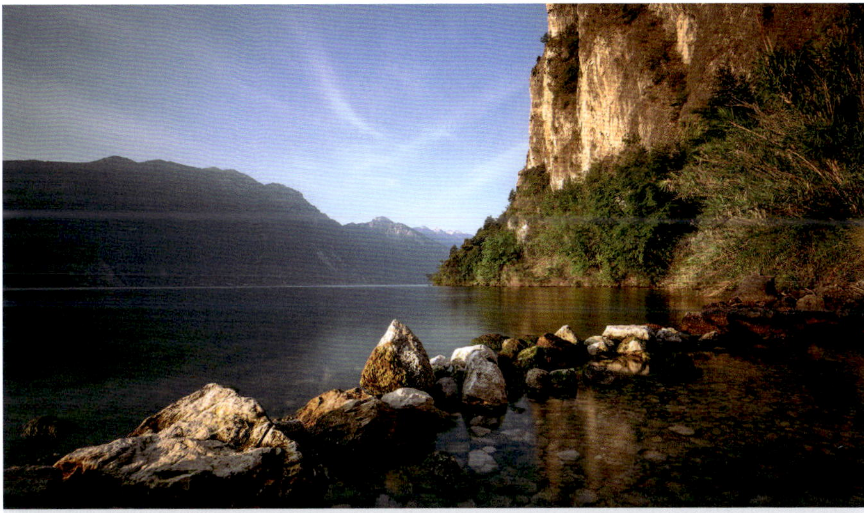

Die aufgehende Sonne lässt die Klippen und die Steine in kräftigen, warmen Farben leuchten. Die noch im Schatten liegenden, bläulichen Berge auf der linken Seite bilden einen schönen Farbkontrast. Canon EOS 5D Mark III auf Stativ mit ND-Filter | Canon EF 16–35 mm f/4L IS USM bei 16 mm | 30 sek | f/11 | ISO 100 | 06:43 Uhr

Die Farbtemperatur

Um deine Fotos zu gestalten und die gewünschte Stimmung zu erzielen, kannst du Farben bewusst einsetzen. Blautöne wirken kühl, während rötliche und gelbliche Töne als warm empfunden werden. Durch die Nutzung des Weißabgleichs – entweder direkt in der Kamera oder nachträglich in der RAW-Entwicklung – kannst du deinem Foto zudem eine andere Farbtemperatur geben und es somit kühler oder wärmer gestalten.

Nutze dies auch für unterschiedliche Wetterbedingungen und Jahreszeiten: Herbstliche Bilder oder Bilder in den Abendstunden wirken mit rötlicheren Farben (höhere Farbtemperatur) intensiver, während du bei Fotos von Eis und Schnee gut bläulichere Farben (niedrigere Farbtemperatur) nutzen kannst.

Komplementärfarben

Farben, die im Kontrast zueinander stehen, wirken kombiniert auf Fotos besonders gut. Im Farbkreis liegen sich diese Farben gegenüber. Komplementärfarben sind z. B. Violett und Gelb, Blau und Orange oder Rot und Grün.

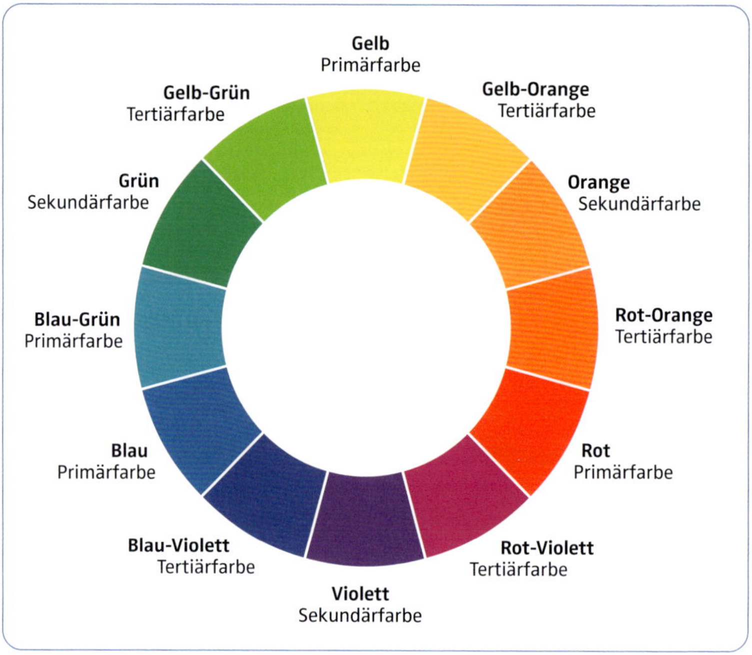

Als Fotograf kannst du dir die starke Wirkung von Komplementärfarben z. B. in der Blauen Stunde zunutze machen, wenn sich die gelblichen Lichter einer Stadt spektakulär von der bläulichen Umgebung abheben. Aber auch in anderen Situationen achten wir bewusst darauf, wo wir z. B. Blau und Gelb oder Rot und Grün miteinander kombinieren können. Ersteres gelingt in der Naturfotografie manchmal bei dramatischen Wetterverhältnissen am Himmel, Letzteres bei der Fotografie im Herbst. Die folgenden beiden Fotos entwickeln für uns durch das Zusammenspiel der Komplementärfarben eine intensive Wirkung:

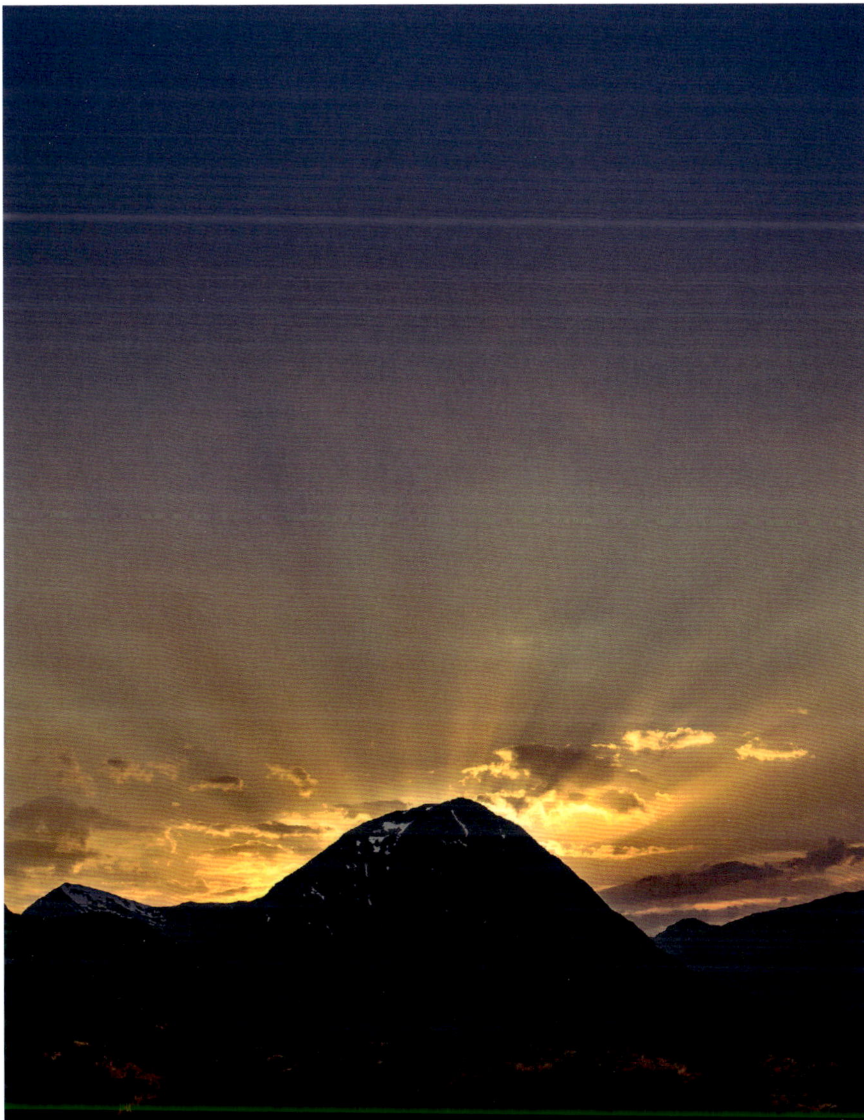

Dieses Bild wirkt durch das interessante Licht, aber auch durch die Kombination der Komplementärfarben Blau und Gelb-Orange besonders gut. Canon EOS 5D Mark III | Canon EF 16–35 mm f/4L IS USM bei 35 mm | 1/320 | f/5.6 | ISO 640 | 20:03 Uhr

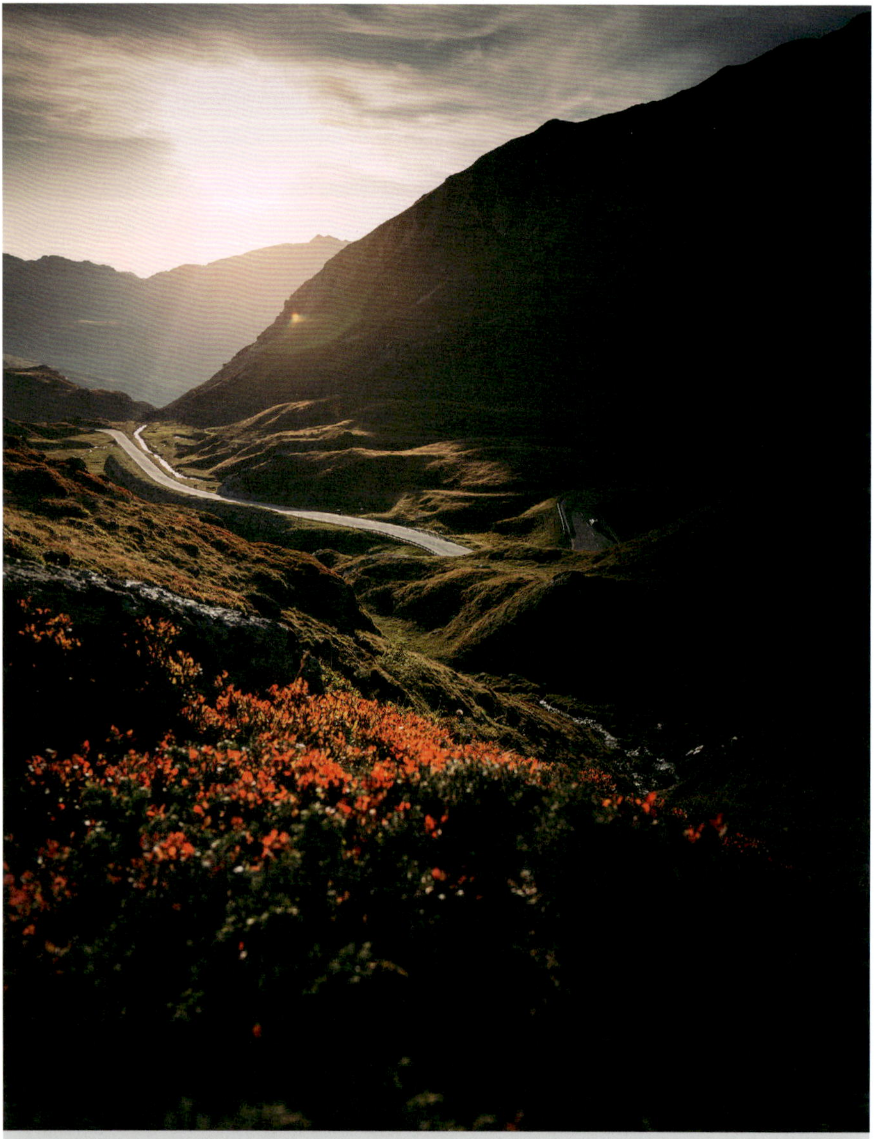

Auf diesem Foto wirken Rot und Grün zusammen; die tief stehende Sonne lässt die Landschaft leuchten. Canon EOS 5D Mark III | Canon EF 16–35 mm f/4L IS USM bei 22 mm | 1/800 | f/4 | ISO 200 | 18:23 Uhr

Akzente setzen

Farben kannst du ideal nutzen, um Akzente oder Eyecatcher auf deinen Fotos zu setzen. Es kommt nicht von ungefähr, dass Landschaftsfotografen oft Menschen in gelben oder roten Regenjacken auf trüben Fotos ablichten: Es funktioniert einfach unheimlich gut!

Bedenke bei deiner Bildgestaltung, dass helle und kräftige Farben wie Rot, Orange oder Gelb eine Signalwirkung haben und den Blick des Betrachters anziehen, während dunkle Farben eher unauffällig wirken. Dies kann unter Umständen stören: Wenn dein Hauptmotiv farblich unauffällig ist, aber ein anderes Element auf dem Foto eine starke, leuchtende Farbe hat (etwa ein Verkehrsschild), wird der Blick des Betrachters immer wieder dorthin und somit von deinem Hauptmotiv weg wandern. Dies sorgt dafür, dass das Foto unruhig und unharmonisch wirkt. Setze starke Farbakzente daher bewusst beim Hauptmotiv und vermeide sie in anderen Bereichen des Fotos.

FOTOAUFGABE: „AKZENTE SETZEN"

Schwierigkeitsgrad ★★☆☆

Nimm ein Foto in der Natur auf, welches aus nicht mehr als drei Farben besteht. Weiß und Schwarz zählen dabei als einzelne Farben, unterschiedliche Schattierungen derselben Farbe (z. B. verschiedene Grüntöne) jedoch nicht.

Schwierigkeitsgrad ★★★☆

Nimm ein Foto auf wie oben beschrieben, aber binde zusätzlich ein Hauptmotiv ein, das eine andere Farbe hat und sich damit deutlich vom Rest des Fotos abhebt.

Lust auf den Austausch mit uns und anderen Leserinnen und Lesern? Poste dein Foto auf Instagram mit dem Hashtag **#draussenfotos** und gib anderen Fotos unter diesem Hashtag dein Feedback. Wir selbst schauen uns alle Posts an und werden so viele wie möglich persönlich kommentieren!

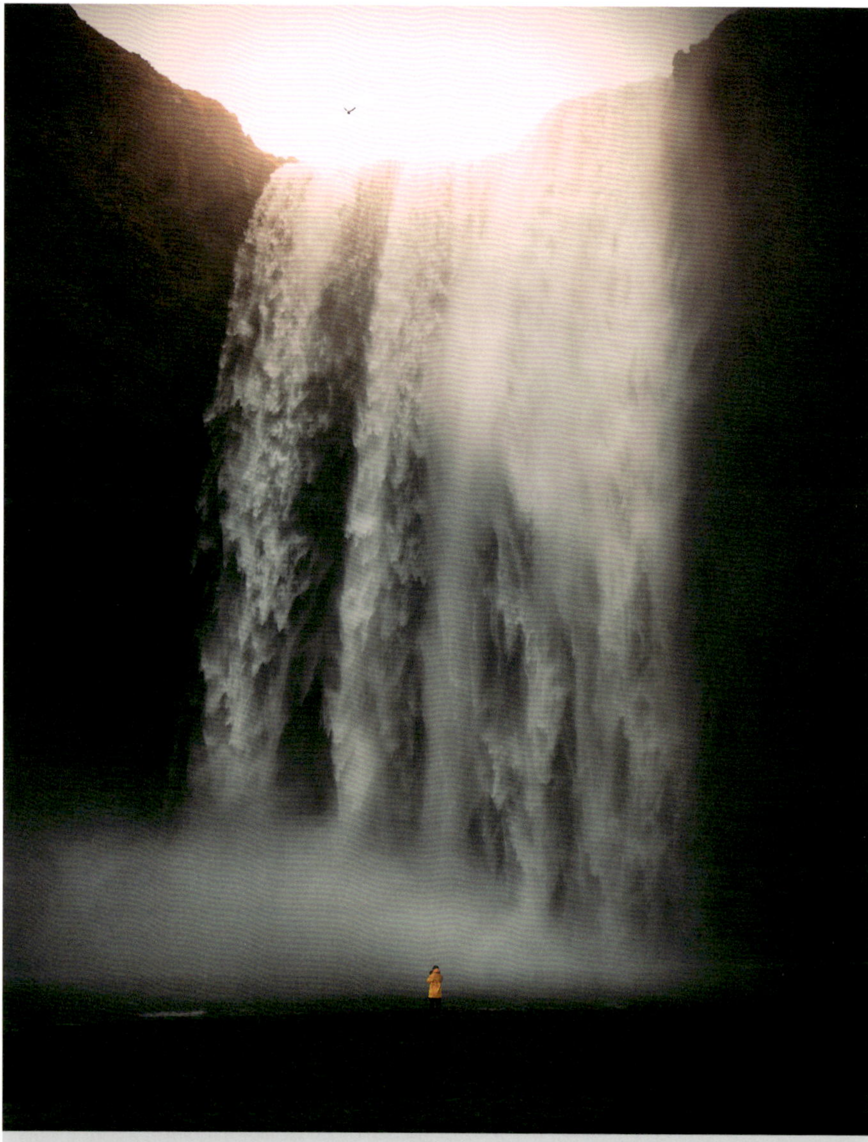

Der knallgelbe Akzent der Regenjacke bildet einen starken Kontrast zur düsteren, schwarz-weißen Farbgebung des Bildes: Ein simpler Trick mit großer Wirkung. Canon EOS 400D | Canon EF-S 10–22 mm f/3.4–4.5 (USM) bei 21 mm | 1/250 | f/4.5 | ISO 100 | 14:28 Uhr

Weniger ist mehr

Der vielleicht wichtigste Gedanke zur Bildgestaltung ist die Überlegung, was du alles weglassen kannst. Viele Fotos wirken nicht, weil sie zu viel abbilden. Sie sind unruhig, es gibt kein Hauptmotiv (das ganze Bild ist das Motiv), der Blick des Betrachters springt hin und her und kann nirgendwo ruhen. Die Bildaussage wird dadurch nicht deutlich und das Bild wird nicht als ansprechend empfunden.

Um dein Foto zu reduzieren und den Blick des Betrachters auf das Wesentliche zu lenken, kannst du folgende Techniken und Tricks anwenden:

- **Suche dir ein Hauptmotiv**
  Dein Foto sollte immer ein (einziges) klares Hauptmotiv haben. Dies wird insbesondere in der Landschaftsfotografie oft vernachlässigt, daher gehen wir auf diesen Punkt ab Seite 165 noch einmal ausführlich ein. Konzentriere dich auf dieses eine Motiv.

- **Arbeite mit dem Bildschnitt**
  Achte beim Setzen des Bildausschnittes genau darauf, wo er anfängt und endet. Überlege bei jedem Millimeter deines Fotos, ob er für die Bildaussage wichtig ist oder weggelassen werden kann. Wenn ein Mülleimer rechts am Bildrand steht, schneide ihn weg. Wenn dein Foto die unteren drei Zentimeter nicht braucht, schneide sie ab. Weiche auch mal von dem üblichen 2:3-Schnitt ab – ein 16:9- oder ein quadratisches Format kann z. B. ebenso spannend sein!

- **Verstecke Elemente durch die Perspektive**
  Bei vielen unserer Fotos verstecken wir störende Elemente, indem wir unsere Perspektive entsprechend anpassen. Ein halber Schritt weiter nach links oder rechts oder eine etwas tiefere oder höhere Kameraperspektive sorgen oft schon dafür, dass ein störendes oder unwichtiges Element nicht mehr zu sehen ist.

- **Geduld, Geduld**
  Wenn Passanten auf deinen Fotos stören, lautet die Devise: abwarten. Fotografiere nicht schnell im Vorbeigehen, sondern warte, bis die Menschen aus deinem Bildausschnitt verschwunden sind. Es lohnt sich!

- **Nutze Unschärfe**
  Bei klassischen Porträts wird mit Hintergrundunschärfe gearbeitet, damit der unruhige Hintergrund nicht vom Modell ablenkt. Nutze dies auch für deine Fotos, indem du mit einer offenen Blende und/oder einer größeren Brennweite arbeitest, damit der Hintergrund verschwimmt und dein Motiv sich gut davon abhebt.

- **Reduziere die Farben**
  Wenn möglich, beschränke dein Foto auf wenige Farben (nicht mehr als drei). Sehr viele großartige Fotos wirken hauptsächlich dadurch so gut, weil sie auf wenige Farben beschränkt sind. Blende kleine, unruhige und bunte Elemente aus und halte Ausschau nach großen, einfarbigen Flächen.

- **Reduziere bewegte Strukturen mit Langzeitbelichtungen**
  Langzeitbelichtungen sind ein interessanter Trick, um bewegte Elemente auf Fotos verschwinden oder aber geglättet aussehen zu lassen. Du kannst sie nutzen, um Passanten auszublenden oder Wasseroberflächen bzw. Wolken zu glätten.

- **Entferne störende Elemente in der Nachbearbeitung**
  Dies ist für uns der letztmögliche Schritt, wenn alle anderen nicht funktionieren: In der Nachbearbeitung kannst du Elemente abdunkeln, damit sie in den Hintergrund treten. Wenn du radikaler sein möchtest, kannst du die Elemente auch aus deinen Fotos herausretuschieren („wegstempeln“).

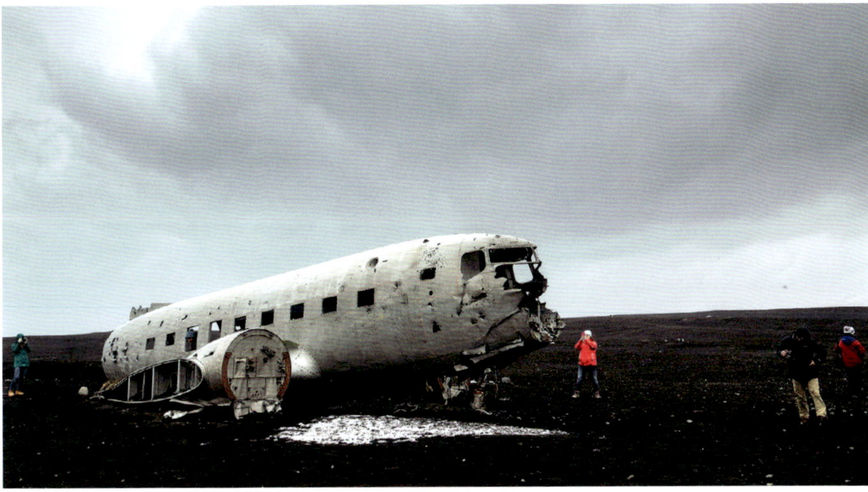

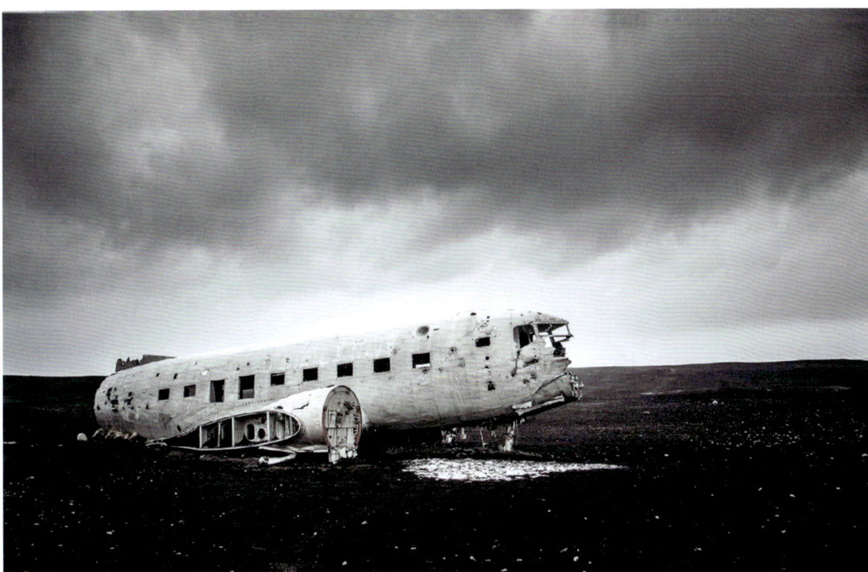

Das Motiv ist stark, aber die Touristen stören die Atmosphäre des Bildes und ziehen durch ihre bunten Jacken die Blicke auf sich (oben). Wenige Minuten später lenkt nichts mehr vom Motiv ab (unten). So entwickelt es seine volle Wirkung. Die Umwandlung in schwarzweiß sorgt für noch mehr Reduktion und Fokus. Oben: Canon EOS 5D Mark III | Canon EF 24–105 mm f/4L IS USM bei 28 mm | 1/320 | f/7.1 | ISO 400 | 14:25 Uhr | Unten: Canon EOS 5D Mark III | Canon EF 24–105 mm f/4L IS USM bei 24 mm | 1/250 | f/6.3 | ISO 640 | 14:33 Uhr

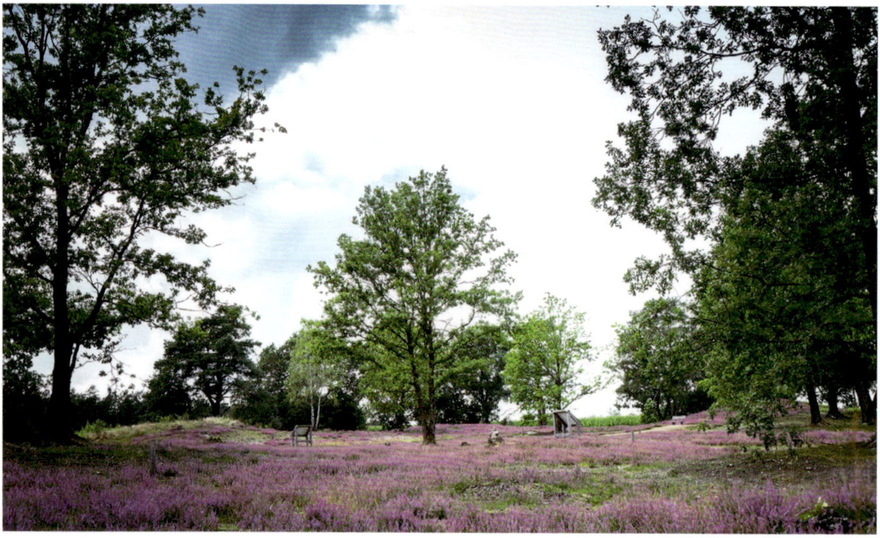

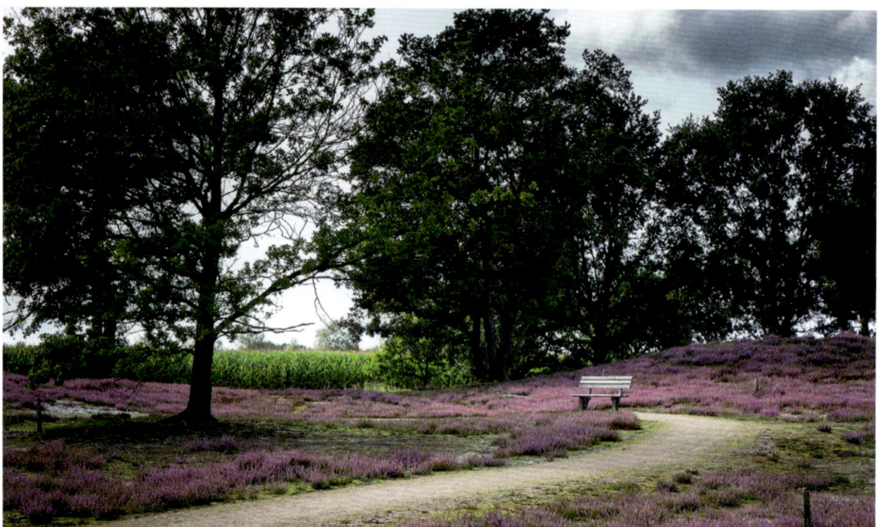

Das obere Foto hat keinen erkennbaren Aufbau. Es ist überfrachtet mit potenziellen Motiven, die miteinander konkurrieren. Unten haben wir uns ein erkennbares Hauptmotiv gesucht, zu dem eine Linie führt. Das Bild ist nach der Drittelregel angeordnet, die Bäume bilden den Hintergrund. Oben: Canon EOS 5D Mark III | Canon EF 24–105 mm f/4L IS USM bei 35 mm | 1/125 | f/8 | ISO 400 | 16:35 Uhr | Unten: Canon EOS 5D Mark III | Canon EF 24–105 mm f/4L IS USM bei 75 mm | 1/100 | f/8 | ISO 200 | 16:39 Uhr

FOTOAUFGABE „ALLES AUSBLENDEN"

Schwierigkeitsgrad ★★★☆

Gehe raus und suche dir ein Hauptmotiv für dein Foto. Fotografiere dieses und blende dabei alles andere aus. Das Ziel ist es, dass nichts auf dem Foto von deinem Hauptmotiv ablenkt. Achte deshalb auf einen ruhigen, möglichst dunklen Hintergrund und wenige Farben. Experimentiere mit der Perspektive, nutze Unschärfe und probiere auch andere Tipps aus diesem Kapitel aus, wenn es sich anbietet.

Achte darauf, dass dein Hauptmotiv perfekt zur Geltung kommt und dass das Foto nicht zu eng beschnitten ist. Gib deinem Motiv ausreichend Platz und die Möglichkeit, sich zu entfalten. Dein Foto ist gelungen, wenn es nichts mehr zum Weglassen gibt.

Lust auf den Austausch mit uns und anderen Leserinnen und Lesern? Poste dein Foto auf Instagram mit dem Hashtag **#draussenfotos** und gib anderen Fotos unter diesem Hashtag dein Feedback. Wir selbst schauen uns alle Posts an und werden so viele wie möglich persönlich kommentieren!

LANDSCHAFTEN FOTOGRAFIEREN

Es gibt einen großen Irrglauben über die Landschaftsfotografie: Fast jeder denkt, Landschaftsfotografie sei einfach. Die Landschaft ist da und bewegt sich nicht. Sie sieht von allein gut aus, und wenn es irgendwo hübsch ist, muss man einfach nur den Auslöser drücken und man hat ein wunderbares Foto.

Leider sieht die Realität ganz anders aus: In den allermeisten Fällen ist so ein Foto gähnend langweilig und wirkt nicht ansatzweise so beeindruckend wie die Realität. Gute Landschaftsfotografie gelingt intuitiv fast nie, und so geben viele Fotografen direkt wieder auf („Landschaften sind langweilig!") oder kaufen sich teureres Equipment oder Zusätze wie Filter etc., damit die Landschaftsfotos endlich so aussehen wie bei den Profis. (Du ahnst schon: Das bringt überhaupt nichts.)

Das erste große Problem der Landschaftsfotografie ist, dass genau die Aspekte, die Landschaften für das Auge so unheimlich reizvoll machen, auf dem Foto verloren gehen: die Weite und die Tiefe. Wir sehen die Landschaft mit unseren Augen dreidimensional, sie wird auf dem Foto aber nur zweidimensional abgebildet.

Der zweite große Unterschied zwischen Realität und Foto ist, dass unser Auge einen extrem hohen Dynamikumfang hat und unser Gehirn beim Betrachten einer schwierigen Lichtsituation sehr gut rechnet: Mit dem Auge sehen wir Struktur sowohl in sehr hellen als auch in sehr dunklen Bereichen. Die Kamera kann das nicht. Auf einem Foto wirken entweder die hellen Bereiche zu hell oder die dunklen zu dunkel – im schlimmsten Fall beides gleichzeitig.

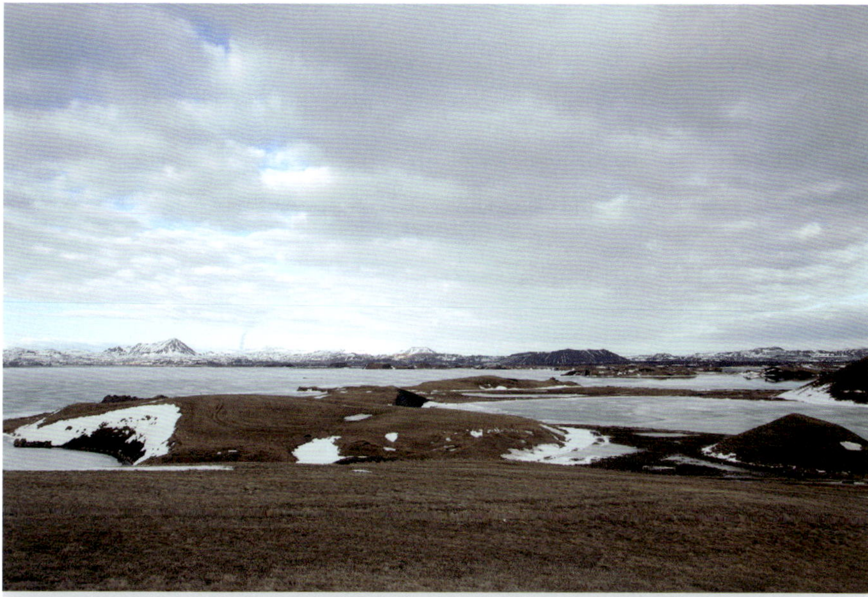

Die Landschaft ist atemberaubend, aber das Foto eher nichtssagend und flach. Es liegt nicht an dir, solche Aufnahmen macht jeder! Übrigens wurde dieses dürftige Foto mit einer sehr teuren Kamera aufgenommen. Canon EOS 5D Mark III | Canon EF 24–105 mm f/4L IS USM bei 28 mm | 1/250 | f/11 | ISO 320 | 17:06 Uhr

Von unserer beeindruckenden weiten Landschaft mit den leuchtenden Farben und dem herrlichen Schattenspiel bleibt also nur ein flaches Foto mit weißem Himmel übrig – das typische, frustrierende Landschaftsfoto.

Die gute Nachricht ist: Es gibt sie, die beeindruckenden Landschaftsfotos, die jeden Betrachter sofort in ihren Bann ziehen. Die Fotos, die es schaffen, Farben einzufangen, Tiefe und Weite darzustellen und eine grandiose Stimmung zu vermitteln. Diese Bilder sind keineswegs Glückstreffer, die zufällig so gut aussehen. Sie funktionieren nach klaren Regeln, die du ganz einfach lernen und bei deinen eigenen Landschaftsfotos anwenden kannst, um beeindruckende Landschaftsaufnahmen zu machen.

Das folgende Foto beispielsweise ist nicht einfach so im Vorbeigehen entstanden. Es besteht aus viel Vorbereitung (Location-Scouting vorab, Wetterbeobachtung etc.), aus frühem Aufstehen und Warten (auf gutes Licht) sowie aus Klettern (für die Perspektive) und richtig eingesetzter Technik (Langzeitbelichtung). Bist du bereit, deine ausgewählten Landschaften ebenfalls richtig schön in Szene zu setzen?

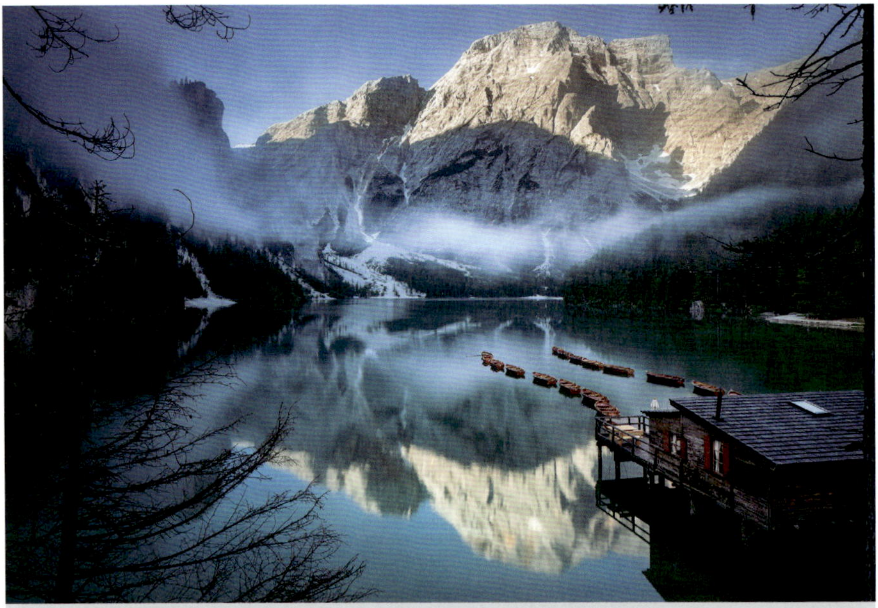

Ein Foto wie dieses ist niemals Zufall, sondern eine durchdachte und aufwendige Komposition. Canon EOS 5D Mark IV auf Stativ mit ND-Filter | Canon EF 16–35 mm f/4L IS USM bei 22 mm | 3,2 sek | f/10 | ISO 100 | 06:29 Uhr

Suche dir ein Hauptmotiv

Fast alle langweiligen Landschaftsfotos, die wir sehen (oder selbst machen), haben einen gemeinsamen Fehler: Sie sollen „die Landschaft“ oder „die Aussicht“ zeigen, haben aber kein Hauptmotiv, um das herum sich das Bild aufbaut. Dadurch fehlt der Blickfänger; der Blick des Betrachters streift ziellos durch das Foto und hat nichts zum Anschauen. Unsere erste wichtige Regel für die Landschaftsfotografie lautet daher: **Suche dir ein Hauptmotiv.**

Überlege immer explizit, was du fotografieren möchtest. Fotografiere nicht „die Landschaft“, sondern etwas *in* der Landschaft. Dies kann ein markanter Berg oder ein Baum sein, ein Boot, ein Weg, ein Fels, ... Viele Landschaftsfotografen behelfen sich sogar, indem sie Menschen in ihre Landschaft stellen – auch das funktioniert gut. Tatsächlich kann auch das Licht Hauptmotiv eines Landschaftsfotos sein, etwa wenn es einen interessanten Lichtkegel bildet.

Du brauchst dieses Hauptmotiv, damit du den Rest des Fotos darum herum aufbauen kannst und den Blick des Betrachters so durch das Bild führst, dass dieser auf dem Motiv ruhen kann. Das ist die erste Voraussetzung dafür, dass dein Foto interessant wirkt und den Betrachter in seinen Bann zieht.

Wir empfehlen dir, auch hier die Regel des Reduzierens zu beherzigen. Beschränke dich gerade am Anfang auf *ein* Hauptmotiv. Dieses kann auch aus mehreren Elementen bestehen, z. B. einer Baum- oder Häuserreihe oder einer Person mit einem Hund. Achte aber zu Beginn darauf, nicht mit mehreren verschiedenen Hauptmotiven zu arbeiten, die über das Bild verteilt sind.

Schaue dir einmal zehn Landschaftsfotos an, die dir wirklich gut gefallen. Mache dir bewusst, was auf diesen Fotos das Hauptmotiv ist.

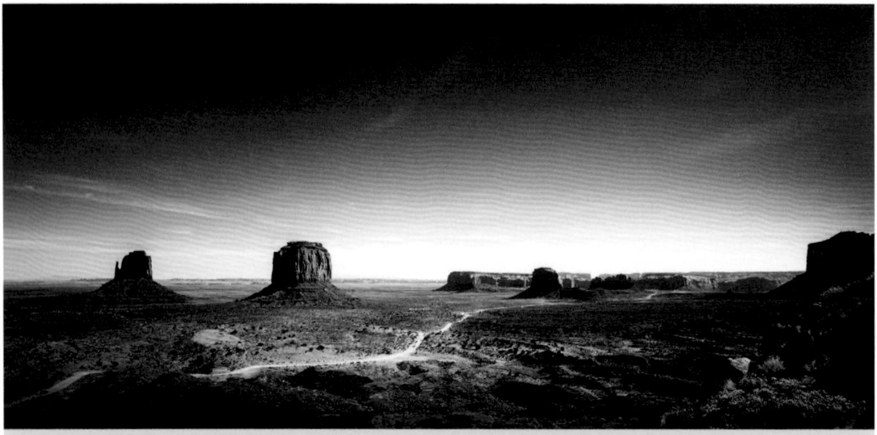

Ein Hauptmotiv kann auch aus mehreren Elementen bestehen: Auf diesem Foto bilden mehrere Felsformationen zusammen das Motiv. Canon EOS 5D Mark III | Canon EF 16–35 mm f/4L IS USM bei 16 mm | 1/800 | f/5.6 | ISO 200 | 16:45 Uhr

Schaue dir anschließend zehn langweilige Landschaftsfotos an: Scheitern manche von ihnen eventuell schon allein daran, dass sie kein Hauptmotiv haben?

Ein Hauptmotiv allein reicht zwar noch nicht aus, um ein ansprechendes Landschaftsfoto zu gestalten; sicher ist aber: Ohne Hauptmotiv gelingt ein gutes Landschaftsfoto fast nie. Das ist also dein erster Schritt! Und dann kannst du dir die anderen Regeln zur Bildgestaltung zunutze machen, Tiefe erzeugen und – vor allem – bei gutem Licht fotografieren, also frühmorgens oder spätabends. Dieser letzte Punkt ist enorm wichtig.

Im Kapitel „Tageszeiten" haben wir dir verraten, zu welchen Uhrzeiten wir hauptsächlich fotografieren. Hier noch einmal unser Appell an dich: Fotografiere Landschaften nur etwa bis eine Stunde nach Sonnenaufgang und ab einer Stunde vor Sonnenuntergang. Alles andere lohnt sich nicht!

PRAXISTIPP

Manchmal bietet sich auf den ersten Blick kein Hauptmotiv an. In diesem Fall wechsle einfach mal die Perspektive: Vielleicht kannst du aus der Froschperspektive fotografieren und einen markanten Stein in den Vordergrund rücken – oder aber Treibholz am Strand. Suche bewusst nach einem möglichen Motiv. Je öfter du das tust, desto leichter wird es dir fallen, eines zu finden.

Wenn sich tatsächlich absolut nichts in der Umgebung als Hauptmotiv eignet und es auch nicht möglich ist, einen Menschen in die Landschaft zu stellen, dann empfehlen wir dir, auf eine Aufnahme zu verzichten – du wirst ansonsten nur enttäuscht sein.

Erzeuge Tiefe im Bild

Die meist größte Aufgabe beim Fotografieren von Landschaften ist es, die in der Realität vorhandene Tiefe, die durch die Zweidimensionalität von Fotos verloren geht, zurückzugewinnen. Dies schaffst du, indem du das Gehirn des Betrachters austrickst: Du musst ihm Dreidimensionalität vorgaukeln.

Die Regeln der Bildgestaltung, die wir dir im vorherigen Kapitel vorgestellt haben, sind daher in der Landschaftsfotografie elementar. Während ein gutes Tier- oder Menschenporträt durch sein Hauptmotiv wirkt, tut ein Landschaftsfoto das nicht automatisch. Gute Landschaftsfotos zu machen, bedeutet daher, die Regeln der Bildgestaltung sowie der Nutzung von Licht gut zu kennen und anzuwenden. Aus diesem Grund wiederholen wir uns an dieser Stelle ein bisschen und gehen noch einmal explizit auf die Bildgestaltung von Landschaftsfotos ein.

Ebenen

Bei der Landschaftsfotografie ist es besonders wichtig, mit Ebenen zu arbeiten. Jedes gute Landschaftsfoto ist aus verschiedenen Ebenen aufgebaut, meist aus Vordergrund, Motiv und Hintergrund.

Wenn du dein Hauptmotiv gefunden hast, mache dich also im nächsten Schritt auf die Suche nach einem Vordergrund. Was ist in deiner Nähe? Vielleicht kannst du durch Grashalme oder durch Zweige hindurchfotografieren und so einen Rahmen schaffen. Oder du findest eine Linie (z. B. einen Zaun oder einen Weg), die bei dir beginnt und ins Bild hineinlaufen kann.

Für manche Landschaftsfotos ist eine tiefe Perspektive sinnvoll, und du kannst Steine oder auch einen kleinen Wall im Boden als Vordergrund einbinden. Wenn du ein Gewässer fotografierst, probiere mal, nah an die Wasseroberfläche heranzugehen und die Spiegelung oder aus dem Wasser herausragende Steine oder Pflanzen als Vordergrund zu nutzen.

Es bietet sich oft an, diese Vordergrundebene unschärfer darzustellen: Dies entspricht dem natürlichen Sehen, und der Blick wird dadurch automatisch auf dein Hauptmotiv gelenkt. Wenn der Vordergrund wichtig für dein Motiv ist, kannst du ihn aber auch scharf stellen – das kommt ganz auf die gewünschte Bildaussage an. In diesem Fall brauchst du eine stärker geschlossene Blende (z. B. f/11).

Während der Vordergrund eine Herausforderung ist, ergibt sich der Hintergrund bei Landschaftsfotos fast immer von allein: Es ist der Himmel. Hieran wird erneut deutlich, dass du zunächst ein Hauptmotiv auswählen musst, denn die Tiefe in deinem Bild entsteht dadurch, dass sich der Himmel hinter dem Motiv befindet.

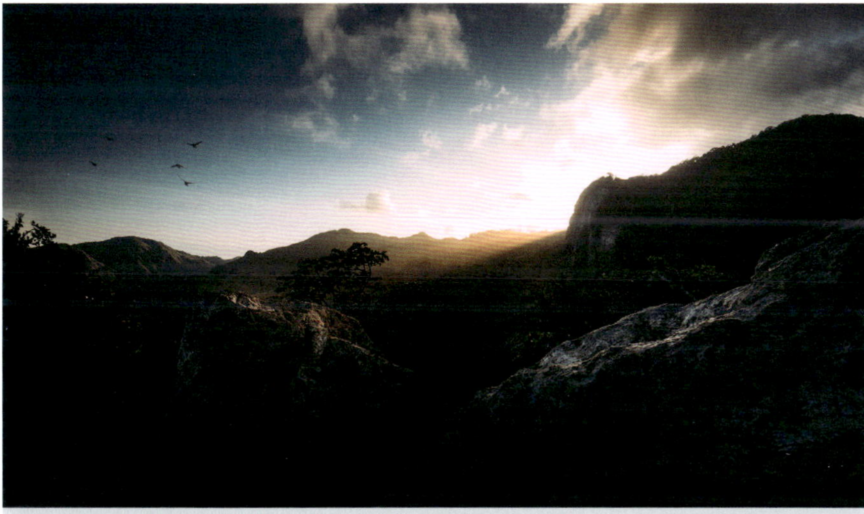

Auch Lichtstrahlen können ein Hauptmotiv sein: Den Vordergrund bilden hier die Felsen mit den Pflanzen, Hintergrund sind Himmel und Wolken, aber auch die Bergkette links.
Canon EOS 5D Mark III | Canon EF 16–35 mm f/4L IS USM bei 16 mm | 1/250 | f/6.3 | ISO 200 | 18:19 Uhr

Licht

Die zweite große Möglichkeit, Tiefe in ein Foto zu bekommen, ist über die bewusste Arbeit mit Licht. Das Wichtigste, was du hierfür wissen musst, ist, dass helle Bereiche den Blick des Betrachters anziehen, während dunkle eher wenig Aufmerksamkeit bekommen. Egal ob gewollt oder nicht: Der Blick wandert immer wieder zum hellsten Bereich des Fotos.

Dies kannst und solltest du auf Landschaftsfotos bewusst nutzen, indem du den mittleren Teil deines Fotos – dein Hauptmotiv oder allgemein die mittlere Ebene – heller gestaltest als den Vordergrund (bzw. den unteren Teil des Bildes). Dadurch wird der Blick des Betrachters in das Bild hineingezogen, und durch die Überwindung des Vordergrundes erscheint das Bild automatisch tiefer.

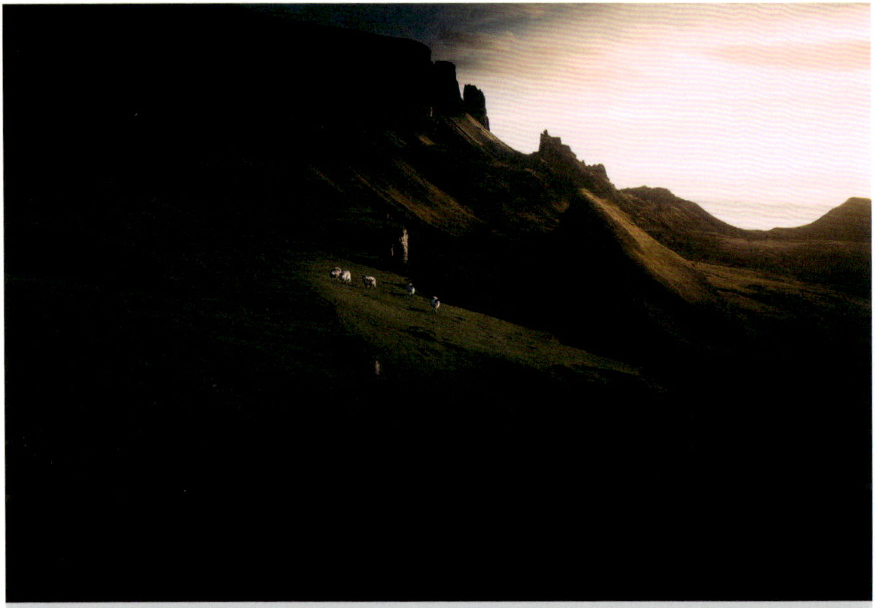

Bei diesem Foto wandert der Blick automatisch zu den Schafen in der Bildmitte. Um diesen Tiefeneffekt zu erzielen, haben wir den Vordergrund nachträglich abgedunkelt. Canon EOS 5D Mark III | Canon EF 16–35 mm f/4L IS USM bei 35 mm | 1/160 | f/8 | ISO 250 | 07:25 Uhr

Wir arbeiten vor allem dann mit einem dunkleren Vordergrund, wenn wir keine Vordergrundebene einbauen können oder – aus gestalterischen Gründen – nicht möchten. Hierzu wählen wir unseren Standort wenn möglich so, dass der vordere Teil des Fotos automatisch dunkler wird. Dies kann entweder durch Schatten oder durch dunklere natürliche Strukturen gegeben sein. Wenn dies nicht möglich ist, fügen wir in der Nachbearbeitung manchmal einen Dunkel-Hell-Verlauf ein.

Analyse guter und schlechter Landschaftsfotos

Einer der Königswege zu besseren Fotos ist die stete Analyse von Aufnahmen, die dir gefallen, ebenso wie von Fotos, die dir nicht gefallen. Gewöhne dir an, Fotos bewusst zu betrachten. Nimm dir Zeit und schau dir Bildgestaltung, Licht und Moment genau an. Warum „funktioniert" ein Bild für dich? Was macht den Wow-Faktor aus? Und in welchen Fällen wirkt ein Bild nicht so gut? Was fehlt ihm?

Auf den folgenden Seiten zeigen wir dir vier unserer Landschaftsfotos – solche, die wir für gut halten, und solche, die wir für grauenhaft halten. Wir laden dich ein, sie mit uns gemeinsam zu analysieren.

Beispiel 1: Quiraing

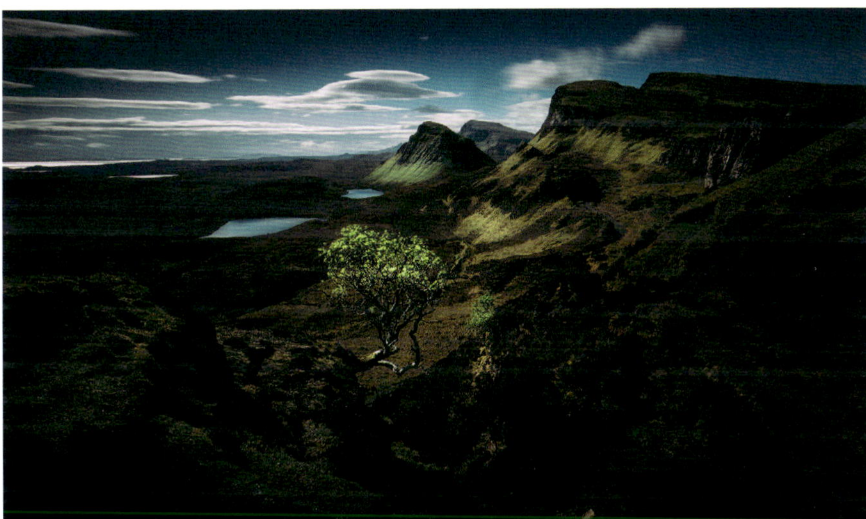

Canon EOS 5D Mark III auf Stativ mit ND-Filter | Canon EF 16–35 mm f/4L IS USM bei 16 mm | 30 sek | f/13 | ISO 50 | 9:40 Uhr

Der einsame Baum in den schottischen Highlands ist das Hauptmotiv, die Weite und Besonderheit der Landschaft soll aber ebenfalls gezeigt werden. Als Eyecatcher im Hintergrund dienen daher die zwei Seen und der markante Berg. Diese Elemente sollten nicht vom Baum verdeckt werden, weswegen der Baum mittig im Bild angeordnet wurde.

Die Vordergrundebene wird von dem Hügel gebildet, auf dem der Baum steht. Er wirkt außerdem im unteren Teil des Bildes wie ein Rahmen. Da er dunkel gehalten ist, geht der Blick automatisch in das Bild hinein. Der Baum als Hauptmotiv ist am hellsten. Da Blicke von hellen Strukturen angezogen werden, funktioniert das auf diesem Foto sehr gut. Das hellere Grün sorgt außerdem dafür, dass der Baum sich vom Hintergrund abhebt.

Damit der Blick auch in die Tiefe der Landschaft wandert, sind die entsprechenden Bereiche ebenfalls heller gehalten als der Vordergrund. Der Himmel wurde in der Nachbearbeitung abgedunkelt, damit er nicht zu dominant wirkt und den Blick ungewollt auf sich zieht.

Zu erkennen sind einige offensichtliche und einige versteckte Linien, die zum Baum hinführen. Offensichtliche Linien entstehen durch die Berge in der oberen und rechten Bildhälfte sowie durch den Hügel, auf dem der Baum steht. Etwas versteckter sind die Linien, die sich durch die Seeufer ergeben, ebenso wie die Kante rechts des Baumes, an der die Farbe zwischen hell- und dunkelgrün wechselt.

Das Foto wurde lange belichtet, um die Wolken weicher darzustellen, sodass sie sich in den Hintergrund einfügen und die Bildelemente insgesamt reduziert werden. Die relativ stark geschlossene Blende von f/13 gewährleistet eine Schärfentiefe über die verschiedenen Ebenen hinweg.

Die Farbgebung des Fotos ist stark reduziert und besteht lediglich aus Grün-, Braun- und Blautönen. Es gibt keine störenden Elemente in der Landschaft, von denen der Blick abgelenkt werden könnte. Das Foto wirkt somit ruhig und harmonisch.

Das Licht auf dem Foto ist diffus und kommt von links, die Sonne ist im Moment der Aufnahme von einer Wolke verdeckt. Es sind daher nur leichte Schatten erkennbar, das gesamte Bild ist gut ausgeleuchtet.

Beispiel 2: Lüneburger Heide

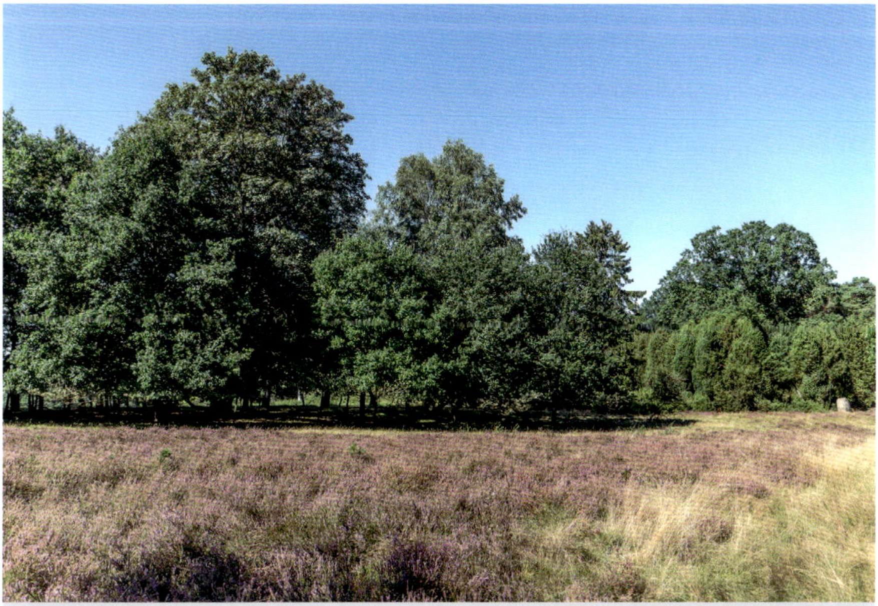

Canon EOS 5D Mark III | Canon EF 24–70 mm f/4L IS USM bei 24 mm | 1/320 | f/4 | ISO 200 | 13:32 Uhr

Dieses Foto zeigt eine schöne Landschaft, entwickelt aber keine Wirkung. Technisch ist das Bild einwandfrei: scharf und ausgewogen belichtet. Der Bildschnitt mit dem Horizont auf der unten Drittellinie und dem höchsten Baum als vermeintliches Hauptmotiv auf der linken Drittellinie ist durchaus vorbildlich, aber weder dies noch die kräftigen Farben retten das Foto.

Es ist aus normaler Stehhöhe aufgenommen, die Perspektive daher uninteressant. Die Baumreihe, die das Hauptmotiv sein könnte, hebt sich nicht vom Hintergrund ab und ergibt mit diesem zusammen eine einzige, langweilige grüne Ebene. Die Bäume würden auf diesem Foto nur als Hauptmotiv funktionieren, wenn sie frei stehend wären.

Außerdem gibt es keinerlei Linienführung; der Blick wandert auf dem Bild ziellos hin und her. Auch einen Vordergrund gibt es nicht.

Neben dem fehlenden Aufbau ist insbesondere das Licht das größte Problem dieses Bildes. Das Foto wurde bei direkter Sonne zur Mittagszeit aufgenommen. Dadurch entsteht keinerlei Tiefe, die Aufnahme wirkt wie Millionen andere Schnappschüsse, die täglich schnell im Vorbeigehen gemacht werden. Die Rettung: Hauptmotiv suchen, Linien einbauen und am Abend noch mal wiederkommen.

Beispiel 3: Island

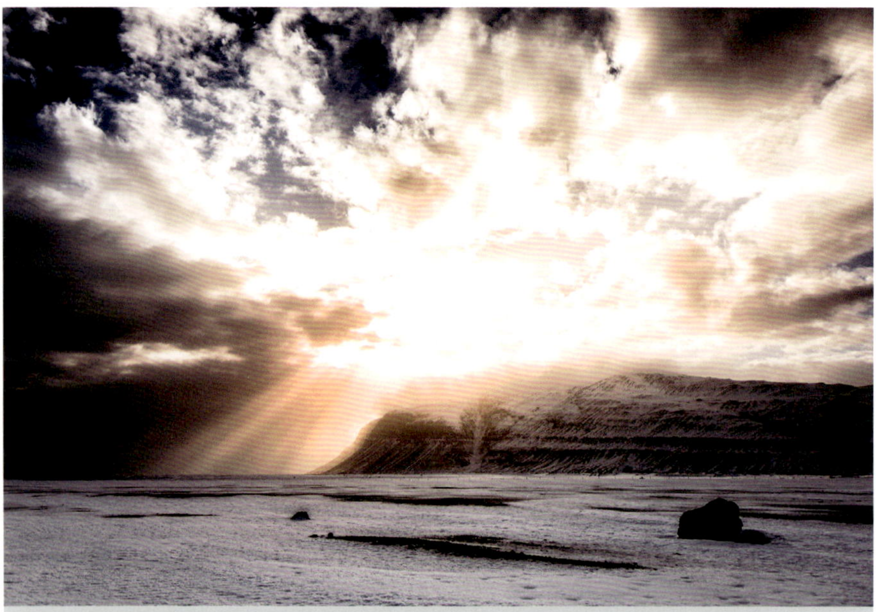

Canon EOS 5D Mark III | Canon EF 24–105 mm f/4L IS USM bei 24 mm | 1/125 | f/7.1 | ISO 200 | 16:19 Uhr

Der Eyecatcher dieses Fotos aus dem isländischen Winter ist die großartige Lichtstimmung: Kurz nach dem Unwetter bricht die Sonne durch die Wolken und sorgt für einen spektakulären Moment. Auch die Landschaft selbst ist schön und besonders, daher also eine ideale Bühne für dieses Spektakel.

Der Bildschnitt mit dem tiefen Horizont ermöglicht es, viel vom Himmel zu zeigen, der auf diesem Foto besonders fotogen ist. Die Farbgebung beschränkt sich neben schwarz-weiß auf einen Hauch von Gelb und etwas Blau im Himmel. Das beruhigt das Foto und lenkt den Blick auf das Wesentliche.

Alle Linien im Foto (Sonnenstrahlen, dunkle Strukturen im Vordergrund, Bergkante) führen jedoch in den linken Teil des Fotos, in dem nichts Besonderes zu sehen ist. Das stört den Aufbau – der Blick wandert automatisch zurück zum hellsten Bereich, der Sonne.

Durch das fehlende Hauptmotiv bleibt dieses Foto leider eine spektakuläre Bühne für etwas, was nicht da ist. Hätten wir links im Bild ein Motiv wie etwa ein Haus, oder wäre es uns gelungen, durch einen Perspektivwechsel den Stein rechts als Hauptmotiv zu inszenieren, dann würde das Foto deutlich an Wirkung gewinnen. Auch ein dunklerer Vordergrund wäre hilfreich, damit der Blick nicht ständig an den unteren Bildrand wandert.

Insgesamt finden wir das Bild gut, es hat jedoch deutliche Schwächen und ist deshalb trotz der einmaligen Lichtsituation nie zu einem unserer Lieblinge geworden.

Beispiel 4: Taunus

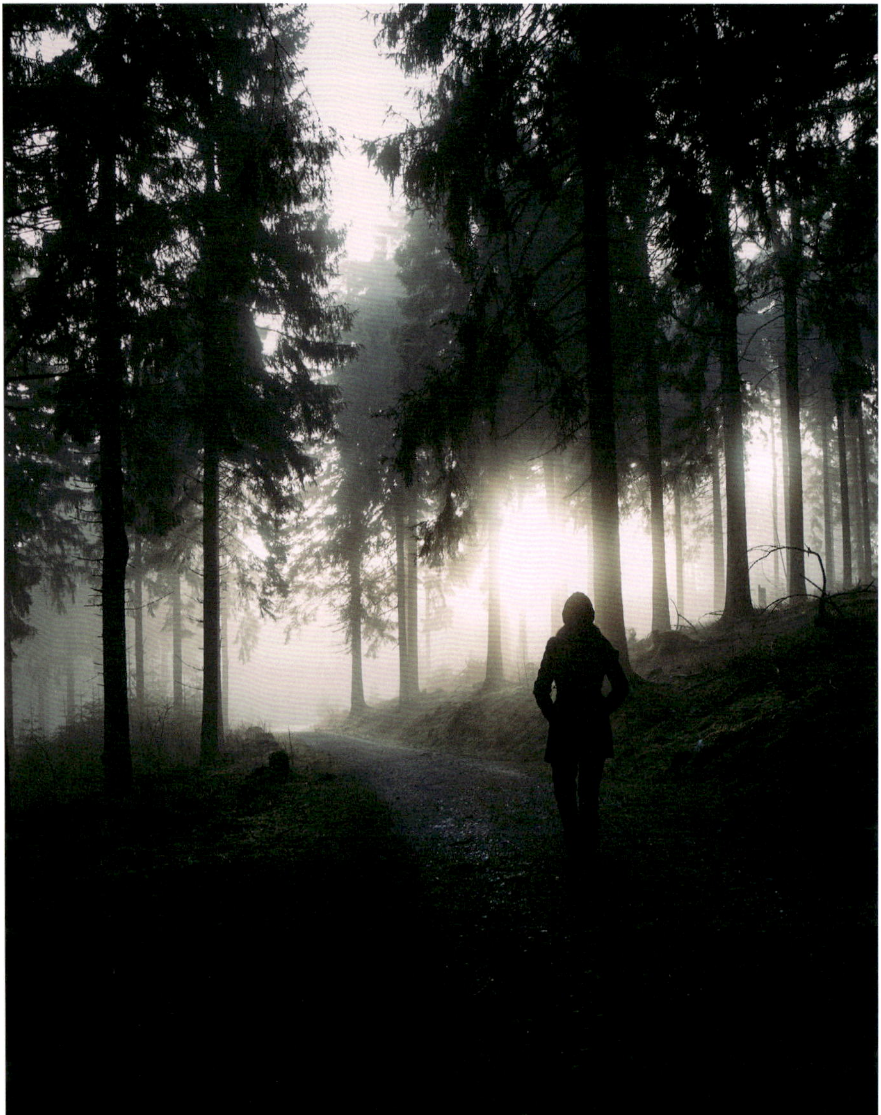

Notiere auf einem Zettel: Was stimmt auf diesem Foto? Was stimmt nicht? Funktioniert es für dich? Warum – oder warum nicht? Canon EOS 5D Mark III | Canon EF 24–105 mm f/4L M IS USM bei 24 mm | 1/60 | f/5.6 | ISO 400 | 09:50 Uhr

Fotografieren in den Bergen

Wie viele der Landschaftsfotos, die dich beeindrucken, zeigen Bergwelten? Berge gehören wohl zu den schönsten und imposantesten Motiven der Landschaftsfotografie, und das Fotografieren in den Bergen – inmitten der Stille, Erhabenheit und beeindruckenden Kulisse – hat einen ganz besonderen Reiz.

Was das Fotografieren in den Bergen deutlich einfacher macht als etwa das Fotografieren am Strand oder im Wald ist, dass die Motivfindung sich in vielen Fällen wie von selbst ergibt. Wie du bereits weißt, ist ein Hauptmotiv unabdingbar für ein gutes Landschaftsfoto, und in den Bergen hast du die freie Wahl! So kann schon ein imposanter Berg allein ein starkes Motiv sein, aber auch die gerade in den Alpen oft vorhandenen Hütten eignen sich hervorragend, um in Szene gesetzt zu werden. Andere gute und häufige Motive in den Bergen sind kleine Kapellen, Dörfer in der Ferne, Wanderer oder Mountainbiker, Gipfelkreuze oder Blumen im Vordergrund.

Hüte dich jedoch auch bei der Bergfotografie davor, einfach nur „die Landschaft" zu fotografieren. Ohne einen durchdachten Bildaufbau geht die faszinierende Weite auf deinem Foto verloren und die überwältigende Kulisse verkommt zu einem nichtssagenden Farbklecks.

Um keine platten Fotos zu kreieren, sondern die Weite der Bergwelt zu zeigen, achte auch bei der Fotografie im Gebirge besonders auf die Linienführung. Nutze etwa Wege oder Zäune, um diagonale Linien aus den Bildecken in dein Foto hineinlaufen zu lassen. Damit gibst du deinem Bild Tiefe und führst den Blick des Betrachters zu deinem Hauptmotiv.

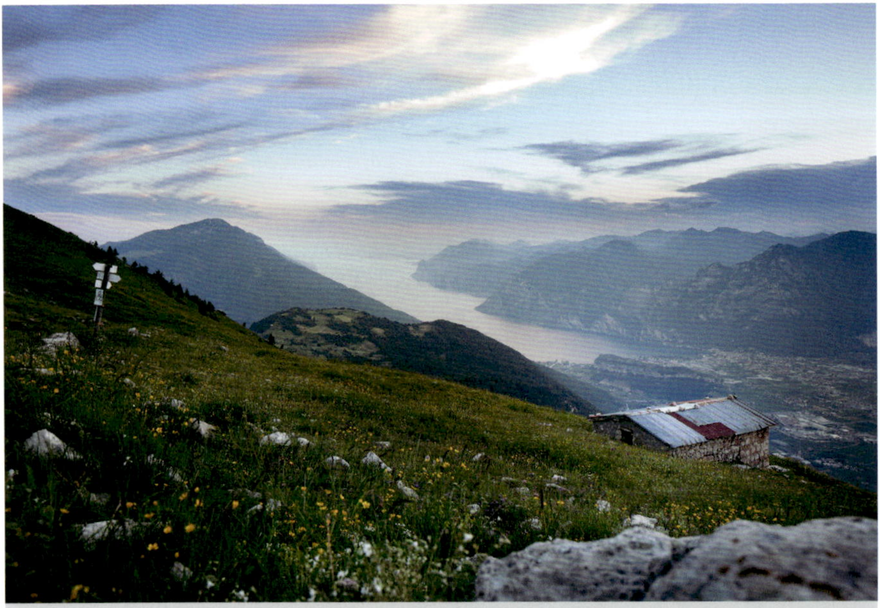

Alle Linien auf dem Foto führen zum Motiv. Durch Vordergrund, Motiv und mehrere Hintergrundebenen wird zudem die Weite der Szenerie vermittelt. Canon EOS 5D Mark III | Canon EF 16–35 mm f/4L IS USM bei 23 mm | 1/125 | f/4 | ISO 640 | 21:03 Uhr

Noch mehr als irgendwo sonst bietet es sich in den Bergen an, besondere Lichtstimmungen und das Wetter für deine Fotos zu nutzen. Wie bei allen anderen Landschaftsfotos gilt auch beim Fotografieren in Gebirgslandschaften, dass sich die Tagesrandzeiten am besten zum Fotografieren eignen. Warte jedoch nicht auf strahlenden Sonnenschein! Gerade in den Bergen wechseln Lichtstimmungen bei leichter Bewölkung schnell. Nebel und tief hängende Wolken geben Bergfotos eine gewisse Mystik, während durch eine dunkle, aufgetürmte Wolkendecke brechende Sonnenstrahlen die gleiche Landschaft in eine dramatische Szenerie verwandeln.

Suche dieses spezielle Wetter und diese unterschiedlichen Lichtstimmungen ganz bewusst. Wir kennen kaum faszinierende und interessante Bergfotos mit blauem Himmel – und auch bei unseren Fotos sind wir immer sehr froh über ein bisschen Struktur, Drama oder Farbspiele in den Wolken.

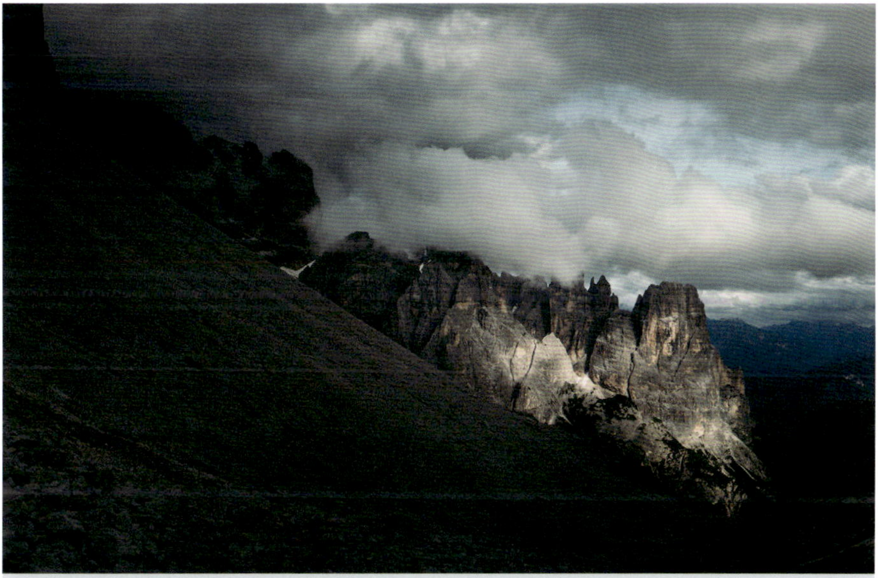

Beim Fotografieren in den Bergen achten wir sowohl auf interessante Motive als auch auf Licht und Wetter. Nur wenn mehrere fotogene Faktoren zusammenkommen, entstehen wirklich starke Aufnahmen. Canon EOS 5D Mark III | Canon EF 24–70 mm f/4L IS USM bei 42 mm | 1/800 | f/5.6 | ISO 200 | 18:21 Uhr

Denke beim Fotografieren in den Bergen nicht nur an dein Weitwinkelobjektiv, sondern nimm auch mal ein Teleobjektiv mit, wenn dein Gepäck es zulässt. In Gebirgslandschaften lohnt sich manchmal auch das Fotografieren mit einer höheren Brennweite (z. B. ab 70 mm), um noch einmal völlig andere Möglichkeiten zu bekommen, Details von weiter entfernten Bergen zu fotografieren und Szenerien zu verdichten. Probiere auch mal das Hochformat aus – oder Bergdetails in schwarz-weiß?

PRAXISTIPP MOTIV

Kennst du Fotos vom Alpenglühen, also dem magischen Moment während des Sonnenauf- oder -untergangs, wenn nur die oberen Spitzen der Berge rot leuchten, während der Rest der Welt noch oder schon im Schatten liegt? Um dieses beeindruckende Phänomen zu fotografieren, musst du weit vor Sonnenaufgang aufstehen oder bis nach Sonnenuntergang unterwegs sein, deinen Standort vorher gut planen und das Wetter beobachten. Am besten eignen sich klare Tage ohne Wolken. Nimm ein Stativ mit, um in der Dämmerung längere Belichtungszeiten zu ermöglichen.

Fotografieren am Wasser

Meeres- und Küstenwelten sind beeindruckend! Landschaftsfotografie am Meer oder auch an anderen Gewässern ist aber eine ganz besondere Herausforderung, an die du geplant und reflektierend herangehen solltest, damit gute Fotos gelingen.

Das große Problem beim Fotografieren an der Küste sind oftmals fehlende Hauptmotive. „Den Strand", „die Küste" oder „das Meer" allein zu fotografieren funktioniert meist nicht, da die Weite, die die Szenerie in der Realität so beeindruckend macht, auf dem zweidimensionalen Foto verloren geht. Die beiden Landschaftsfotografie-Grundlagen „Suche dir ein Hauptmotiv" und „Erzeuge Tiefe im Bild" kommen beim Fotografieren am Meer also ganz enorm zum Tragen und sind nicht immer problemlos umzusetzen.

Wenn wir am Meer fotografieren, beginnen wir daher direkt mit der Suche nach einem Hauptmotiv. An der deutschen Ostseeküste werden oft Seebrücken genutzt, die sich sehr gut eignen. Auch die kleineren Versionen – Molen oder Stege – sind beliebte Motive am Wasser. Buhnen, am besten mit einer oder mehreren Möwen darauf, sind ebenfalls gut geeignet. Der Vorteil an diesen Bildideen ist, dass sie nicht nur Hauptmotive sind, sondern du sie gleichzeitig als Linien nutzen kannst, die in dein Bild führen. Dadurch kannst du auch die Anforderung „Tiefe erzeugen“ direkt umsetzen.

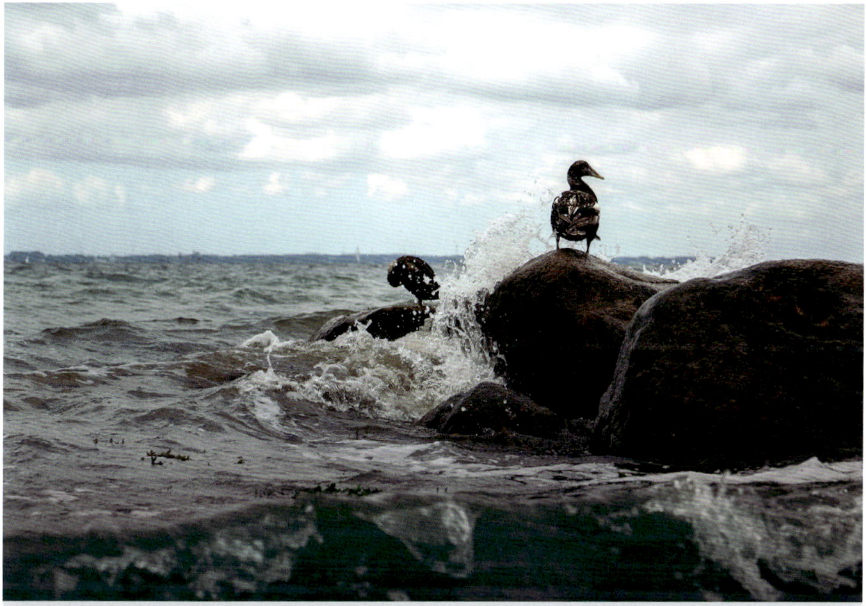

Der Vogel auf dem Stein ist das Hauptmotiv; der Moment wird aber erst durch die an dem Stein brechenden Wellen interessant. Warte auf solche Momente! Canon EOS 5D Mark III | Canon EF 24–70 mm f/4L IS USM bei 70 mm | 1/640 | f/5.6 | ISO 200 | 16:16 Uhr

Natürlich kannst du auch ohne Brücken, Stege oder Buhnen interessante Fotos am Wasser machen: Gibt es einen Leuchtturm oder Strandkörbe, Windsurfer, Boote oder Schiffe, Wasservögel, Palmen, Felsen oder gar ins Wasser ragende Felsbrücken oder Bergketten? Seltene, aber starke Motive sind Schiffswracks, und selbst unscheinbare Dinge wie Treibholz, Muscheln, Schilf oder angespülter Seetang können – aus niedriger Perspektive und mit einem überlegten Bildaufbau fotografiert – ein sehr gutes Motiv sein.

Wenn absolut kein Hauptmotiv zu finden ist, kannst du selbst eine Person in das Foto stellen. Hier ist Kreativität gefragt: Eine Yogapose im Gegenlicht des Sonnenuntergangs am thailändischen Strand wirkt hübsch, aber auch der schwarz angezogene, melancholische Spaziergänger am deutschen Nordseestrand im November macht ein Foto besonders.

Fotografierst du an einem stillen See, dann beachte unbedingt die Spiegelungen. Sie lassen sich sehr gut für die Bildkomposition nutzen. Sind sie Teil deines Motivs, solltest du sie auf keinen Fall unten anschneiden. Wenn dich die Spiegelungen auf der Wasseroberfläche stören und du stattdessen durch das Wasser hindurchfotografieren möchtest, dann nutze einen Polfilter, den du vor deine Kamera schraubst. Alternativ kannst du ihn auch dafür nutzen, die Spiegelungen noch etwas zu verstärken.

Auch an der Küste fotografieren wir so gut wie ausschließlich zu Tagesrandzeiten und mögen besondere Lichtstimmungen. Das klassische Postkartenmotiv vom weißen Sandstrand unter blauem Himmel (mit der ins Bild ragenden Palme für das Hauptmotiv!) wirkt schnell einfallslos – einige Wolken oder Farben am Himmel machen das Bild da schon wesentlich interessanter.

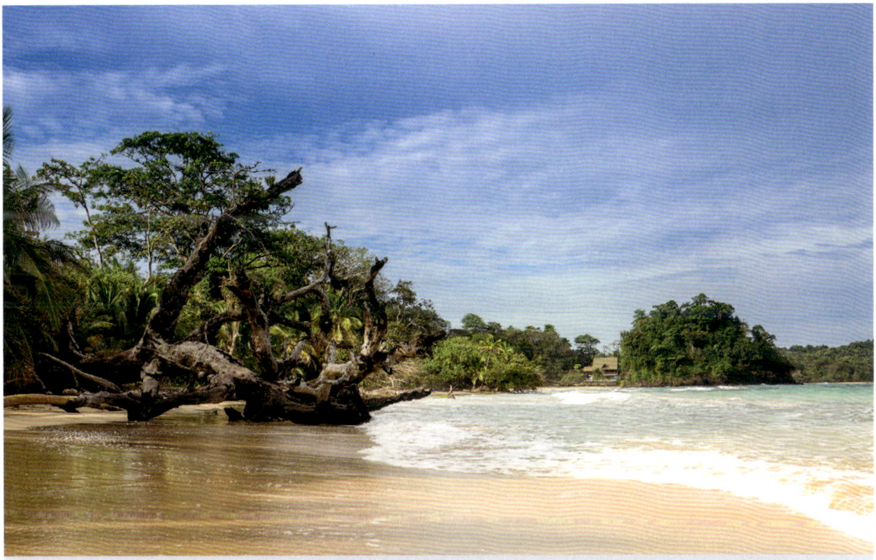

Auch tropische Traumstrände wirken langweilig, wenn du das Foto nicht bewusst gestaltest. Hier dienen der umgestürzte Baum sowie das Haus in der rechten Bildhälfte als Motive. Canon EOS 5D Mark III | Canon EF 16–35 mm f/4L IS USM bei 35 mm | 1/1600 | f/5.6 | ISO 320 | 11:40 Uhr

PRAXISTIPP MOTIV

Langzeitbelichtungen kannst du für verschiedene Situationen nutzen, wenn du am Wasser fotografierst: Sie lassen die Wasseroberfläche glatter erscheinen. An stehenden Gewässern sorgt dies für eine sehr glatte Oberfläche, während du etwas länger belichtete Wellen sanfter, manchmal mystischer und sehr lang belichtet sogar neblig erscheinen lassen kannst. An fließenden Gewässern kannst du hier mit sehr interessanten Effekten experimentieren. Achtung: Für Langzeitbelichtungen benötigst du zwingend ein Stativ. Wenn du nachts oder in der Dämmerung fotografierst, kannst du ohne Filter lange belichten; tagsüber benötigst du hierfür einen ND-Filter.

Wasserfälle

Wasserfälle sind ein Spezialfall in der Landschaftsfotografie. Natürlich kannst du sie einfach ganz normal fotografieren, besonders hübsch wirken sie aber oft, wenn du sie lange belichtest. Das fallende und fließende Wasser erhält hierdurch einen besonders weichen bzw. glatten Effekt.

Wie lange du einen Wasserfall belichten solltest, hängst von der Fließgeschwindigkeit des Wassers und dem gewünschten Effekt ab. Teste hier ruhig verschiedene Einstellungen zwischen 1 und 30 Sekunden. Wenn deine Fotos zu hell werden, benötigst du einen (stärkeren) ND-Filter. Werden sie zu dunkel, wähle einen etwas höheren ISO-Wert oder belichte noch etwas länger.

Bei aller Faszination für den Effekt: Achte auch bei der Fotografie von Wasserfällen auf die Bildkomposition und den Bildschnitt. Es kann z.B. hübsch sein, das verwirbelte Wasser am Fuße des Wasserfalls ebenfalls mit abzubilden. Wünschst du dir stärkere Farben oder weniger Spiegelungen, kannst du den ND-Filter auch mit einem Polfilter kombinieren.

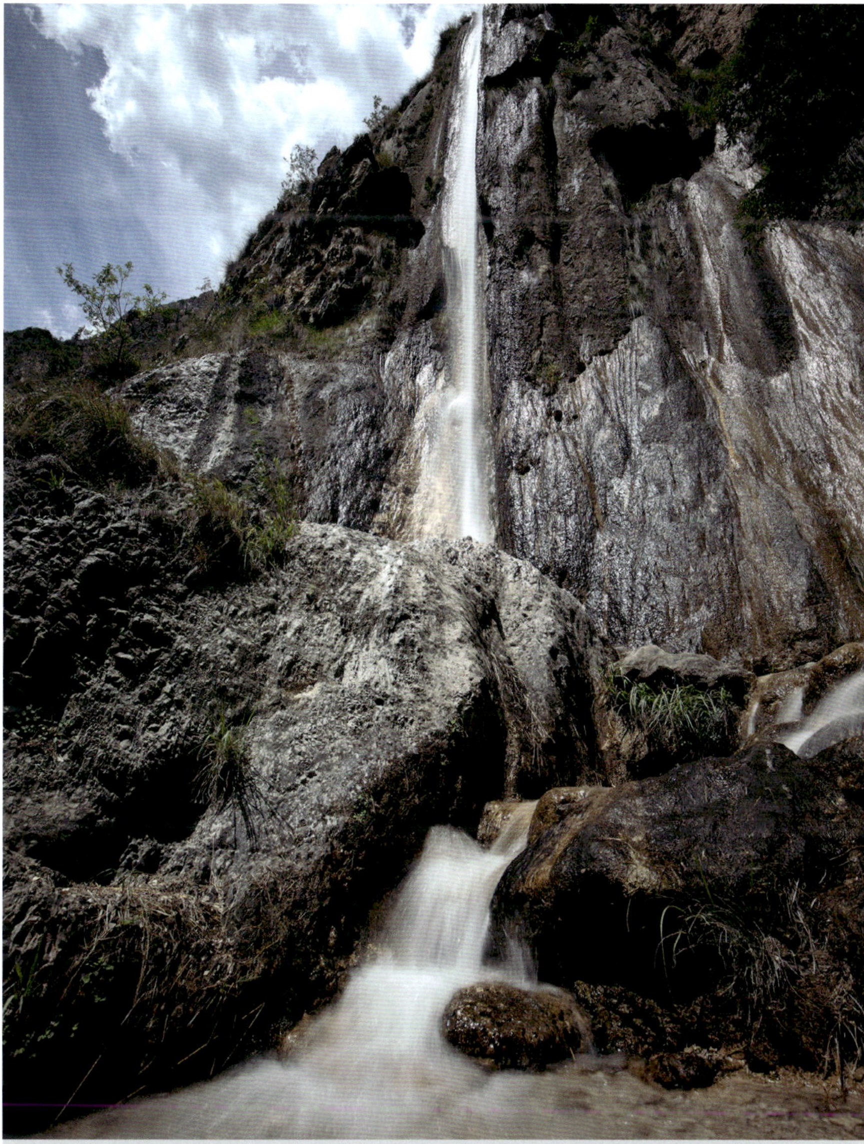

Durch die tiefe Perspektive wirkt der Wasserfall noch mächtiger. Um die längere Belichtungszeit mitten am Tag umzusetzen, haben wir hier einen ND-Filter genutzt. Canon EOS 5D Mark IV auf Stativ mit ND-Filter | Canon EF 16–35 mm f/4L IS USM bei 16 mm | 0,3 sek | f/8 | ISO 100 | 12:50 Uhr

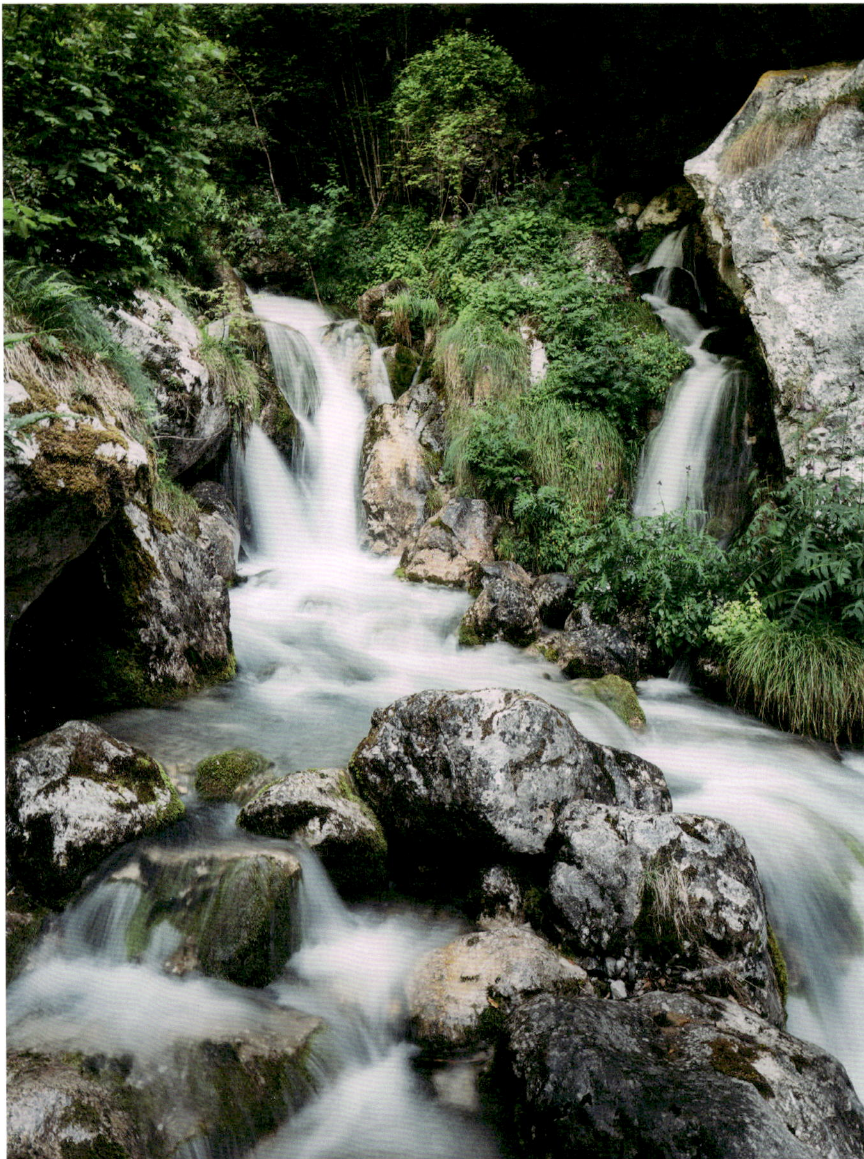

Dieser kleine Wasserfall fließt durch einen dunklen Wald. Daher war es auch am Tag dunkel genug, um ohne ND-Filter auszukommen. Canon EOS 5D Mark IV auf Stativ | Canon EF 16–35 mm f/4L IS USM bei 24 mm | 0,4 sek | f/14 | ISO 100 | 09:50 Uhr

Fotografieren im Wald

Verwunschene Märchenwelten, goldene Herbststimmungen und die grüne Frische der Natur: Wälder beeindrucken jeden, der gerne draußen unterwegs ist. Was es an der Küste manchmal zu wenig gibt, gibt es in Wäldern allerdings oft viel zu viel: mögliche Motive! Wälder sind voll von Strukturen, Farben und Details. Undurchdacht im Wald aufgenommene Fotos wirken daher fast immer unruhig. Durch die Fülle an Motiven ist es schwer, eines wirklich herauszustellen; alles im Foto konkurriert miteinander und führt zu einer überladenen Aufnahme ohne Blickführung.

Im Wald zu fotografieren funktioniert nach unserer Erfahrung am besten auf eine der folgenden Arten:

1. Fotografieren von Details (z. B. Pilz, Blätter) oder einem bestimmten größeren Motiv (z. B. Wasserfall, Hütte)
2. Fotografieren von besonderen Lichtstimmungen

Bei beiden Herangehensweisen fotografierst du nicht „den Wald" sondern etwas im Wald: ein Detail oder das Licht. Der Wald selbst dient als Bühne für das Foto. Er ist zwar auf der Aufnahme zu sehen, aber du umgehst das Problem der Unruhe und Überfrachtung.

Details gibt es im Wald zur Genüge – von Blättern und Pilzen über Früchte, Blüten und Nadeln bis hin zu Moos und Baumrinde: Bleibe bei deinem nächsten Waldspaziergang einmal bewusst stehen und sieh dich um. Gehe nah ran und entdecke die kleinen Besonderheiten. Im Wald gibt es Unmengen von Objekten, und sie alle eignen sich als Fotomotiv. Inszeniere diese kleinen Dinge als Hauptmotiv deines Waldfotos, beachte die Regeln der Bildgestaltung, und plötzlich werden deine Waldfotos ruhig und durchdacht und zeigen die Waldidylle so, wie sie sich anfühlt.

Wenn du Glück hast und sich in deinem Wald ein kleiner oder größerer Bachlauf befindet, dann findest du vielleicht einen Wasserfall. Aus der richtigen Perspektive – von ganz weit unten – fotografiert, wirkt selbst ein kleiner Wasserfall imposant und bildet ein wunderbares Motiv. Auch eine Hütte kann ein gutes Motiv sein, gerade in lichteren Wäldern, wenn sie besser zu sehen ist.

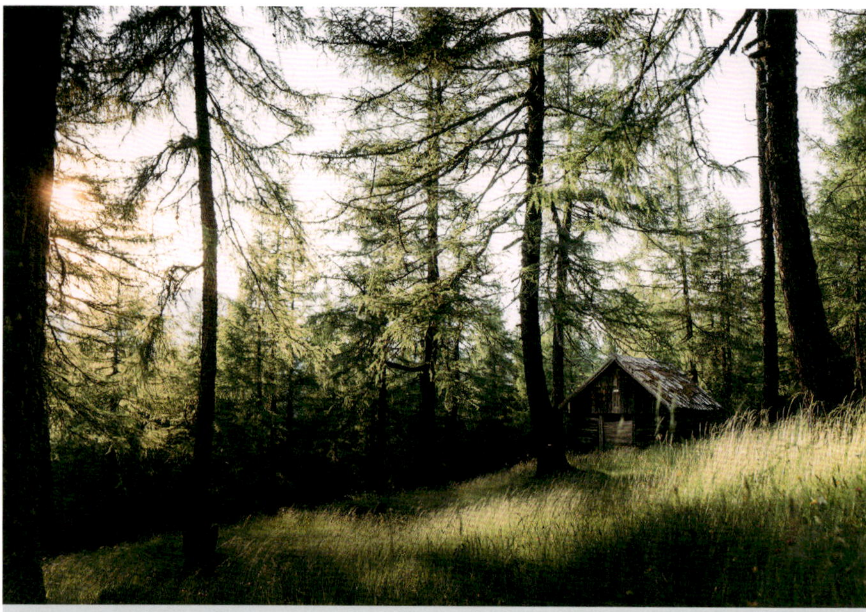

Durch die Hütte als Hauptmotiv hat das Foto einen klaren Blickfang. Die zu der Hütte führende Linie stärkt das Motiv, und die tief stehende Sonne sorgt für angenehme Kontraste und eine idyllische Stimmung. Canon EOS 5D Mark III | Canon EF 24–70 mm f/4L IS USM bei 35 mm | 1/200 | f/5.6 | ISO 250 | 19:56 Uhr

Möchtest du mehr vom Wald fotografieren und weg von den Details, dann kannst du auf eine besondere Lichtstimmung warten. Absolut beeindruckend sind Waldfotos, wenn am frühen Morgen oder spät am Abend die tief stehende Sonne durch die Gehölze und Blätter bricht und sichtbare Strahlen entstehen. Dieses Phänomen kannst du am besten morgens fotografieren, wenn die Luft noch leicht neblig ist.

Auch dichter Nebel ist ideal für stimmungsvolle Waldfotos: Die weiße Luft nimmt viele Strukturen aus dem Foto heraus und macht es dadurch deutlich ruhiger. Außerdem sorgt nebliges Wetter im Wald für eine besondere, melancholische Atmosphäre, die fast greifbar ist.

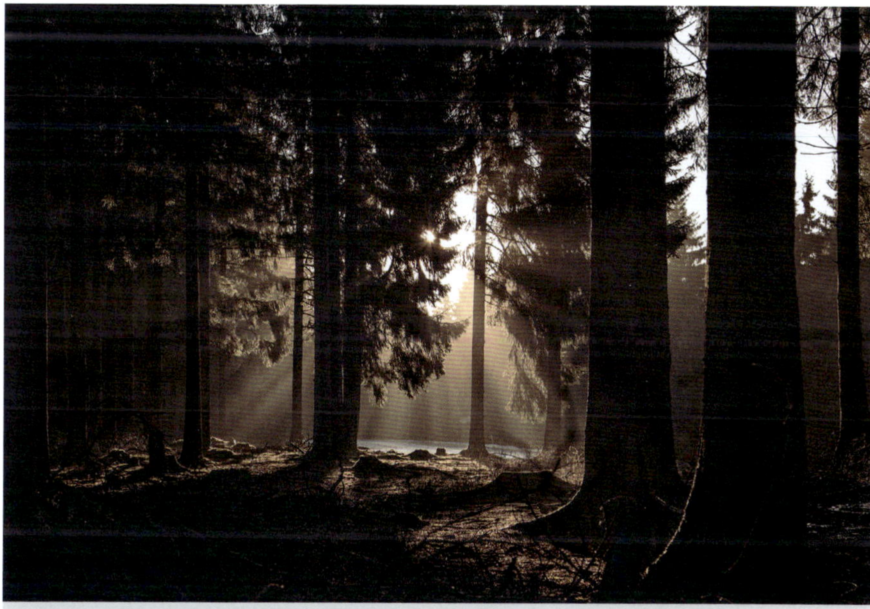

Das durch den Nebel und die Bäume brechende Licht sorgt für eine märchenhafte Stimmung im Wald. Canon EOS 5D Mark III | Canon EF 24–105 mm f/4L M IS USM bei 50 mm | 1/125 | f/5.6 | ISO 200 | 09:33 Uhr

PRAXISTIPP MOTIV

Es bietet sich beim Fotografieren immer an, die gewohnte Stehhöhe zu verlassen, aber beim Fotografieren im Wald ist dies besonders eindrucksvoll. Wenn du dich flach auf die Erde legst und von ganz tief unten fotografierst, erscheint der gewohnte Wald in einer völlig neuen Perspektive: Kleinste Strukturen, etwa von Moos, kommen so hervorragend zur Geltung, und auch Pilze können riesig wirken, wenn du sie von sehr weit unten mit dem Weitwinkelobjektiv fotografierst.

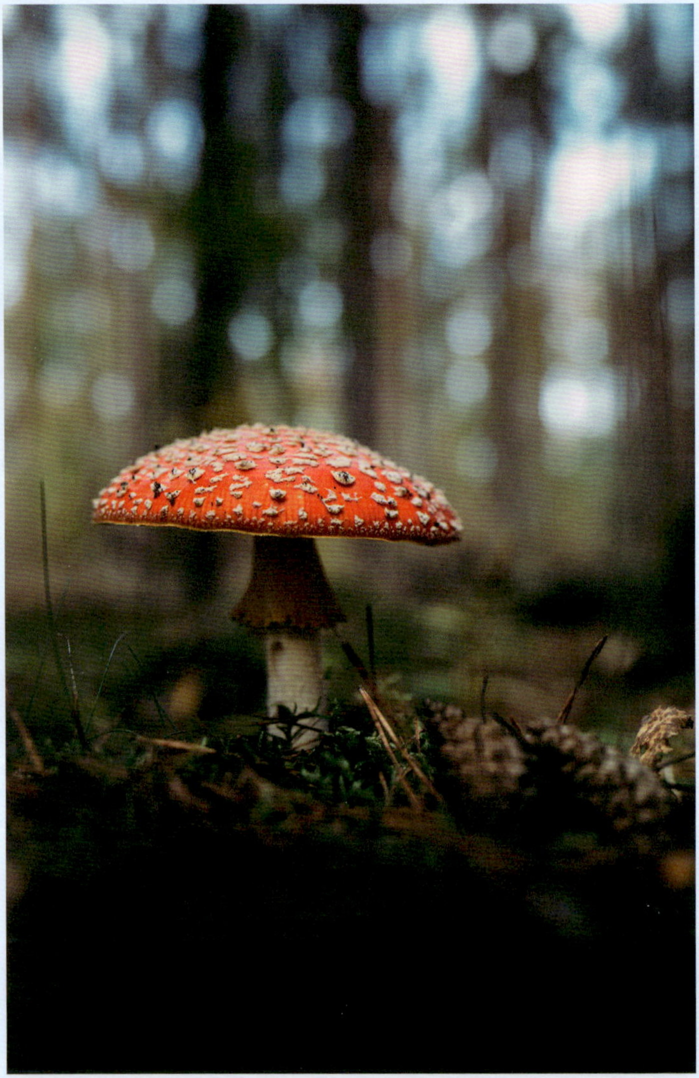

Achte auf die kleinen, fotogenen Details im Wald: Dieser Pilz ergibt mit den Zapfen und dem Moos ein hübsches Arrangement, der unscharfe Hintergrund sorgt für ein ansprechendes Bokeh. Canon EOS 5D Mark III | Sigma 35 mm f/1.4 DG HSM Art | 1/160 | f/2.8 | ISO 250 | 14:54 Uhr

Fotografieren in der Nacht

Das Fotografieren in der Nacht ist besonders faszinierend: Es zeigt uns Dinge, die wir mit dem Auge nicht sehen können, und erschafft herrliche Stimmungen. Besonders interessant für das Fotografieren in der Nacht ist die Blaue Stunde, also die Zeit direkt vor dem Sonnenauf- bzw. nach dem Sonnenuntergang. Hier erhältst du besondere Farb- und Lichtstimmungen und kannst insbesondere in Kombination mit Lichtern schöne Effekte erzielen.

Aber auch tiefer in der Nacht kannst du beeindruckende Bilder machen. Da nachts naturgemäß sehr wenig Licht vorhanden ist, musst du hierbei entweder blitzen (das empfehlen wir dir als Einsteiger in der Naturfotografie jedoch nicht) oder lange belichten. Dadurch fällt das wenige noch vorhandene Licht lange auf den Sensor, wodurch am Ende ein ansprechend helles Bild entsteht.

Jede ungeblitzte Nachtaufnahme ist also eine Langzeitbelichtung und muss mit einem Stativ aufgenommen werden. Wie lange du hierbei tatsächlich belichten musst, hängt vom Grad der Dunkelheit und dem gewünschten Ergebnis ab. Auf Seite 76 findest du eine Tabelle, die du zur Orientierung nutzen kannst.

Es sind verschiedene Motive, die – außerhalb der Blauen Stunde – in der Nachtfotografie reizen. Hierzu gehören leere Kulissen in tagsüber überlaufenden Städten, ziehende Lichter von fahrenden Autos oder eine bunt beleuchtete Kirmes. Aber auch die Naturfotografie hat nachts einen Haufen spannender Motive zu bieten: Fast immer zeigen nächtliche Naturszenen den Sternenhimmel, den Mond oder aber Wettereignisse wie Gewitter oder Lichtphänomene wie Nordlichter. Sie alle kannst du mit Langzeitbelichtungen festhalten.

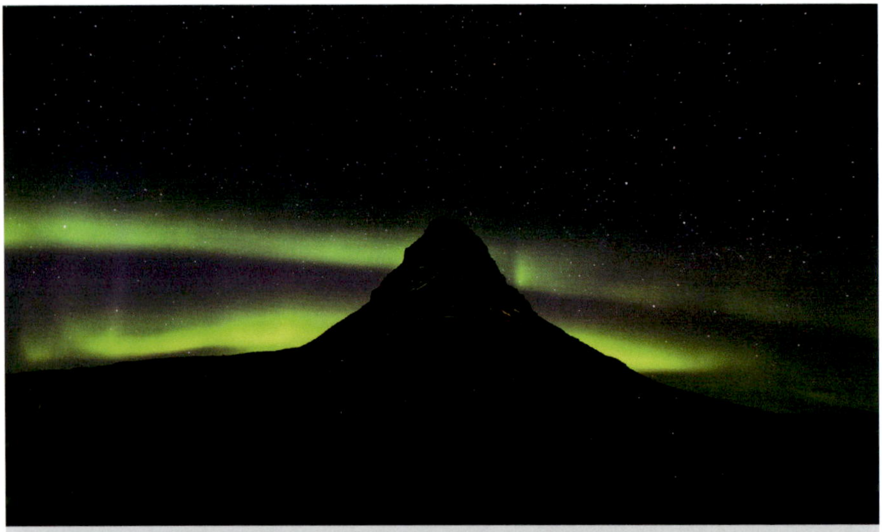

Fotografieren in der Nacht eröffnet dir ein völlig neues Spektrum an Motiven. Zuhause auf der Kirmes oder in der Stadt, aber auch bei Reisen in die Ferne. Canon EOS 5D Mark III auf Stativ | Canon EF 24–105 mm f/4L IS USM bei 24 mm | 13 sek | f/4.5 | ISO 5000 | 21:26 Uhr

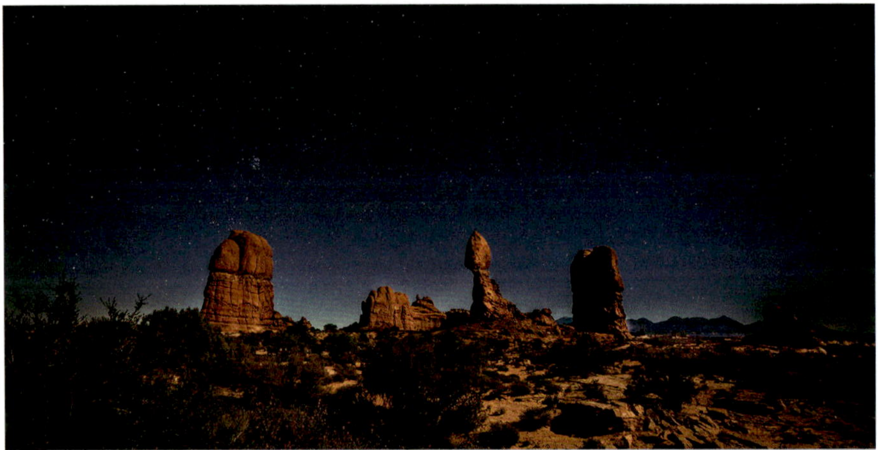

Der Sternenhimmel wirkt in einer ungewöhnlichen Szenerie noch interessanter. Der Vollmond erhellt die Landschaft und bringt die Formationen zum Leuchten. Canon EOS 5D Mark III auf Stativ | Canon EF 16–35 mm f/4L IS USM bei 16 mm | 20 sek | f/4 | ISO 1600 | 22:13 Uhr

Der Mond ist 374.000 Kilometer entfernt und trotzdem auch für Anfänger relativ einfach zu fotografieren. Das Einzige, was du wirklich benötigst, ist ein Objektiv mit hoher Brennweite. Wir empfehlen dir mindestens 250 mm oder 300 mm, mehr ist allerdings besser. Bedingt durch die Erdrotation „wandert“ der Mond am Himmel, verschiebt sich also im Laufe der Nacht. Du kannst daher nicht sehr lange belichten, wenn du ein scharfes Mondfoto machen möchtest.

Zum Glück reflektiert der Mond aber sehr hell, weswegen das auch nicht nötig ist. Dank seiner Helligkeit kannst du den Mond in der Regel mit dem Autofokus fokussieren. Sollte deine Kamera Probleme damit haben, fokussiere auf den Rand des Mondes. Stelle deine Kamera auf ein Stativ und richte sie aus. Es bietet sich an, mit dem Live-View des Displays zu arbeiten.

Hast du den Mond einmal korrekt fokussiert und willst deine Kamera nicht mehr bewegen, solltest du den Autofokus am Objektiv ausschalten. Arbeite zudem mit der Auslöseverzögerung oder einem Fernauslöser und stelle den Bildstabilisator aus, um ein Verwackeln der Fotos zu vermeiden.

Grundlegend gilt, dass du umso mehr ISO sowie eine längere Belichtung brauchst, je weniger vom Mond zu sehen ist. Wir empfehlen dir für den Anfang folgende Einstellungen: ISO 100, f/8, 1/40 Sekunde (bei Vollmond 1/100 Sekunde). Wenn der Mond zu hell wird, belichte kürzer. Wird er zu dunkel, belichte etwas länger oder wähle einen höheren ISO-Wert.

Kleiner Tipp: An einem dunklen Ort mit wenig Lichtverschmutzung kommt der Mond am besten zur Geltung. Fotografiere nicht nur den Vollmond, sondern auch mal den Halbmond, um spannende Konturen zu erhalten.

FOTOAUFGABE „LANDSCHAFTSFOTOGRAFIE ROCKEN"

Schwierigkeitsgrad ★★★★

Egal ob Berge oder Meer, Wiese oder Wüste: Wähle einen Standort aus, den du ansprechend findest oder an dem du schon immer mal fotografieren wolltest. Mache ein Foto tagsüber und achte dabei auf folgende Kriterien:

- Finde ein Hauptmotiv
- Baue das Bild aus Ebenen auf
- Nutze eine sinnvolle, durchdachte Perspektive

Anschließend fotografiere dasselbe Motiv mit den gleichen Kriterien noch einmal an einem sonnigen Tag in der Goldenen Stunde. Wodurch unterscheiden sich die beiden Fotos voneinander? Wie stark gewinnt die Szenerie durch den niedrigen Sonnenstand?

Lust auf den Austausch mit uns und anderen Leserinnen und Lesern? Poste dein Foto auf Instagram mit dem Hashtag **#draussenfotos** und gib anderen Fotos unter diesem Hashtag dein Feedback. Wir selbst schauen uns alle Posts an und werden so viele wie möglich persönlich kommentieren!

TIERE FOTOGRAFIEREN

Ob der eigene Hund oder die Katze, ein Tiger im Zoo, Giraffen auf einer Safari oder Vögel und Eichhörnchen im heimischen Garten: Wenn du gerne draußen in der Natur fotografierst, wirst du sehr schnell den Wunsch verspüren, auch ihre Bewohner zu fotografieren: die Tiere.

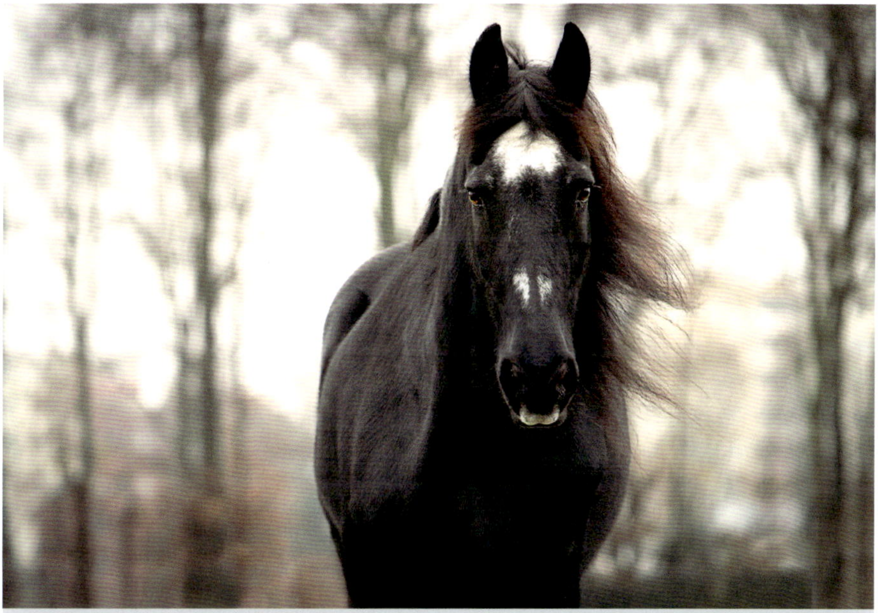

Egal ob Pferde, Hunde, Katzen oder Meerschweinchen: Starte mit Haustieren, um ein Gespür für die Tierfotografie zu bekommen – und arbeite dich von Porträts zu Fotos in Bewegung vor. Canon EOS 7D | Canon EF 70–200 mm f/4L IS USM bei 176 mm | 1/1000 | f/4 | ISO 2000 | 14:05 Uhr

Tierfotografie ist ein faszinierendes Feld, und jeder, der schon mal eine Weltklasse-Dokumentation gesehen hat, kann sich vermutlich vorstellen, wie viel Aufwand, Mühe, Geduld, Können und leider auch Equipmentkosten hinter herausragenden Tieraufnahmen stecken. Wirklich gute Fotos von den Tieren in deiner Umgebung kannst du aber auch als Einsteiger mit ein bisschen Übung und Geduld hinbekommen. Dabei ist es egal, ob du deine Katze im Garten, die Pferde der Nachbarn, seltene Eisvögel oder Bären im Zoo fotografierst: Die Regeln der Tierfotografie sind immer die gleichen.

Die Tierfotografie ist ein besonderes Thema mit besonderen Herausforderungen. Wir empfehlen dir deshalb, dieses Kapitel von vorne nach hinten zu lesen und die Reihenfolge (Haustiere – Zoo – Grünanlagen – Wildnis) auch bei deinem Einstieg in die Tierfotografie zu berücksichtigen.

Geduld und Schnelligkeit

Die Tierfotografie hat gegenüber der Landschaftsfotografie einen entscheidenden Vorteil: Du hast automatisch ein Hauptmotiv! Der Nachteil ist, dass du dessen Positionierung und Verhalten selten beeinflussen kannst. Zwei Eigenschaften sind daher für die erfolgreiche Tierfotografie absolut elementar: Geduld und Schnelligkeit.

Gute Tierfotos entstehen niemals so nebenbei, und Glückstreffer gibt es extrem selten. Fotografen, die ein gutes Tierfoto gemacht haben, haben dafür oft Tage, bei Wildtieren sogar Wochen bis hin zu vielen Monaten aufgewendet. Auch bei Haus- oder Zootieren gelingen sehr gute Fotos nur selten beim ersten Versuch. Tierfotografie erfordert so immens viel Geduld, dass sie auch uns oft in den Wahnsinn treibt. Dies einzusehen und zu akzeptieren ist ein wichtiger Schritt.

Wenn der entsprechende Moment dann gekommen ist, ist von dir sofort das direkte Gegenteil gefordert: absolute Schnelligkeit. Die

Kamera muss schon vorher bereit, ausgerichtet und eingestellt sein, und wenn sich dein Motiv so zeigt, wie von dir erhofft, musst du sofort auslösen und am besten viele Fotos hintereinander schießen, um den perfekten Moment zu erwischen. Hierbei hilft dir die Funktion „Serienbildaufnahme“ deiner Kamera, mit der du schnell hintereinander mehrere Fotos machen kannst.

Um so schnell und dabei mit den richtigen Einstellungen zu fotografieren, brauchst du einiges an Erfahrung mit deiner Kamera. Mache daher regelmäßig und immer wieder Tieraufnahmen. Auch wenn die Fotos nicht gut werden und du sie direkt wieder löschst: Jedes Tierfoto gibt dir wertvolle Erfahrung und bringt dich der perfekten Aufnahme einen Schritt näher.

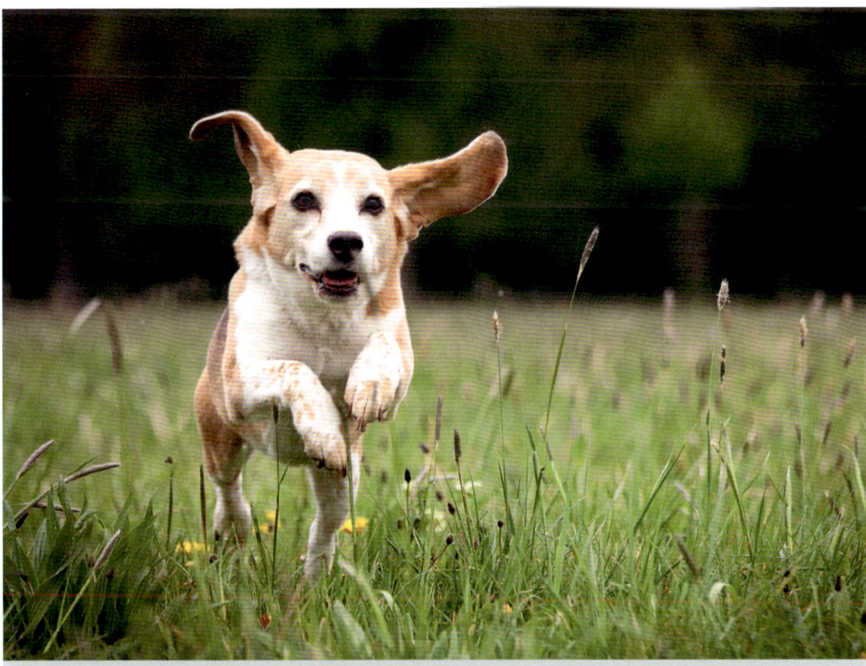

Sei geduldig mit dem Tier, aber sehr schnell, wenn es ums Auslösen geht. Fotografiere Serienaufnahmen, um ideale Bewegungsphasen und Momente zu erwischen. Canon EOS 40D | Canon EF 70–300 mm f/4–5.6 IS USM bei 135 mm | 1/1000 | f/5 | ISO 500 | 13:40 Uhr

Haustiere

Da sie durchschaubarer, im besten Fall sogar gut kontrollierbar sind, bietet sich das Fotografieren von Haustieren an, um in die Tierfotografie einzusteigen. Für gute Haustierfotos solltest du jedoch auch einen gewissen Anspruch verfolgen: Dein schräg von oben und zu dunkel fotografierter Hund in der Küche wird nicht dein Traumfoto sein. Bringe dein Haustier also zu einer geeigneten Tageszeit (also an den Randzeiten des Tages) in eine hübsche Kulisse – möglichst ohne störende Elemente. Dies kann eine Wiese, aber auch der eigene Garten sein. Wenn du kein eigenes Haustier hast, kannst du zu entsprechenden Zeiten vielleicht auf eine Katze aus der Nachbarschaft lauern oder zum Üben Tiere von Freunden fotografieren.

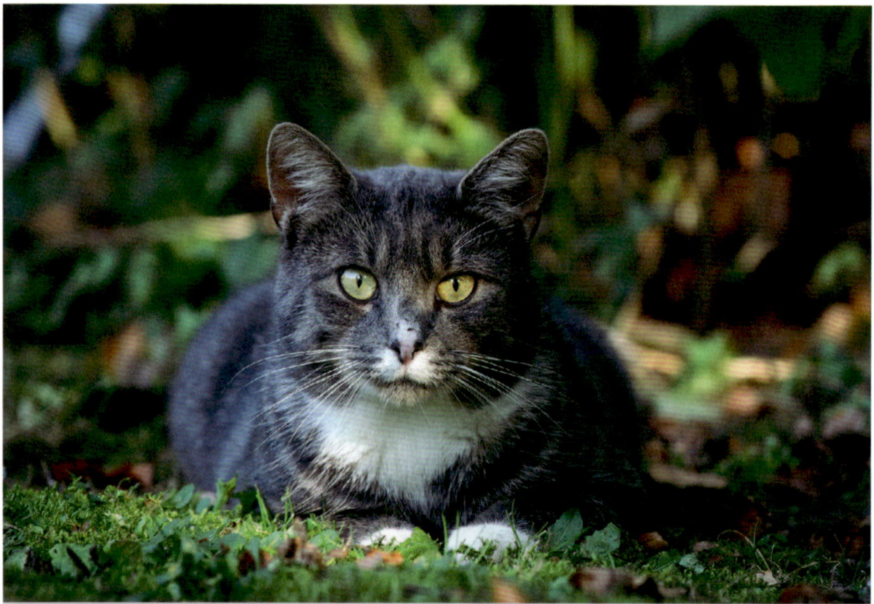

Die niedrige Perspektive und die leuchtenden Augen, die farblich mit dem Hintergrund harmonieren, machen dieses Foto intensiv. Die Brennweite von 200 mm sorgt für einen unscharfen Hintergrund, von dem sich der Kater gut abhebt. Canon EOS 7D | Canon EF 70–200 mm f/4L IS USM bei 200 mm | 1/250 | f/5.6 | ISO 1250 | 15:28 Uhr

Achte auch bei der Haustierfotografie bewusst auf die Bildgestaltung und das Licht. Gerade bei dunklen Tieren bietet es sich an, mit der Sonne in deinem Rücken zu fotografieren, sodass die Augen des Motivs angestrahlt werden und gut zu erkennen sind.

Tierfotos wirken fast immer dann am besten, wenn du auf Augenhöhe der Tiere fotografierst, also bei Hunden und Katzen von sehr weit unten und bei noch kleineren Tieren flach auf der Erde liegend. Das wirkt intensiver und „näher dran" als Fotos von oben herab und stellt eine besondere Verbindung zum Tier her. Außerdem heben sich deine Aufnahmen dadurch auf den ersten Blick von den schon hundertfach gesehenen schnellen Schnappschüssen ab.

Der Fokus deines Bildes sollte auf dem Auge des Tieres liegen und – wenn beide Augen zu sehen sind – auf dem Auge, das der Kamera am nächsten ist. Der Blick des Betrachters wandert bei Tier- und Menschenfotos intuitiv zum Auge, daher wird hier die maximale Schärfe erwartet.

Für den Anfang bietet es sich an, still sitzende oder liegende Tiere zu fotografieren, da Bilder in Bewegung bezüglich Fokus und Kameraeinstellungen deutlich anspruchsvoller sind. Erwarte aber nicht, dass du dein Haustier einfach vor dir absetzen kannst und schnell ein gutes Foto machst. Nimm dir viel Zeit, beobachte das Tier, achte auf den Sonnenstand, den Hintergrund, die Farbkomposition und die niedrige Perspektive.

Werde auf keinen Fall ungeduldig mit dem Tier, wenn es nicht das tut, was du von ihm für deine Fotos erwartest. Stattdessen übe dich in deinem geduldigen, abwartenden Verhalten als Tierfotograf. An manchen Tagen wird vielleicht kein gutes Foto entstehen – über schöne Ergebnisse wirst du dich dann aber umso mehr freuen!

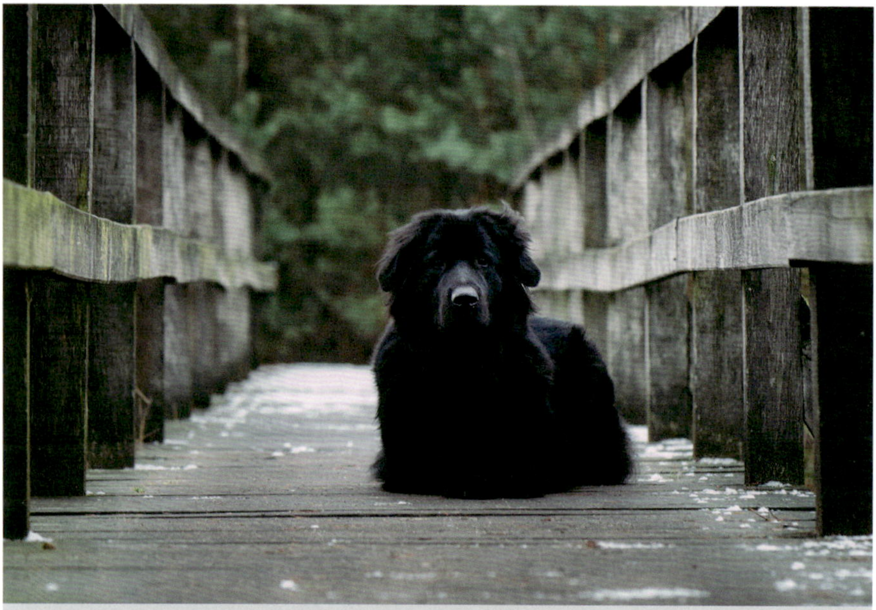

Auch Haustierfotografie braucht Geduld. Wenn du ruhig bleibst, wird dein Modell das spüren. Canon EOS 7D | Canon EF 70–200 mm f/4L IS USM bei 121 mm | 1/125 | f/4 | ISO 1000 | 14:08 Uhr

Für Fotos von Tieren in Bewegung bietet sich das Üben mit Haustieren an, die sich langsamer und kontrollierter bewegen, also eher ein auf der Weide laufendes oder gar gerittenes Pferd als eine rennende Katze. Hierfür benötigst du kurze Verschlusszeiten, damit die Fotos scharf werden. Wie kurz sie sein müssen, hängt von der Geschwindigkeit des Tieres ab. Auf der sicheren Seite bist du in der Regel mit Verschlusszeiten kürzer als 1/1000 Sekunde; unter 1/500 Sekunde solltest du möglichst nicht gehen.

Um dies problemlos umzusetzen, benötigst du viel Licht (oder alternativ ein lichtstarkes Objektiv, z. B. mit einer Offenblende von f/2.8). Verhindere zu hohe ISO-Werte, damit die Fotos nicht rauschen. Die beste Voraussetzung für Tierfotos in Bewegung ist ein klarer Sommerabend, da du hier noch ausreichend Licht, aber trotzdem eine niedrig stehende Sonne hast, um unschöne Schatten und harte Kontraste zu vermeiden.

Für Tierfotos in Bewegung bietet sich der Modus Tv bzw. S an, um eine kurze Belichtungszeit vorgeben zu können (siehe Kapitel „Zeitpriorität"). Aktiviere alle Fokusfelder und den kontinuierlichen Autofokus und fotografiere zudem Serienbilder, um den perfekten Moment nicht zu verpassen. Dass du hierbei viel Ausschuss produzierst, ist völlig normal. Wähle am Ende das Foto mit der besten Schärfe und der besten Laufphase aus, lösche die anderen und mache noch ein paar Durchgänge.

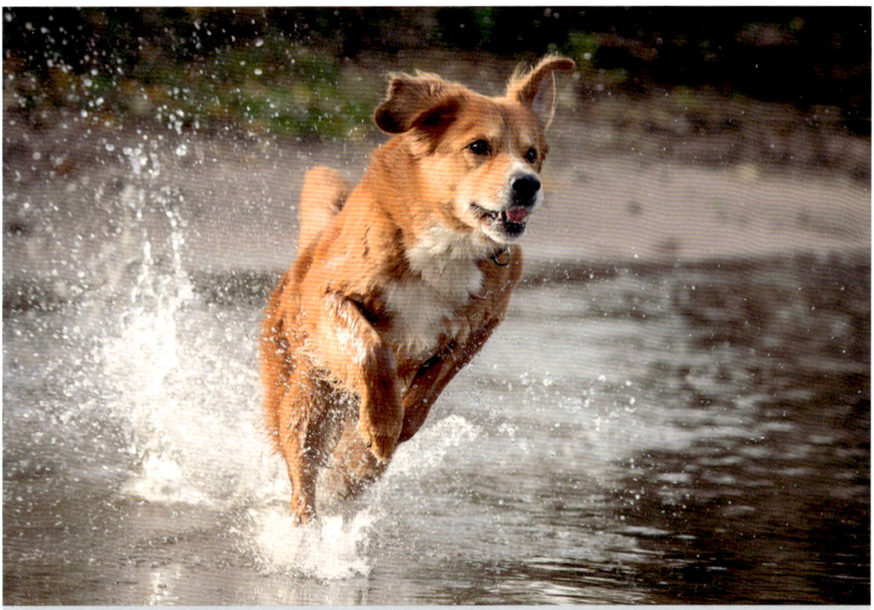

Wasserfotos sorgen für viel Action. Achte unbedingt auf sehr kurze Verschlusszeiten und fotografiere mit dem kontinuierlichen Autofokus. Vergiss aber auch die niedrige Perspektive und die anderen Gestaltungsregeln nicht! Canon EOS 40D | Canon EF 70–200 mm f/4L IS USM bei 160 mm | 1/800 | f/4 | ISO 500 | 11:02 Uhr

Versuche dich nicht zu sehr über unscharfe Fotos zu ärgern, sondern analysiere diese im Nachhinein und schaue auf die Einstellungen und Gegebenheiten, die vielleicht noch nicht ideal waren. So kannst du deine misslungenen Bilder konstruktiv nutzen, die Einstellungen beim nächsten Mal anpassen und deine Fotografie weiterentwickeln.

Fotografieren in Zoo und Wildpark

Auch das Fotografieren in Zoos und Wildparks ist eine gute Möglichkeit, in die Tierfotografie einzusteigen. Um im Zoo Fotos zu machen, die du wirklich magst, oder um für eine anstehende Safari zu üben, solltest du aber nicht in der Geschwindigkeit des durchschnittlichen Zoobesuchers durch die Anlage laufen und von jedem Gehege ein paar Schnappschüsse machen. Diese Fotos sehen dann nämlich genau so aus: wie schnell gemachte Schnappschüsse, die sich zu Hause kaum jemand je wieder ansieht.

Stattdessen suche dir nur wenige Tierarten aus, die du fotografieren möchtest, und plane diese Fotos bewusst. Wir besuchen einen Zoo dafür in der Regel zunächst ohne Kamera und sehen uns die Gegebenheiten vor Ort an: Welche Gehege sind fotogen aufgebaut, also möglichst so, dass es Perspektiven gibt, in denen keine störenden Gitter oder Zäune sichtbar sind – weder im Vorder- noch im Hintergrund? Wir mögen es, wenn Fotos von Tieren in Gefangenschaft möglichst natürlich wirken, so als hätten sie auch in freier Wildbahn entstehen können. Menschengemachte Strukturen sollten auf den Fotos deshalb möglichst nicht auftauchen.

Viele Zoos bieten diese Möglichkeiten kaum oder gar nicht. In diesem Fall können Wildparks eine interessante Alternative sein. Gut fotografieren lässt es sich auch in Tropenhäusern, wobei diese allgemein eher dunkel sind und eine lichtstärkere Ausrüstung erfordern. Zoos mit engen Gehegen oder zweifelhafter Tierhaltung meiden wir übrigens schon allein aus ethischen Gründen.

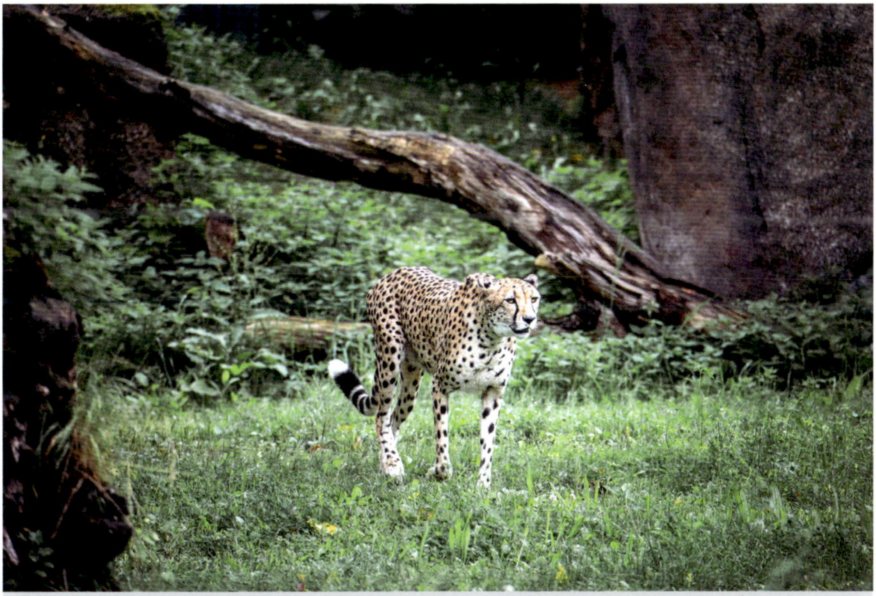

Dieser südafrikanische Gepard wurde im Zoo Leipzig aufgenommen. Statt Zäunen und Gittern bilden natürliche Strukturen den Hintergrund. Canon EOS 5D Mark IV auf Einbeinstativ | Sigma 150–600 mm 5–6.3 DG OS HSM Sports bei 430 mm | 1/320 | f/6.3 | ISO 1000| 09:21 Uhr

Bei unserem „Scouting-Besuch" suchen wir uns ein bis drei Gehege aus, die unseren Ansprüchen an einen natürlichen Vorder- und Hintergrund entsprechen und Tierarten beherbergen, die wir gerne ablichten möchten. Dann beobachten und informieren wir uns über das Verhalten der Tiere: Wo ist ihr Lieblingsplatz? Sind sie eher morgens oder eher tagsüber aktiv? Wann sind die Fütterungszeiten? Außerdem halten wir nach ein bis zwei Standpunkten Ausschau, von denen aus das Gehege am besten zu fotografieren ist.

Fast alle Tierarten sind am Morgen aktiver als tagsuber. Aus diesem Grund – und um den Besuchermassen zu entgehen – solltest du deine Fotografie an einem Wochentag und so früh wie möglich einplanen, direkt nach Öffnung des Zoos. Am Standort angekommen, ist Geduld gefragt: Du wirst es wahrscheinlich nie erleben, dass das ausgewählte Tier sofort genau an dem Punkt steht, läuft oder liegt, an dem du es dir erhofft hast. Überprüfe, ob es sich anbietet, deinen Standort zu variieren, beobachte das Tier genau und lerne sein Verhalten kennen, um die beste Chance auf gute Fotos zu haben.

Besonders interessant sind Aufnahmen, auf denen mehrere Tiere miteinander agieren oder auf denen das Tier an einer besonders fotogenen Stelle liegt, etwa ein Raubtier auf einem großen Felsen. Ideal ist es, wenn der Hintergrund möglichst ruhig, einfarbig und im besten Fall dunkel ist, damit sich das Tier gut davon abhebt.

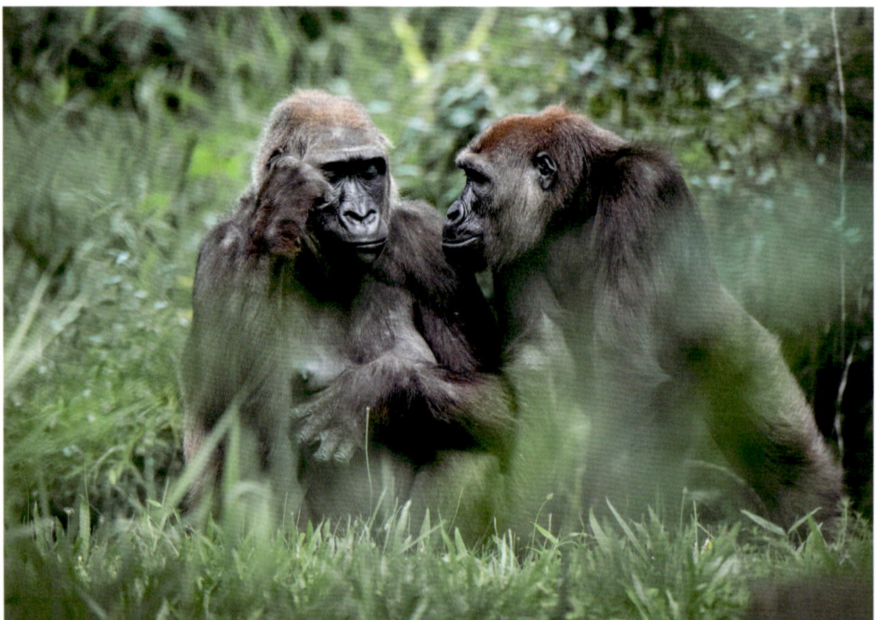

Zwischen dem grünen Hintergrund und den verschwommenen Gräsern im Vordergrund wirkt die Szene mit den Flachlandgorillas im Zoo Leipzig, als hätten wir sie in der Wildnis beobachtet. Canon EOS 5D Mark IV auf Einbeinstativ | Sigma 150–600 mm 5–6.3 DG OS HSM Sports bei 600 mm | 1/800 | f/7.1 | ISO 6400 | 12:45 Uhr

Wenn du ein starkes Telezoomobjektiv hast (z. B. 400 mm oder 600 mm), solltest du das bei deinem Zoobesuch unbedingt dabeihaben. Auch wenn die Tiere manchmal dichter dran sind, ergeben starke Ausschnitte und Nahaufnahmen ansprechende und interessante Fotos. Fotografierst du durch eine Glasscheibe, dann nutze unbedingt einen Polfilter, um störende Reflexionen auf deinen Fotos zu vermeiden.

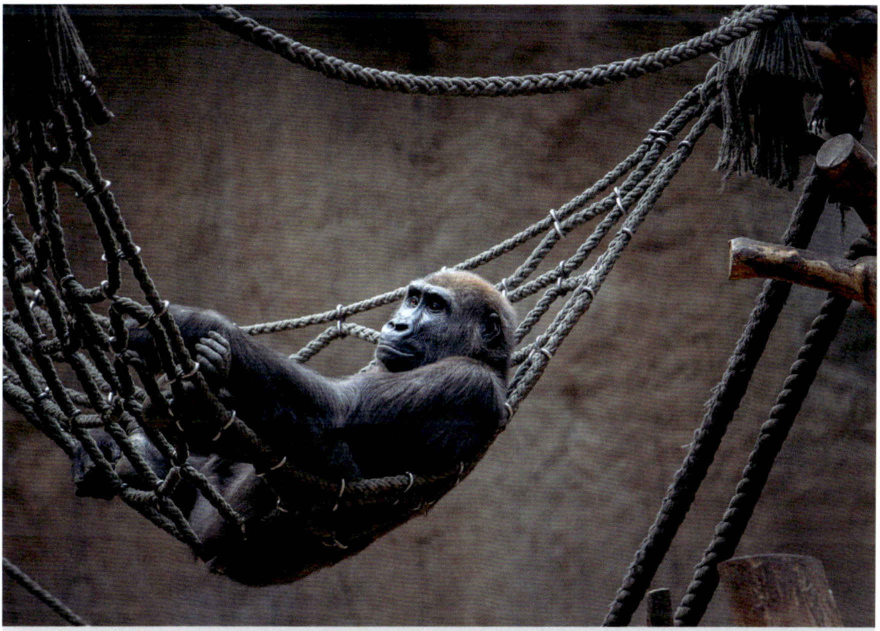

Auf diesem Foto des Flachlandgorillas aus dem Zoo Leipzig haben wir die menschengemachten Elemente bewusst eingebaut. Der ruhige Hintergrund und die reduzierte Farbgebung stärken das Bild. Canon EOS 5D Mark III | Canon EF 70–200 mm f/4L IS USM bei 200 mm | 1/640 | f/4 | ISO 2000 | 11:11 Uhr

Mehrere Stunden Warten und sogar mehrere Versuche an verschiedenen Tagen sind bei wirklich guten Zoofotos keine Seltenheit. Bring also auch hier Ruhe und Geduld mit. Sei dir bewusst, dass du nicht für einen Zoobummel, sondern für die Fotografie hier bist, und freue dich über deine Chance und dein Privileg, dieses Tier durch die Fotografie viel intensiver zu beobachten als all die schnell vorbeilaufenden Zoobesucher.

Auch wenn die Bedingungen bei deinem Zoobesuch einmal nicht ideal sind: Verzweifle nicht, sondern nutze deine Kreativität! Statt menschengemachte Strukturen auf deinen Fotos strikt zu vermeiden, kannst du sie auch mal bewusst mit einbinden. Und wenn du kein Teleobjektiv hast, dann gibt es vielleicht weniger scheue Tiere, von denen du interessante Weitwinkelaufnahmen machen kannst?

Wildtiere

Um Wildtiere zu fotografieren, musst du nicht zwingend eine Safari in Afrika buchen oder dich in tropischen Regenwäldern herumtreiben. Stattdessen starte mit der einfachen Variante und werde dir darüber bewusst, welche Tiere hier zu Hause bei uns leben. Du kannst auch in heimischen Gefilden und von heimischen Wildtieren beeindruckende, sogar sensationelle Fotos machen. Wenn du das nicht glaubst, schau dir z. B. die Serien des National-Geographic-Fotografen Alex Saberi an, der im Londoner Richmond Park atemberaubende Wildtierfotos macht.

Du wirst wahrscheinlich nicht auf diesem Niveau einsteigen, ein hohes Potenzial haben heimische Regionen aber durchaus! Also halte die Augen offen und lass dich verzaubern – „Ich könnte auch tolle Tierfotos machen, wenn ich auf Pumatrekking in Patagonien wäre“ soll nicht länger eine Ausrede sein.

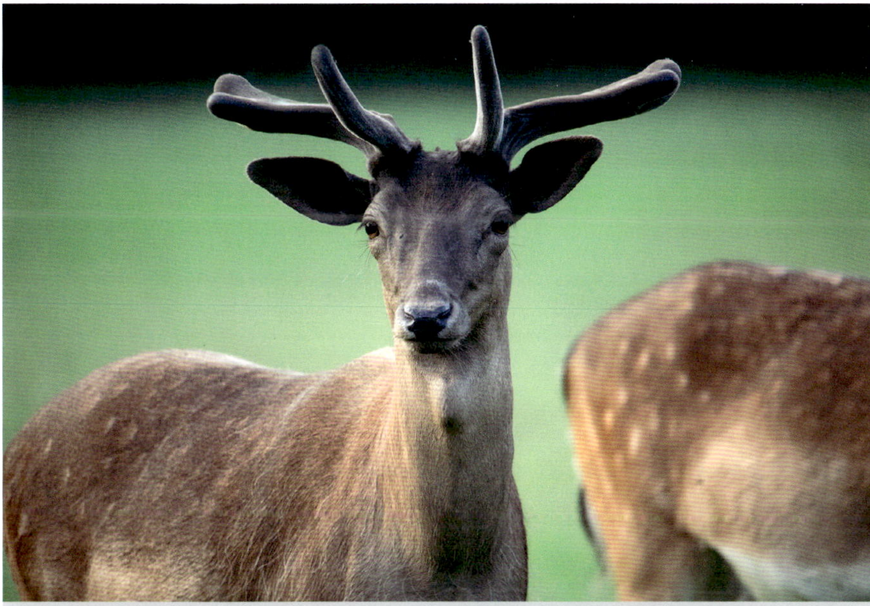

Fotos von heimischen Wildtieren zu machen ist eine großartige Art und Weise, seine Zeit in der Natur zu verbringen. Canon EOS 5D Mark IV | Sigma 150–600 mm F5–6.3 DG OS HSM Sports bei 460 mm | 1/640 | f/6.3 | ISO 3200 | 20:35 Uhr

Parks und Grünanlagen

Am einfachsten ist der Einstieg in die heimische Tierfotografie in Parks und Grünanlagen. Diese sind bequem erreichbar, eignen sich auch für das Fotografieren nach Feierabend, und die Tiere sind mehr oder weniger an den Menschen gewöhnt, weswegen du auch ohne starke Teleobjektive an gute Fotos kommen kannst.

Je nachdem, in welcher Region und welcher Stadt du wohnst, wird es in den Grünanlagen bei dir unterschiedliche Tiere geben. Halte also Ausschau sowohl in den Bäumen als auch auf dem Boden. Nimm dir Zeit, setze dich auf eine Bank und beobachte deine Umgebung. Finde heraus, zu welchen Tageszeiten die Tiere aktiv sind, wie sie sich verhalten, wo sie schlafen und fressen.

Ein besonderes Eldorado für Tierfotografen mitten in der Großstadt findet sich beispielsweise in Wien: Auf dem Zentralfriedhof tummeln sich viele der gefährdeten Feldhamster und Europäischen Ziesel, und auch Eulen, Dachse, Füchse und Rehe sind hier heimisch. Aber auch in anderen Städten triffst du in vielen Parks und auch auf Friedhöfen oft auf überraschend viele Tiere: Von bunten Singvögeln und seltenen Schwarzspechten sowie Eulenarten über Eichhörnchen, Kaninchen und Igel bis hin zu Fischottern, Bibern und diverse Reptilien und Amphibien kannst du hier so einiges erwarten.

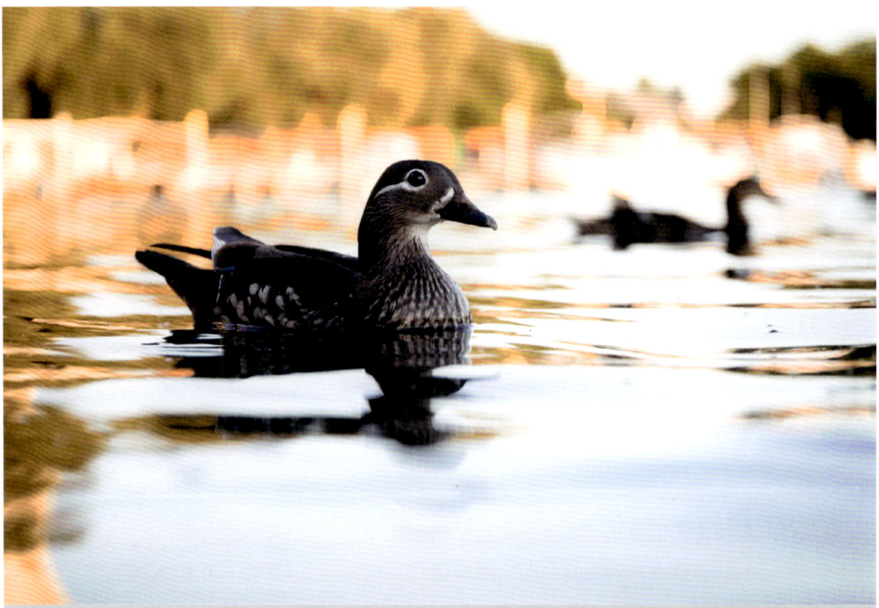

Mitten in Potsdam: Auch alltägliche Tierarten sind dankbare Motive – und gar nicht so einfach abzulichten! Canon EOS 5D Mark IV | Canon EF 24–70 mm f/4L IS USM bei 65 mm | 1/250 | f/4 | ISO 200 | 20:42 Uhr

Wenn du einen eigenen Garten hast, solltest du auch diesen fotografisch unbedingt berücksichtigen. Es ist eine sehr naheliegende und einfach umzusetzende Idee, die Vögel (und z. B. auch Eichhörnchen) in deinem Garten regelmäßig zu füttern, damit sie sich oft und gerne dort aufhalten und sich an dich gewöhnen. Das Wunderbare an deinem eigenen Garten ist die Tatsache, dass du den Hintergrund deiner Aufnahmen frei gestalten und unfotogene Vogelhäuschen etc. durch schöne Szenerien ersetzen kannst. So erschaffst du dir direkt vor der Tür deinen perfekten Tierfotospot, der mit etwas Glück auch größere Vogelarten wie Spechte anlockt.

FUNFACT

Wir kennen einen Fotografen, den die Murmeltiere in seinem Garten so lange nervten, bis er auf die Idee kam, sie zu fotografieren. Von da an baute er kleine, wunderschöne Welten für sie und machte von der Terrasse aus einige der besten Murmeltierfotos, die wir je gesehen haben.

Beim Fotografieren in Parks und Grünanlagen reicht in der Regel ein leichtes Teleobjektiv wie ein 70–200 mm oder 70–300 mm aus. Wenn du ein Objektiv mit noch mehr Brennweite hast, dann probiere aber auch dieses ruhig einmal aus! Wie immer in der Tierfotografie solltest du möglichst auf Augenhöhe des Tieres fotografieren. Für kleinere Tierarten bietet es sich also tatsächlich an, sie flach auf der Erde liegend abzulichten.

Nimm dir viel Zeit und beobachte dein Modell in Ruhe. Fotografiere dann, wenn die Sonne tief steht, und achte auf einen ruhigen, möglichst dunklen Hintergrund. Die Einstellungen für die Wildtierfotografie kannst du direkt aus der Haustierfotografie übernehmen.

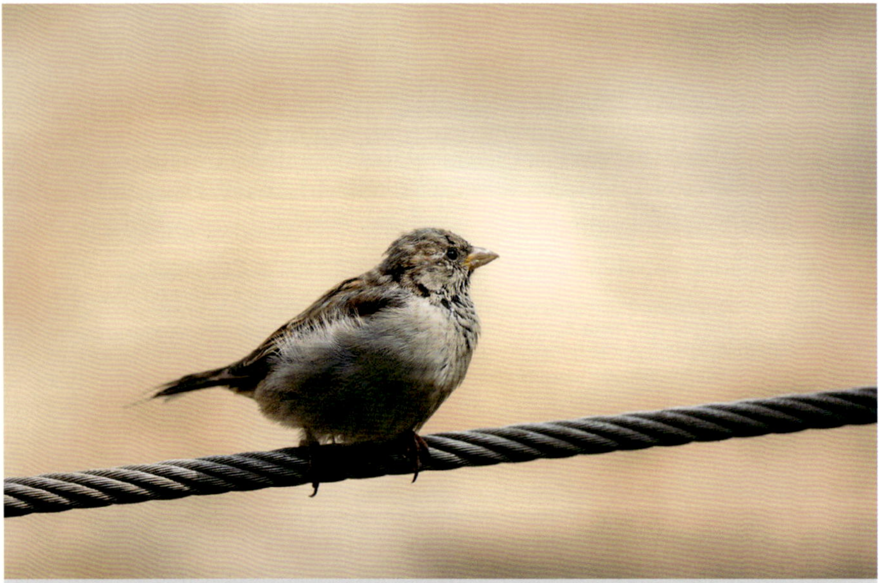

Ton in Ton vor dem ruhigen Hintergrund wirkt der Spatz besonders gut – auch wenn er leider nicht auf einem Ast sitzt. Canon EOS 5D Mark III | Canon EF 70–200 mm f/4L IS USM bei 200 mm | 1/800 | f/4.5 | ISO 250 | 13:19 Uhr

Im natürlichen Lebensraum

Wildtiere im natürlichen Lebensraum zu fotografieren ist wohl die schönste, aber auch schwierigste Art der Tierfotografie: Die Tiere sind scheu, und du hast keinen Einfluss auf die Gegebenheiten. Wegen der höheren Fluchtdistanz werden spätestens hier längere Teleobjektive ab ca. 300 mm Brennweite sinnvoll bis zwingend notwendig, damit du einen respektvollen Abstand wahren kannst und die Tiere nicht verschreckst.

Auch die beiden Soft Skills Geduld und Schnelligkeit werden auf eine harte Probe gestellt: Das Suchen, Warten und Ausharren wird sich oftmals nicht lohnen, und du brauchst eine hohe Frustrationstoleranz, um die Kamera nicht einfach in den nächsten Graben zu werfen.

Genau diese Schwierigkeiten machen Wildtierfotos – wenn sie dann gelingen – aber umso beeindruckender und die Fotografie von Tieren in ihrem natürlichen Lebensraum so faszinierend.

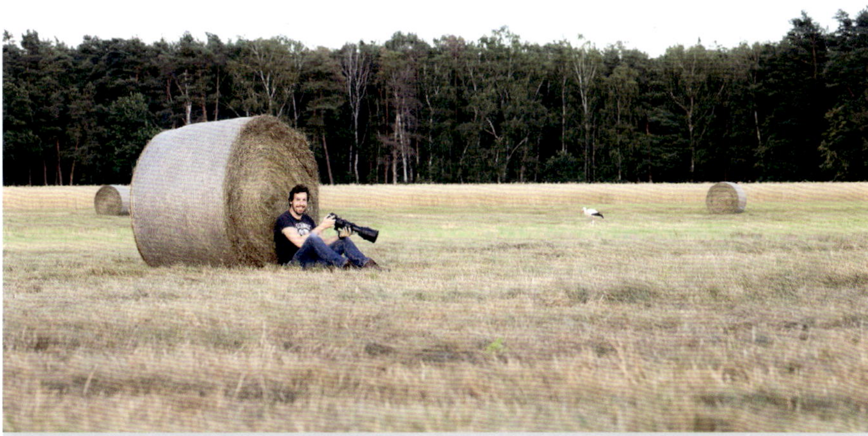

Auf Storchenpirsch „vor der Haustür". Professionelle Tierfotografen warten auf ihre besten Fotos oft Monate oder sogar Jahre.

Wir empfehlen dir, zunächst die wilden Tiere zu fotografieren, die du bei dir in der Nähe findest und gut kennst. Dies können in Norddeutschland Störche oder Rehe und in den Alpen Murmeltiere oder Steinböcke sein. Du weißt am besten, welche Tiere es in deiner Gegend gibt. Im besten Fall hast du auch schon eine Idee, wo die Tiere sich häufig aufhalten: Du kennst vielleicht die aktuellen Storchennester, die bevorzugten Felder oder Wiesen der Rehe oder die Höhlen der Murmeltiere.

Informiere dich darüber, wie die Tiere sich verhalten, was und wo sie fressen und wann sie am aktivsten sind. Wenn du viel über das Tier weißt und dich darauf einstellst, ist die Chance, genau den richtigen Moment zu erwischen, wesentlich höher.

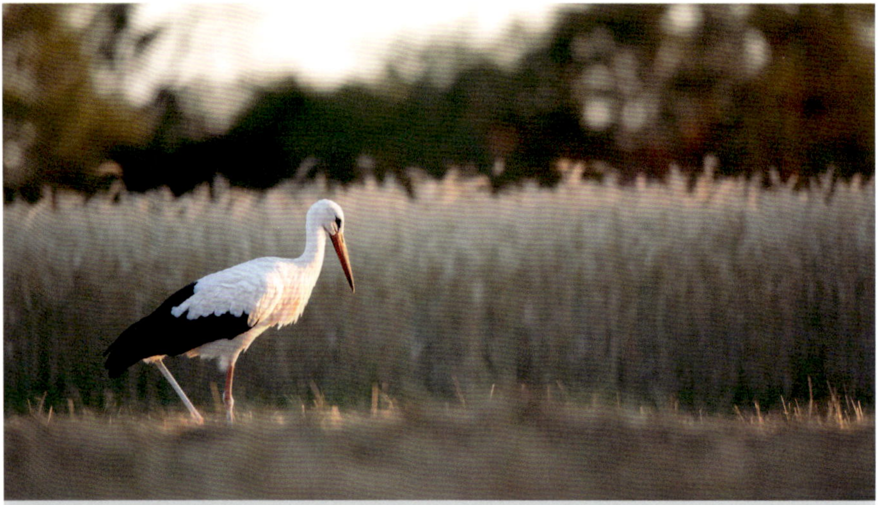

Störche sind tolle Motive und wieder häufiger zu sehen. Das tiefe Licht von der Seite sorgt hier für eine schöne Ausleuchtung, der ruhige Hintergrund lässt das Motiv gut hervortreten. Canon EOS 5D Mark IV | Sigma 150–600 mm F5–6.3 DG OS HSM Sports bei 600 mm | 1/800 | f/6.3 | ISO 6400 | 21:16 Uhr

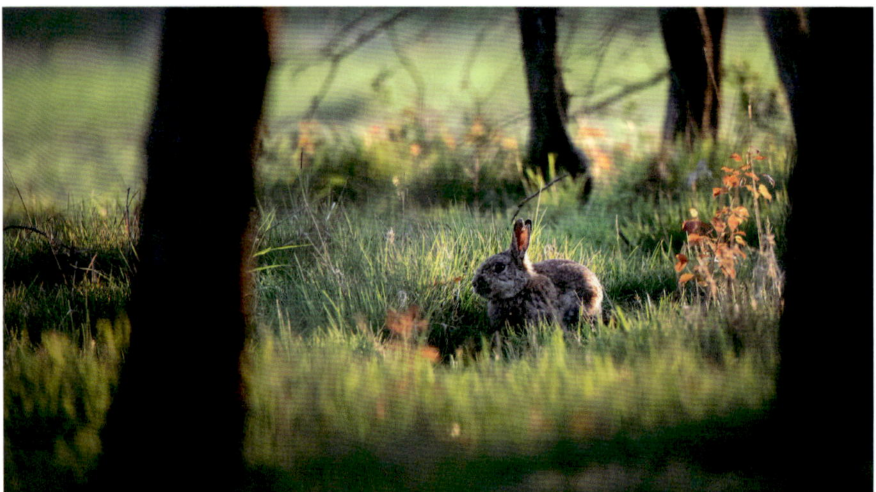

Da wir wissen, wo die Tiere leben und wann sie aktiv sind, haben wir eine gute Chance, sie auf unseren Fototouren zu erwischen. Canon EOS 5D Mark IV | Sigma 150–600 mm F5–6.3 DG OS HSM Sports bei 490 mm | 1/640 | f/6.3 | ISO 6400 | 20:15 Uhr

Viele Tiere sind dämmerungsaktiv, und du hast morgens oder abends eine viel höhere Chance, sie zu fotografieren. Das bessere Licht hast du zu dieser Zeit ebenfalls. Achte jedoch darauf, noch genügend Licht zu haben, um kurze Verschlusszeiten (am besten nicht länger als 1/500 Sekunde) realisieren zu können, ohne auf sehr hohe ISO-Werte zurückgreifen zu müssen, die deine Fotos matschig machen.

Wie immer in der Tierfotografie solltest du den kontinuierlichen Autofokus einschalten und alle Fokusfelder aktivieren. Wenn ein Tier auftaucht, verhalte dich möglichst ruhig und unauffällig, um es nicht zu verschrecken. Fotografiere zudem Serienaufnahmen, da sich die Bewegungen des Tieres nicht vorhersehen lassen. Später kannst du dann die besten Fotos auswählen.

Generell solltest du für gute Tierfotos deine Kamera und ihre Einstellungen sicher beherrschen, um auch in spontanen Situationen richtig reagieren zu können. Habe deine Kamera immer einsatzbereit und genügend Akkus und Speicherkarten dabei.

TARNUNG

Ab einem gewissen Anspruch und bei der Fotografie von besonders scheuen Tieren bietet es sich an, dich und deine Kamera zu tarnen, auf den Wind zu achten und ggf. ein Tarnversteck zu bauen. Da dies mehr Aufwand erfordert und über die Fotografie mit einfachen Mitteln hinausgeht, gehen wir darauf an dieser Stelle nicht weiter ein. Wenn du tiefer in die Tierfotografie einsteigen möchtest, empfehlen wir dir, dich näher mit dieser Thematik auseinanderzusetzen, sobald die Grundlagen der Tierfotografie sicher sitzen.

Den Gestaltungsregeln kommt auch bei der Fotografie von wilden Tieren eine besondere Bedeutung zu, auch wenn sie hier schwerer umzusetzen sind. Du brauchst schon ein extrem seltenes Tier vor der Linse, um mit einem unüberlegt aufgenommenen Bild jemanden zu beeindrucken. Gut gestaltet und in schönem Licht fotografiert, wirken hingegen auch Fotos alltäglicher Tierarten sehr ansprechend.

Deine zu Hause gelernten Fähigkeiten kannst du dann entsprechend bei der Tierfotografie auf Reisen direkt einsetzen. So wird dein Grizzlyfoto in Alaska, dein Zebrafoto in Südafrika oder dein Tukanfoto in Panama enorm davon profitieren, dass du schon im Vorfeld geübt hast.

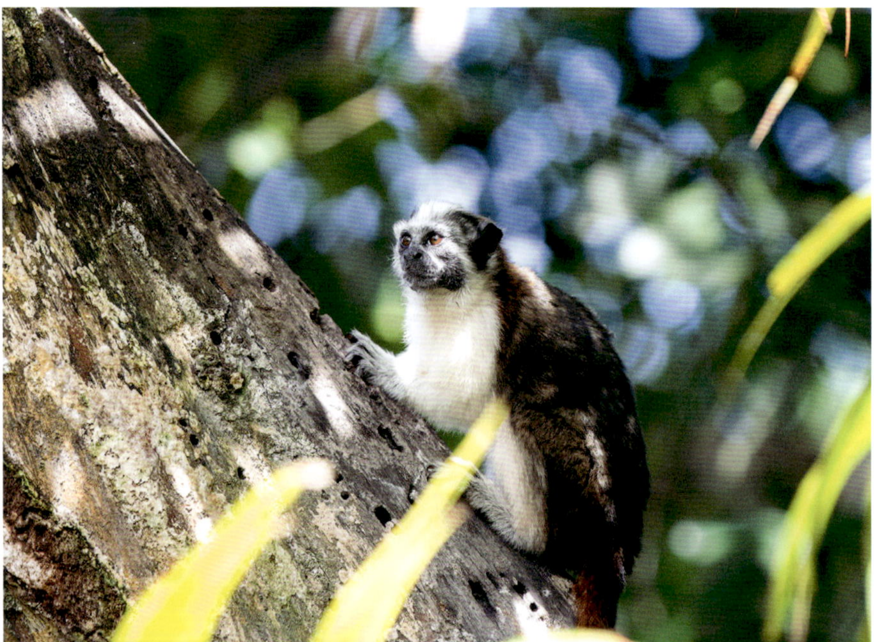

Bei einer Tierbegegnung in der Wildnis musst du schnell sein und deine Kamera blind beherrschen. Canon EOS 7D | Canon EF 70–200 mm f/4L IS USM bei 160 mm | 1/1000 | f/4 | ISO 1250 | 12:36 Uhr

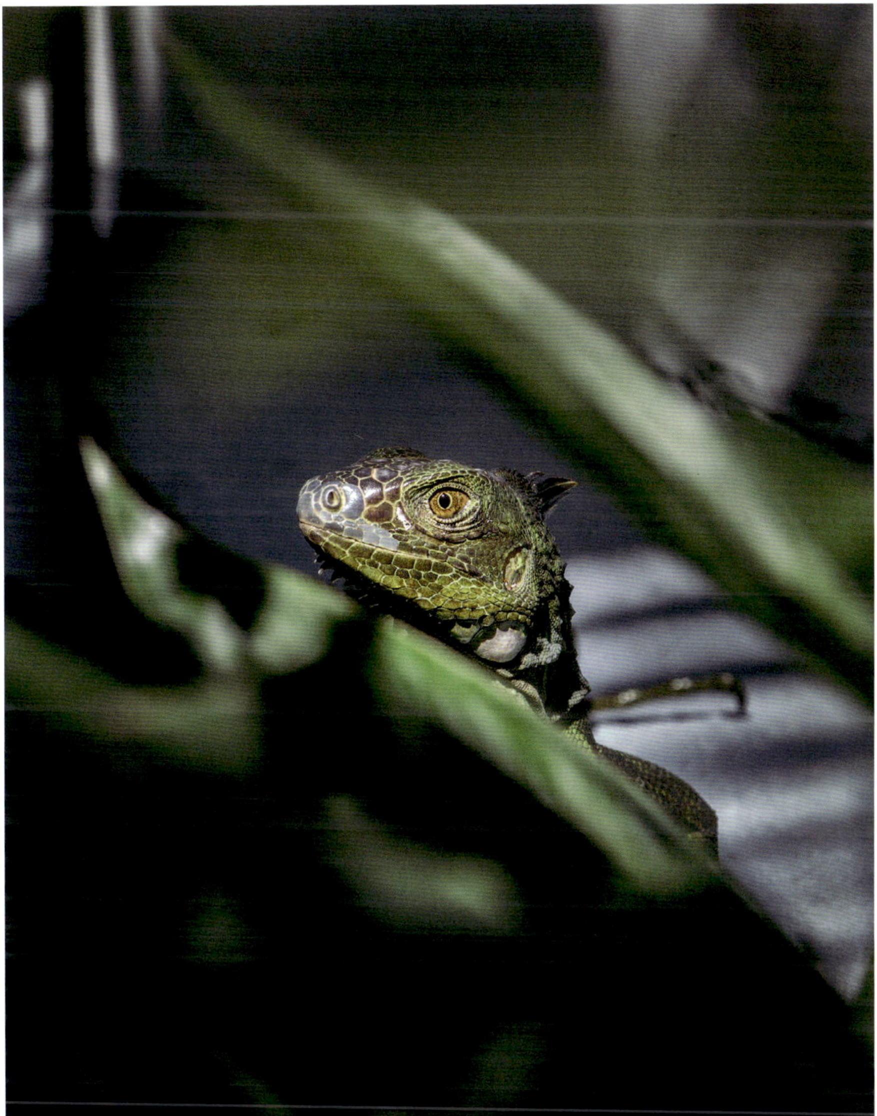

Gut getarnt: Auch bei der Tierfotografie spielen die Bildkomposition und der Umgang mit Ebenen, Farben und Licht eine entscheidende Rolle. Canon EOS 7D | Canon EF 70–200 mm f/4L IS USM bei 200 mm | 1/320 | f/5.6 | ISO 200 | 14:15 Uhr

Verhalten in der Natur

Der Respekt und die Achtung vor den Tieren und der Natur sollte für dich immer an erster Stelle stehen und weit wichtiger sein als dein fotografisches Ergebnis. Greife niemals in die Natur ein, um dein Foto zu optimieren, und wahre stets einen gewissen Abstand, insbesondere bei Nestern und Bauten. Verlasse nicht die Wege, wenn es verboten ist, und halte dich immer an die Regeln – nicht nur, aber insbesondere in Naturschutzgebieten.

Lauere auch nicht dicht vor einem Bau oder Nest darauf, dass die Elterntiere zurückkehren. Wahrscheinlich verschreckst du sie damit und hältst sie davon ab, ihre Jungen zu füttern. Viel zu viele Jungtiere sterben durch Menschen, die in ihre Gebiete eindringen oder sie bzw. ihre Behausungen gar anfassen. Nutze stattdessen ein Teleobjektiv, mit dem du aus sicherer Entfernung nah an das gewünschte Motiv heranzoomen kannst.

Wenn du nicht das nötige Equipment oder die nötige Geduld hast, um Wildtiere zu fotografieren, dann widme dich erst einmal weiter Haus- oder Zootieren oder beschäftige dich mit den vielfältigen anderen Möglichkeiten der Naturfotografie. Kein Foto der Welt ist es wert, dass ein Tier vor dir fliehen und dafür unnötig Energie aufwenden muss, die es vielleicht dringend braucht.

Als Fotograf steckst du in der Rolle des Beobachters, und dir sollte es am allerwichtigsten sein, die Natur, die dich so fasziniert, zu erhalten und zu schützen. Um der Natur etwas zurückzugeben, kläre auch andere Menschen darüber auf – viele sind sich ihres schädigenden Verhaltens gar nicht bewusst.

FOTOAUFGABE „HUND IN SZENE SETZEN“

Schwierigkeitsgrad ★★★☆

Nimm deinen eigenen Hund oder frage einen Hundehalter, ob du dir seinen Hund (vielleicht gegen ein paar schöne Fotos?) ausleihen darfst.

Mache ein schönes Porträt von dem Hund im Sitzen oder Liegen.

Achte dabei auf folgende Kriterien:

- Gutes Licht (also Tagesrandstunden oder diffuses Licht)
- Perspektive auf Augenhöhe
- Der Fokus liegt auf dem Auge
- Der Hintergrund ist ruhig und unscharf

Schwierigkeitsgrad ★★★★

Mache ein Foto von einem laufenden Hund. Am einfachsten ist es, wenn der Hund nicht auf die Kamera zurennt, sondern du ihn seitlich fotografierst.

Achte dabei auf folgende Kriterien:

- Gutes Licht (also Tagesrandstunden oder diffuses Licht)
- Perspektive auf Augenhöhe
- Der Hund ist scharf
  (keine Bewegungsunschärfe = kurze Verschlusszeiten)
- Der Hintergrund ist ruhig/einfarbig
- Das Foto zeigt eine schöne Laufphase

Tipp: Nutze den Modus Tv bzw. S, aktiviere den kontinuierlichen Autofokus und fotografiere Serienaufnahmen.

Lust auf den Austausch mit uns und anderen Leserinnen und Lesern? Poste dein Foto auf Instagram mit dem Hashtag **#draussenfotos** und gib anderen Fotos unter diesem Hashtag dein Feedback. Wir selbst schauen uns alle Posts an und werden so viele wie möglich persönlich kommentieren!

MAKROFOTOGRAFIE

Die Makrofotografie zeigt dir die Welt, wie du sie vielleicht noch nie zuvor gesehen hast. Sie zeigt nicht das große Ganze, sondern den Zauber der kleinen Details, die unserer alltäglichen Wahrnehmung verborgen bleiben. Spiegelnde Tautropfen auf feinen Gräsern, detailreiche Insektenaufnahmen, faszinierende Einblicke in die Welten der Blüten, Blätter, Pilze und kleinsten Tiere.

Die Definition der Makrofotografie ist der Abbildungsmaßstab von 1:1. Das bedeutet, dass das Motiv auf dem Kamerasensor genauso groß abgebildet wird, wie es in der Realität ist. Das Resultat auf dem fertigen Foto ist dann die sehr große Abbildung einer sehr kleinen Struktur. Dies macht Details sichtbar, die mit dem bloßen Auge kaum oder gar nicht zu erkennen sind.

Wir möchten in diesem Buch allerdings nicht so streng sein und bezeichnen daher nicht nur „echte" Makrofotos mit einem Abbildungsmaßstab von 1:1 als Makrofotos, sondern generell alle Aufnahmen von kleinen Details, unabhängig von rechnerischen Definitionen.

Die Makrofotografie bietet nicht nur beeindrucke Möglichkeiten und eine faszinierende Vielfalt; Einsteiger finden in der Regel einen guten Zugang zu dieser Art der Fotografie. Du wirst also schnell erste Erfolge mit ungewöhnlichen und ansprechenden Motiven und Fotos verzeichnen können. Die Makrofotografie hat allerdings auch ihre ganz eigenen Herausforderungen – sowohl technisch als auch kreativ. So fordert sie selbst erfahrene Fotografen stets neu heraus und lässt dabei unheimlich viele Möglichkeiten des Ausprobierens und Entdeckens zu.

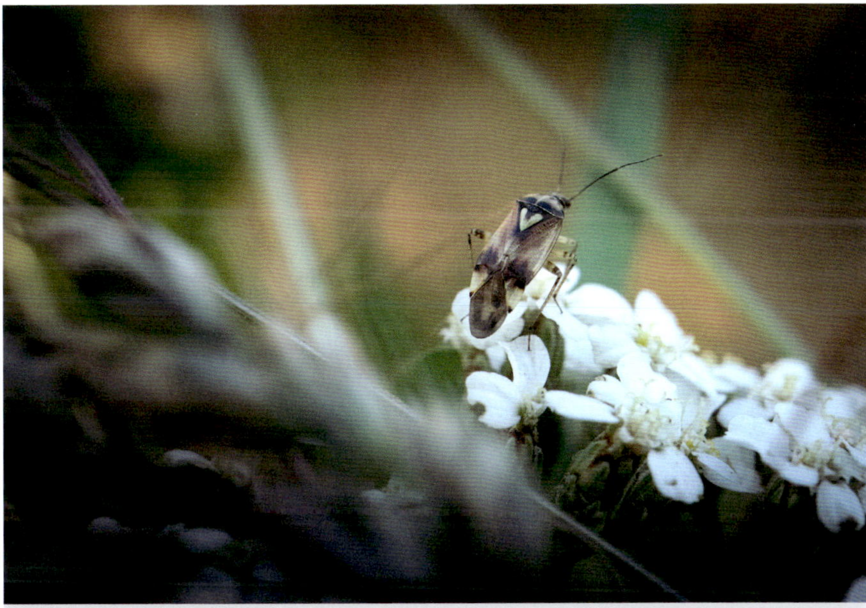

Kleines ganz groß: In der Makrofotografie warten viele spannende Motive auf dich. Canon EOS 5D Mark IV | Canon EF 100 mm f/2.8L Macro IS USM | 1/400 | f/8 | ISO 12800 | 20:34 Uhr

Herausforderungen

Der Sensor muss bei der Makrofotografie so nah an das Objekt heran wie irgend möglich: Du musst also mit der Kamera sehr nah an dein Motiv herangehen. Hierbei begrenzt dich die Naheinstellgrenze normaler Objektive viel zu früh: Gewöhnliche Objektive können auf diese sehr kurze Distanz nicht fokussieren. Für die „echte" Makrofotografie benötigst du daher entweder ein spezielles Objektiv – oder du musst tricksen. „Normale" Detailfotos kannst du hingegen einfach aus größerer Entfernung mit allen Objektiven machen, die über höhere Brennweiten verfügen.

Um nah an dein Motiv heranzukommen und starke Makroaufnahmen zu machen, hast du folgende Möglichkeiten:

Makroobjektiv
Makroobjektive sind meist Festbrennweiten im leichten Telebereich. Anders als andere Objektive, verfügen sie über eine extrem geringe Naheinstellgrenze. Sie erlauben es dir also, sehr nah an das Motiv heranzugehen. Weitere Stärken sind eine sehr gute Bildqualität mit hoher Schärfe, wenig Verzeichnungen sowie eine gute Lichtstärke. Schwach sind sie dafür oft im Autofokus.

Makroobjektive sind die beste, aber auch teuerste Lösung für gute Makroaufnahmen. Wir empfehlen sie dir deshalb besonders dann, wenn du Spaß an der Makrofotografie hast und mehr in diesem Bereich machen möchtest. Möchtest du ein Makroobjektiv kaufen, empfehlen wir dir eine Brennweite um 100 mm (oder mehr, wenn du schon weißt, dass du hauptsächlich Tiere damit fotografieren wirst). Wir selbst nutzen für unsere Makrofotos das Canon EF 100 mm 2.8L Macro IS USM. Natürlich kannst du mit einem Makroobjektiv auch alles andere fotografieren! Wir nutzen unser 100-mm-Objektiv z. B. sehr gerne für Porträts bei wenig Licht.

Zwischenringe
Zwischenringe vergrößern den Abbildungsmaßstab deines normalen Objektivs und sind eine günstige Lösung, wenn du dir kein spezielles Makroobjektiv anschaffen und das Feld der Makrofotografie erst einmal ausprobieren möchtest. Du schraubst den Zwischenring zwischen deine Kamera und dein normales Objektiv und kannst es dann im Makrobereich verwenden.

Der große Nachteil an Zwischenringen ist, dass sie die Lichtstärke deines Objektivs verringern. Du benötigst also eine bessere Ausleuchtung deines Motivs. Außerdem verringern Zwischenringe den Fokusbereich und erlauben dir kein Fokussieren in die Ferne. Dies fällt allerdings bei der Makrofotografie weniger ins Gewicht, weil dein Motiv ja sowieso sehr nah vor deiner Linse ist.

Kaufe Zwischenringe nicht einzeln, sondern im Set. So kannst du sie kombinieren und einen noch größeren Abbildungsmaßstab erreichen. Wähle Automatik-Zwischenringe, damit die automatische Blendensteuerung und der Autofokus erhalten bleiben.

Retroadapter

Schau einmal falsch herum durch ein Weitwinkelobjektiv: Du siehst plötzlich alles ganz nah dran! Genau dies macht sich ein Retroadapter zunutze: Er erlaubt dir, dein Objektiv falsch herum an deine Kamera zu schrauben und so aus deinem Weitwinkelobjektiv ein Makroobjektiv zu machen. Je weitwinkliger dein Objektiv ist, desto stärker wird dieser Effekt – du kannst mit einem Retroobjektiv also immense Vergrößerungen erreichen. Der Nachteil ist, dass bei der Nutzung die elektronische Verbindung zwischen Kamera und Objektiv verloren geht; der Autofokus und die elektronische Blendensteuerung lassen sich daher nicht mehr verwenden.

Objektiv mit Makrofunktion

Dies sind keine „richtigen" Makroobjektive, sondern flexibel einsatzbare Zoomobjektive, von denen einige eine gesonderte Einstellung für Makroaufnahmen haben. Du kommst hiermit weniger nah an das Motiv heran als mit einem echten Makroobjektiv, für den Einstieg eignet sich so ein Objektiv jedoch sehr gut. Du erkennst sie z. B. an dem Blumensymbol auf dem Objektiv.

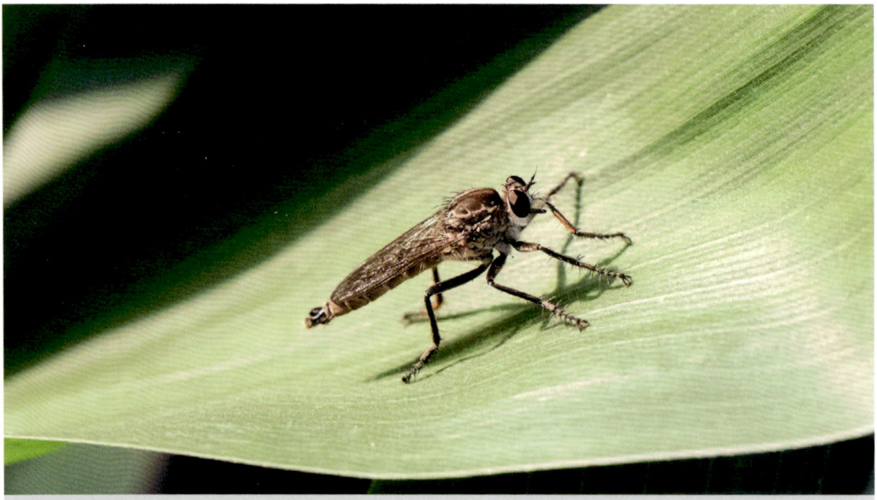

Mit einem Makroobjektiv kommst du maximal nah ran an das Motiv – wenn dieses es denn zulässt … Canon EOS 5D Mark IV | Canon EF 100 mm f/2.8L Macro IS USM | 1/1000 | f/8 | ISO 6400 | 20:38 Uhr

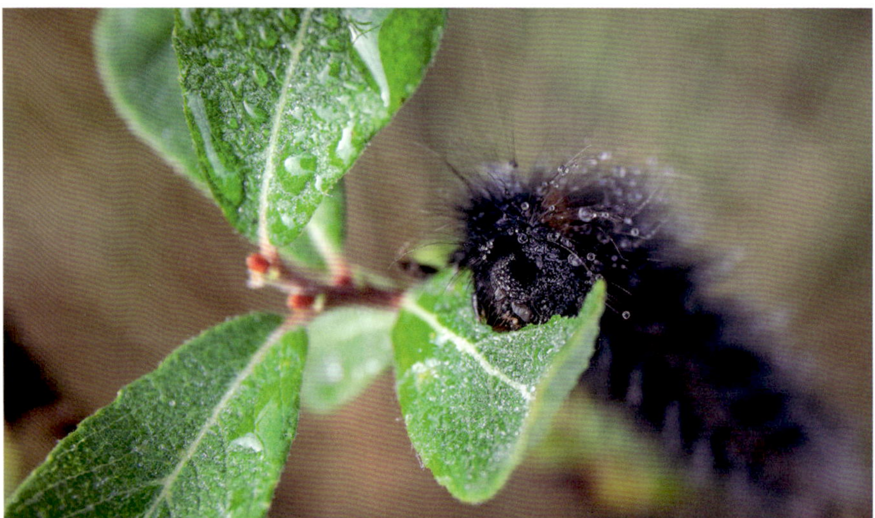

Noch mit Morgentau überzogen, frisst sich eine Raupe durch das junge Grün. Dieses Foto haben wir mit der Makrofunktion unseres Zoomobjektivs aufgenommen. Canon EOS 5D Mark IV | Canon EF 24–70 mm f/4L IS USM bei 70 mm | 1/160 | f/5.6 | ISO 1600 | 07:50 Uhr

Eine weitere Schwierigkeit bei extremen Nahaufnahmen ist der stark verkleinerte Schärfebereich. Dies führt dazu, dass du auch mit einer eher geschlossenen Blende oft nicht das ganze Motiv scharf stellen kannst. Außerdem sorgt jede kleine Bewegung des Motivs oder auch der Kamera sofort für unscharfe Fotos.

Es bietet sich daher an, Makrofotos mit Stativ zu machen, um längere Belichtungszeiten realisieren und manuell fokussieren zu können. Du kannst dich mit Stativ außerdem verwacklungsfrei auf deine Bilder konzentrieren und dir viel Zeit nehmen, um den besten Bildausschnitt festzulegen und den perfekten Fokus zu finden.

Möchtest du tiefer in die Makrofotografie einsteigen, empfehlen wir dir außerdem einen sogenannten Makroschlitten, der zwischen Kamera und Stativ geschraubt wird. Hiermit kannst du die Nähe der Kamera zum Motiv einfacher und sehr genau variieren, ohne das Stativ zu bewegen.

Eine Technik, um eine größere Schärfeebene zu erlangen, ist das Fokusstacking. Hierbei werden mehrere Einzelfotos aufgenommen, bei denen die Schärfeebene nach jeder Aufnahme leicht versetzt wird. So wird etwa bei einem Insekt auf dem ersten Foto die Augen-/Fühlerpartie scharf abgebildet, auf dem zweiten Foto der vordere Teil des Körpers und auf dem dritten Foto der hintere Teil des Körpers. Anschließend werden die drei Fotos in einer Software (z.B. Helicon Fokus oder Photoshop) zu einem einzelnen zusammengerechnet, auf dem alle drei Bereiche scharf sind.

Einige Kameras haben eine automatische Funktion für das Fokusstacking, bei der sie mehrere Fotos mit einer minimalen Verschiebung des Schärfebereichs aufnehmen. Manuell erreichst du die besten Ergebnisse, wenn du einen Makroschlitten nutzt.

Bei vielen Insekten und anderen kleinen Tieren musst du für deine Makroaufnahmen die Fluchtdistanz berücksichtigen, denn deine Motive verharren in der Regel nicht regungslos wenige Millimeter vor deinem Objektiv. Am Ende hilft hier hauptsächlich Geduld. Ein guter Trick ist es, Makrofotos ganz früh am Morgen zu machen. Dann ist es für die Insekten noch etwas zu kalt, und sie sind deutlich bewegungsunfähiger.

Außerdem bietet es sich an, für Kleintiere ein Makroobjektiv mit möglichst hoher Brennweite zu verwenden, um etwas mehr Abstand halten zu können. Ein Ringblitz erlaubt es dir zudem, schnelle Bewegungen einzufrieren, sodass auch fliegende Insekten scharf abgebildet werden. Ein Ringblitz besteht aus Blitzröhren, die um das Objektiv herum angeordnet sind. Sie sorgen für eine gleichmäßige Ausleuchtung ohne Schatten.

HINWEIS

Eventuell fragst du dich, wie manche Fotografen die knackig scharfen Fotos von Insekten und Spinnen erlangen, auf denen z. B. auch die Facettenaugen bis ins kleinste Detail sichtbar sind.

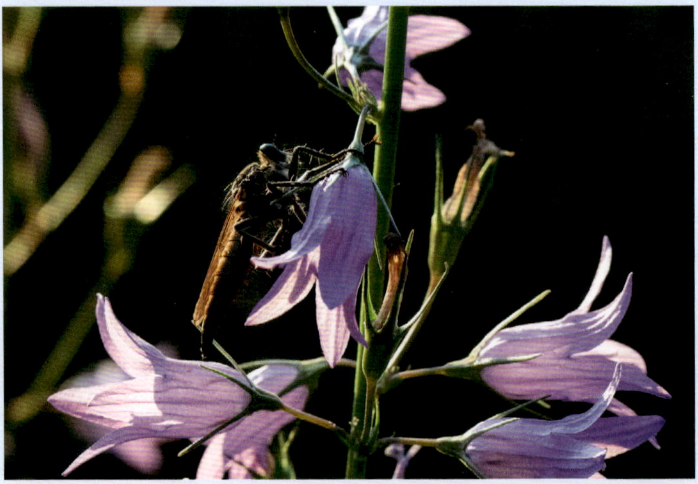

Auch ohne Eisspray & Co. kann man sehr schöne Makroaufnahmen machen. Canon EOS 5D Mark IV | Canon EF 100 mm f/2.8L Macro IS USM | 1/320 | f/11 | ISO 3200 | 20:56 Uhr

In den allermeisten Fällen werden diese Fotos von toten Insekten/ Spinnen gemacht, oder die Tiere werden für das Foto vorher mit Eisspray eingesprüht (wodurch sie letzten Endes häufig ebenfalls sterben). Wir möchten dich daher an dieser Stelle bitten: Erfreue dich an der lebendigen Natur und töte keine Tiere, auch keine Spinnen und Insekten, für deine Fotos.

Die richtigen Einstellungen

Die große Herausforderung der Makrofotografie ist es, eine hohe Schärfe an genau der richtigen Stelle zu erreichen. Wir empfehlen dir folgende Einstellungen und Vorgehensweisen:

- Schalte den Bildstabilisator beim Fotografieren aus der Hand ein und beim Fotografieren mit Stativ aus.
- Wenn du mit Stativ und längeren Belichtungszeiten arbeitest, löse mit dem Fern- oder Selbstauslöser (Auslöseverzögerung von zwei Sekunden) aus, damit deine Fotos beim Auslösen nicht verwackeln.
- Vergiss bei Makros den Autofokus und fokussiere manuell. Dies funktioniert besonders gut mithilfe des Live-Views deiner Kamera, den du maximal vergrößerst. So kannst du die Schärfe am besten kontrollieren. Wenn deine Kamera über die Funktion Fokus-Peaking verfügt, dann aktiviere sie. Sie erleichtert dir die Fokussetzung, indem sie den fokussierten Bereich durch Punkte hervorhebt.
- Bei bewegten Motiven benötigst du besonders viel Geduld, da du im Makrobereich kaum mit dem Autofokus arbeiten kannst. Am besten fokussierst du eine Blüte vor, von der du vermutest, dass ein Insekt auf ihr landen könnte. Stelle exakt auf den vermuteten Landeplatz scharf. Wenn ein Insekt kommt, mache blitzschnell hintereinander Serienaufnahmen mit sehr kurzer Belichtungszeit.
- Wähle eine Blende zwischen f/8 und f/16 (bei noch stärker geschlossenen Blenden tritt Beugungsunschärfe auf).
- Wähle möglichst einen ISO von 100 (hohe ISO-Werte beeinträchtigen die Schärfe deines Fotos durch Bildrauschen).

- Bewegte Motive wie Tiere oder Pflanzen im Wind musst du mit sehr kurzen Verschlusszeiten fotografieren, damit sie scharf werden. Um die anderen Parameter (Blende und ISO) nicht zu strapazieren, benötigst du in diesem Fall viel Licht, also einen sehr hellen Tag oder externes Licht wie beispielsweise einen Ringblitz.

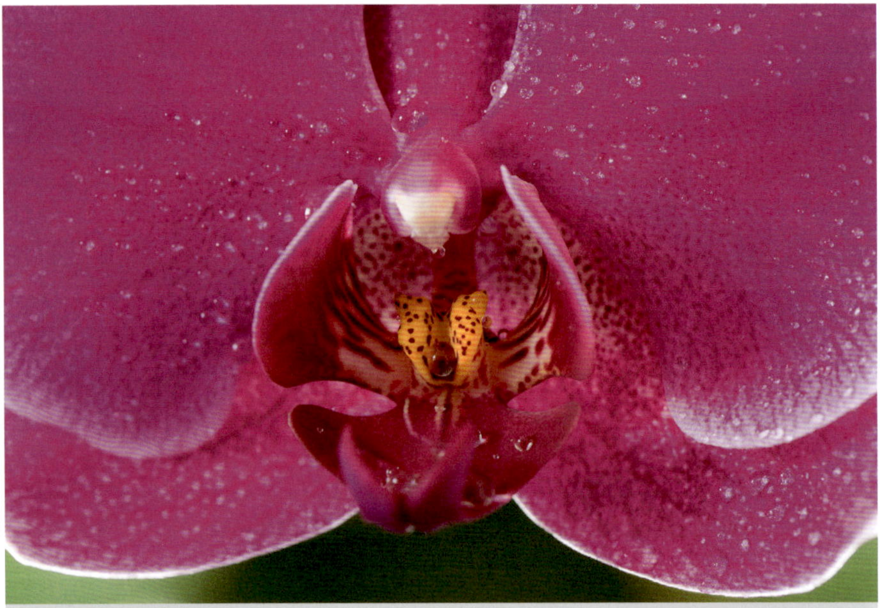

Je näher du herangehst, desto schwieriger werden scharfe Fotos. Das Fotografieren mit Stativ verhindert ein Verwackeln und lässt dich den Ausschnitt präziser festlegen. Canon EOS 5D Mark IV auf Stativ | Canon EF 100 mm f/2.8L Macro IS USM | 1/20 | f/8 | ISO 2500 | 13:10 Uhr

Blumen und Pflanzen

Ein riesiger Vorteil der Makrofotografie ist, dass du sie überall machen kannst: Du brauchst keine hübschen Landschaften, sondern findest interessante Motive auf jedem unscheinbaren Grünstreifen. Perfekte Orte für die Makrofotografie von Blumen und Pflanzen sind

Parks und Grünanlagen, der heimische Garten und natürlich Wälder und Wiesen. Am besten eignen sich windstille Tage, damit die Motive in der geringen Schärfeebene „stillhalten". Fotografiere bei leichter Bewölkung, im Schatten (diffuses Licht) oder in den Tagesrandstunden, also wenn die Sonne möglichst tief am Himmel steht.

Pflanzen und Pilze sind weniger spektakuläre Makromotive als Tiere, eignen sich aber hervorragend für einen Einstieg in diesen Bereich der Fotografie, denn sie haben einen großen Vorteil: Sie flüchten nicht! Du kannst dir also viel Zeit nehmen, sehr nah herangehen, verschiedene Einstellungen ausprobieren und auch am nächsten Tag einfach noch mal wiederkommen. Außerdem sind Pflanzen leicht zu finden, hübsch anzusehen und nicht zu klein. Perfekt!

Blüten mit ihren herrlichen Farben und Formen sind das nächstliegende und beliebteste Motiv in der Makrofotografie von Pflanzen. Aber auch andere Pflanzenteile wie filigrane Blätter, Früchte, Samen sowie Flechten und Moose bieten sich an. Es müssen auch nicht immer „echte" 1:1-Makros sein – auch ganze Blumen sehen auf Fotos wunderschön aus.

Auch bei Makrofotos kommt der Perspektive eine besondere Bedeutung zu. Fotografiere also nicht einfach von oben herab, sondern begib dich auf die Höhe des Motivs – leg dich vielleicht sogar flach auf den Boden. Diese Fotos wirken automatisch intensiver und ansprechender. Denke daran, dass viele Menschen die Welt immer nur aus ihrer eigenen Augenhöhe betrachten und es ein großer Gewinn für die Spannung deiner Fotos sein kann, wenn du davon abweichst.

Nicht nur die Perspektive, auch die anderen Regeln der Bildgestaltung solltest du beherzigen. Platziere dein Hauptmotiv nicht in der Mitte des Bildes und schneide es entweder gar nicht oder aber sehr stark an. Nutze zudem Führungslinien wie Grashalme, Äste oder andere Strukturen, die zu deinem Hauptmotiv hinführen.

Wenn du ganze Blumen fotografierst, empfehlen wir dir zusätzlich zu einer sehr niedrigen Perspektive mit offener Blende zu arbeiten. So stellst du die Blume gegen den Hintergrund frei. Probiere auch einmal verschiedene Lichtstimmungen aus: bei niedrig stehender Sonne im Gegenlicht, wenn Details wie einzelne Härchen und Äderchen schön zur Geltung kommen, oder bei niedrig stehender Sonne von hinten, wenn die Farben kräftig herauskommen. Für diese Art Blumenfotos benötigst du übrigens kein Makroobjektiv, es eignet sich auch ein Teleobjektiv oder eine Festbrennweite mit großer Offenblende wunderbar dafür.

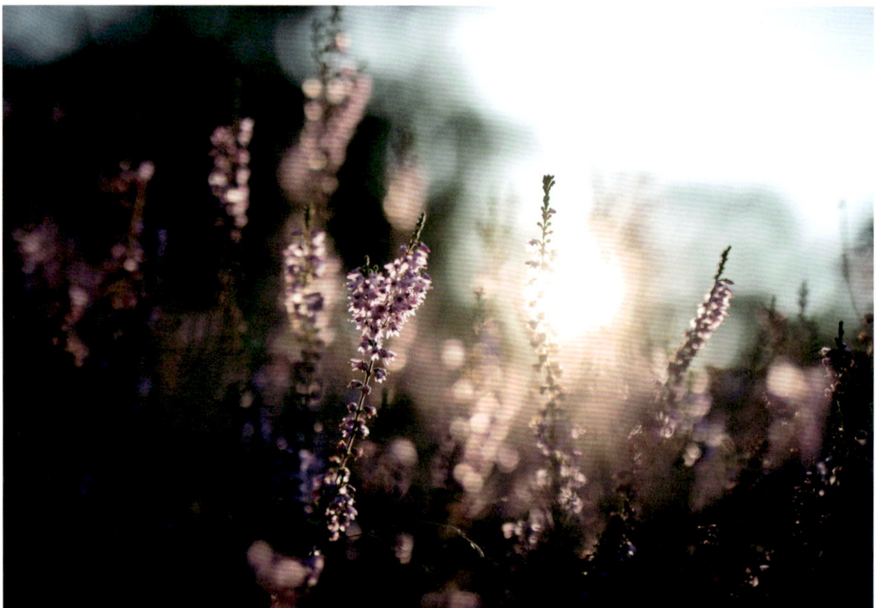

Fotos wie dieses bekommen im Gegenlicht einen ganz besonderen, magischen Look. Begib dich für solche Aufnahmen ganz tief runter in die Froschperspektive! Canon EOS 5D Mark IV | Sigma 35 mm F1.4 DG HSM Art | 1/1000 | f/1.8 | ISO 200 | 18:35 Uhr

Fotografierst du einzelne Teile der Pflanze, etwa die Blütenstände, kommst du der Makrofotografie wieder deutlich näher. Achte aber auch hier auf die Bildgestaltung und mache nicht einfach irgendein Foto nach dem Motto „Hauptsache nah dran“. Arbeite mit ruhigen Hintergründen, die aus wenigen Farben bestehen und in denen die Strukturen verschwimmen. Hübsche Unschärfe-Kreise (Bokeh) erreichst du, wenn du mit möglichst geschlossener Blende und hoher Brennweite gegen das Licht fotografierst.

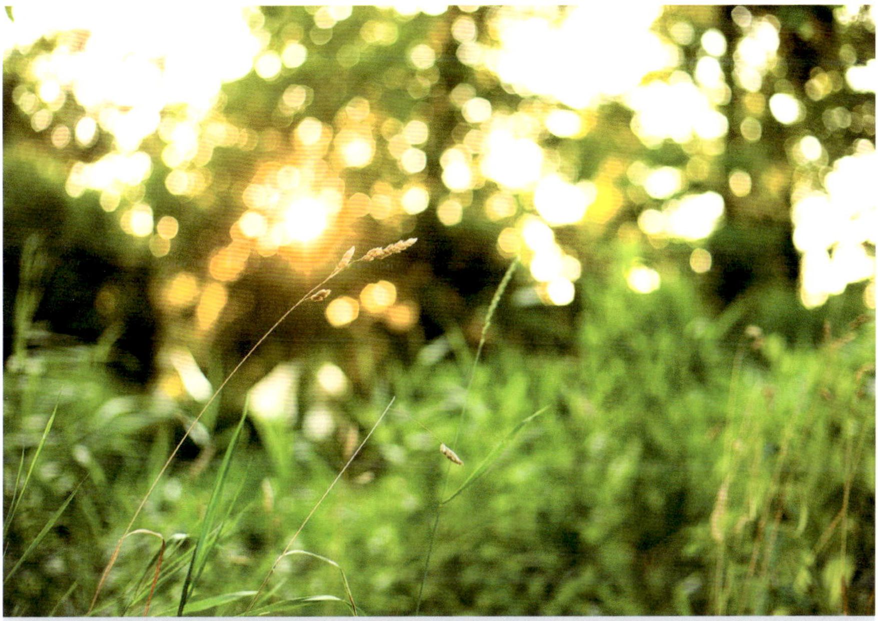

Dieses Foto besteht nur aus gelben und grünen Farbtönen – und einem wunderschönen Bokeh, das durch die offene Blende und das Gegenlicht entsteht. Canon EOS 5D Mark III | Canon EF 50 mm f/1.8 II | 1/320 | f/1.8 | ISO 200 | 20:22 Uhr

Setz dich einmal mit vorbereiteter Kamera mitten in eine blühende Wiese, am besten im Abendlicht. Warte ein paar Minuten und sieh dich um. Wetten, dass du Hunderte Motive um dich herum findest? Versuche auch einmal, so nah an dein Motiv heranzugehen wie möglich. Immer mehr kleine Strukturen und Details werden sichtbar werden und dir einen ganz neuen Einblick in die Pflanzenwelt gewähren.

Hier ist eine kleine Ideensammlung für besondere Motive aus der Welt der Pflanzen und Pilze:

- Grashalme oder Moos im Morgentau
- Blüten oder Blätter mit Wassertropfen (Tipp: Sprühflasche mitnehmen!)
- Ganz dicht dran: Blütenorgane der Pflanze (Stempel, Staubgefäße, ...)
- Samen von Pusteblumen
- Blätter im Gegenlicht
- Pflanzen im Frost
- Kleine Pilzgruppen auf Baumstämmen

Insekten & Co.

Wie jeder Bereich der Tierfotografie erfordert auch das Ablichten von Insekten, Spinnen und anderen kleinen Tieren wie Schnecken oder Fröschen vor allem eins: unheimlich viel Geduld. Die meisten Tiere werden aus deinem Foto verschwunden sein, bevor du sie überhaupt fokussieren konntest. Du benötigst also eine hohe Frustrationstoleranz. Wenn du aber dabeibleibst, wird die filigrane Welt der kleinen Lebewesen dich verzaubern und dir Einblicke gewähren, die den allermeisten Menschen für immer verborgen bleiben. Bist du bereit, sie mit deiner Kamera einzufangen?

Sehr gute und motivierende Motive für den Einstieg sind Schmetterlinge und bunte Wanzen oder Käfer (etwa Feuerwanzen oder Marienkäfer). Sie sind leicht zu finden, schön anzusehen und groß genug, sodass du relativ leicht ein gutes Foto von ihnen machen kannst. Wanzen und Käfer sind außerdem recht tolerant und wenig scheu, sodass du dich ihnen gut auf eine geringe Distanz nähern kannst.

Wenn du dich nicht vor ihnen ekelst, sind auch Spinnen, die in ihren Netzen ruhen, ein guter Einstieg. Sie halten lange still und sind, stark vergrößert, extrem spannende Motive. Schwieriger zu erwischen, aber ebenfalls sehr hübsch, sind Insekten wie Hummeln, Bienen und Libellen. Um sie scharf abzubilden, benötigst du besonders viel Geduld. Wie bereits gesagt, ist es eine gute Idee, Makrofotos von Tieren früh am Morgen zu machen. Zu dieser Zeit sind sie noch in der Kältestarre und deutlich träger als tagsüber. Und du weißt ja: Das beste Licht hast du frühmorgens ebenfalls.

Suche dir bei Insekten eine seitliche Perspektive auf Augenhöhe, damit das ganze Insekt gut zu sehen ist. Wenn die Tiere immer wieder wegfliegen, beherzige unseren vierten Tipp von Seite 225 und fokussiere mit der Kamera auf dem Stativ auf einen vermuteten Landeplatz vor. Dann entferne dich etwas und löse mit dem Fernauslöser aus, wenn das Insekt landet.

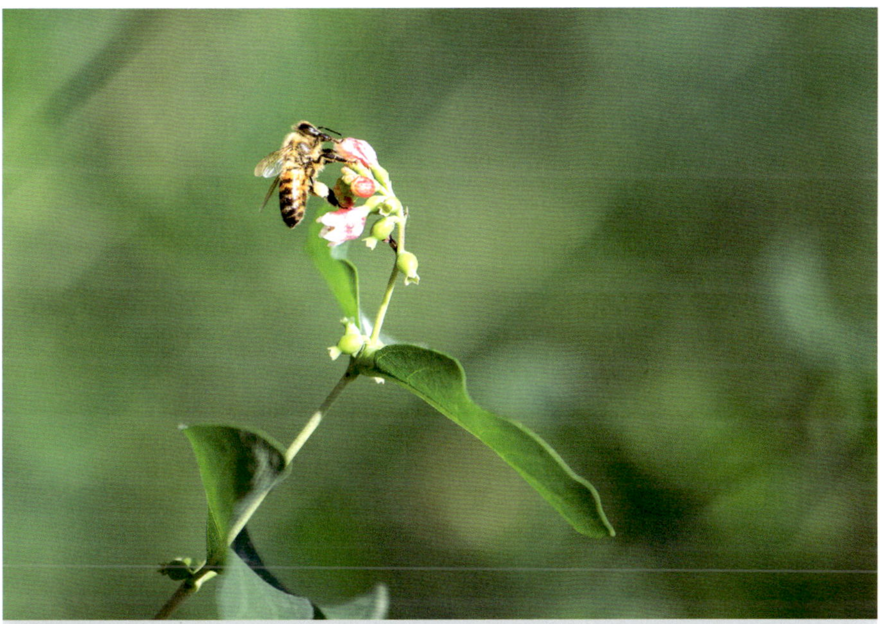

Erwischt! Diese Biene hat sich genau auf der Blüte niedergelassen, die wir zuvor fokussiert hatten. Canon EOS 5D Mark III | Canon EF 70–200 mm f/4L IS USM bei 200 mm | 1/500 | f/4 | ISO 125 | 13:10 Uhr

Beschränke dich bei der Makrofotografie aber nicht nur auf Insekten und Spinnen! Auch Schnecken, Raupen, Würmer sowie kleine Wirbeltiere wie Frösche, Geckos, Salamander und Kröten sind tolle Motive, wenn auch meist etwas schwerer zu finden. Hier ist eine kleine Ideensammlung für besondere Motive in der Welt der kleinen Tiere:

- Hummeln, Bienen oder Wespen voll Blütenstaub
- Leuchtende Farben der Libellen
- Netzaugen der Insekten direkt von vorne
- Spinnen mit ihren bis zu acht Augen direkt von vorne (z. B. Springspinnen)
- Schnecken auf Pilzen oder Grashalmen
- Kleine Frösche und Kröten von ganz tief unten fotografiert

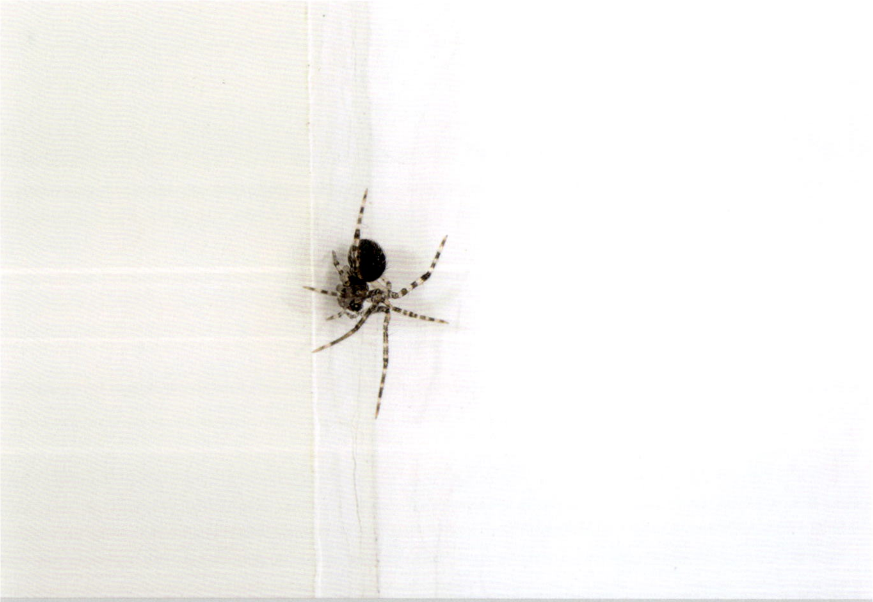

Die Spinne in deinem Wohnzimmer taugt als Übungsobjekt ... Canon EOS 5D Mark III | Canon EF 100 mm f/2.8L Macro IS USM auf Stativ | 0,6 sek | f/16 | ISO 800 | 13:34 Uhr

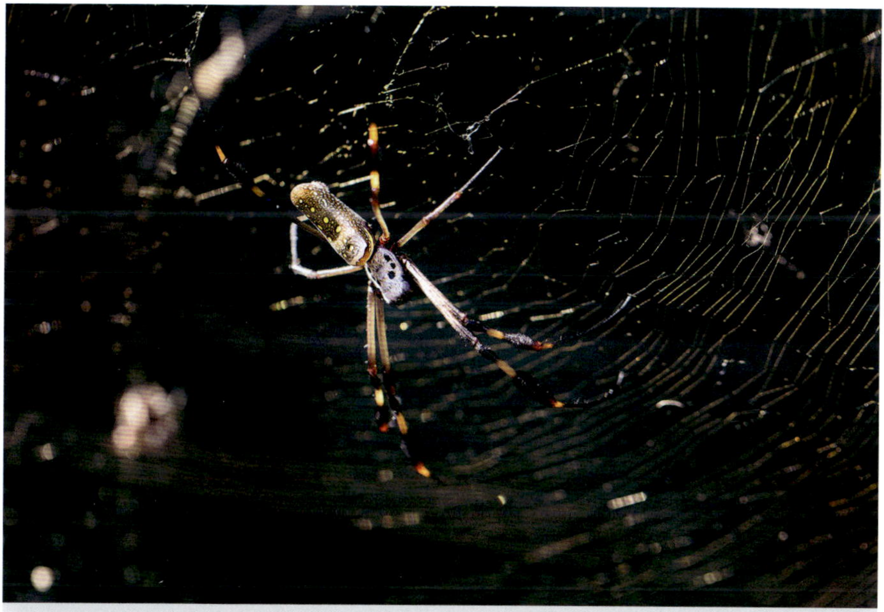

… so richtig gut wirkt ein Spinnenfoto aber erst draußen in der natürlichen Umgebung. Canon EOS 5D Mark III | Canon EF 100 mm f/2.8L Macro IS USM | 1/250 | f/4 | ISO 400 | 09:35 Uhr

FOTOAUFGABE „KLEINE WELT GANZ GROSS"

Schwierigkeitsgrad ★★★☆

Mache eine Makroaufnahme einer Blume und achte auf folgende Kriterien:

- Diffuses Licht (Schatten oder bewölkter Himmel)
- Ruhiger, einfarbiger, unscharfer Hintergrund
- Die Blüte selbst ist von vorne bis hinten durchgehend scharf
- Ansprechender Bildschnitt und interessante Perspektive

Schwierigkeitsgrad ★★★★

Statt der Blume fotografiere einen Käfer.
Die Kriterien sind die gleichen!

Lust auf den Austausch mit uns und anderen Leserinnen und Lesern? Poste dein Foto auf Instagram mit dem Hashtag **#draussenfotos** und gib anderen Fotos unter diesem Hashtag dein Feedback. Wir selbst schauen uns alle Posts an und werden so viele wie möglich persönlich kommentieren!

FOTOGRAFIEREN AUF REISEN

Die Reisefotografie ist für uns eine der schönsten Arten der Fotografie, denn sie ermöglicht es, Geschichten aus fernen Ländern, fremden Kulturen und neuen Umgebungen zu erzählen. Oft bringt uns die Reisefotografie an Orte, an die wir ohne Kamera niemals gereist wären, und ermöglicht uns Kontakte zu Menschen, die wir ohne die Fotografie nie kennengelernt hätten.

Die Reisefotografie ist eine Symbiose aus verschiedenen Sparten der Fotografie. Sie vereint die Naturfotografie (spektakuläre Landschaften, exotische Tiere) mit der Menschenfotografie, der Architekturfotografie und der Reportagefotografie. Reisefotografie erlaubt uns Einblicke in Natur und Kultur, in völlig neue Welten. Und sie ermöglicht es uns, diese Welten nicht nur mit Worten, sondern auch mit Bildern zu zeigen.

Wir sind auf Reisen oft nur mit einer einzigen Kamera und einem einzigen Objektiv unterwegs. Für die Fotografie von Menschen und authentischen Szenen sowie in Städten nutzen wir eine Festbrennweite (z. B. 35 mm). Wenn wir auch weite Landschaften fotografieren möchten, nutzen wir gerne ein Weitwinkelobjektiv (z. B. 16–35 mm), und bei Tieren ist ein leichtes Teleobjektiv (z. B. 70–200 mm) hilfreich. Von sogenannten Reisezooms, die ein großes Spektrum von Weitwinkel bis Tele abdecken, raten wir wegen der geringen Lichtstärke und der mäßigen Bildqualität ab. Du brauchst keinen „Alleskönner“! Entscheide dich lieber für eine einzige Brennweite, arbeite bewusst damit und entdecke ihre Möglichkeiten!

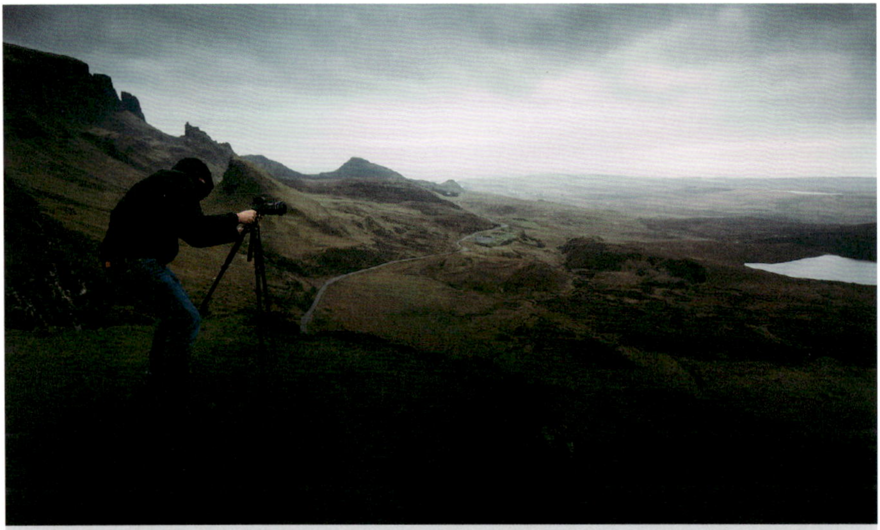

Frühmorgens in den einsamen Landschaften Schottlands: Die Reisefotografie ist ein spannendes Hobby, das dir oft einiges abverlangt, dir aber auch viele unvergessliche Situationen beschert. Canon EOS 5D Mark III | Canon EF 16–35 mm f/4L IS USM bei 16 mm | 1/320 | f/4 | ISO 8000 | 06:39 Uhr

Weg von Sehenswürdigkeiten!

Für viele Menschen besteht die Reisefotografie daraus, die Sehenswürdigkeiten der besuchten Orte abzufotografieren. Wir möchten dich dazu ermuntern, über diese häufig fotografierten Motive hinauszublicken. Was macht das Land, in dem du dich befindest, wirklich aus? Sind es lediglich seine Gebäude, Statuen und Aussichtspunkte? Oder sind es vielmehr die Märkte, die Straßenszenen, die überwältigende (oder auch karge) Landschaft, die fremden Gesichter und Kleidungsstile, vielleicht die in den Ruinen hausenden Geier oder die auf den Mauern spielenden Affen?

Wir selbst reisen nicht, um bestimmte Sehenswürdigkeiten „abzuhaken“, sondern um in ferne Welten einzutauchen. So reisen wir meist sehr langsam und sind eher abseits der Touristenhochburgen unterwegs. Dies spiegelt sich auch in unseren Reisefotos wider. Reisefotografie ist für uns das Erzählen von Geschichten, das Zeigen weiter Landschaften, das Festhalten von Momenten, das Einblickgeben in eine ferne Welt. Dies kann sowohl in Ostasien oder in Lateinamerika, aber auch in Nordeuropa sein, wo wir wochenlang in der Wildnis campen.

Versuche andere Fotos von einem Ort zu machen als all die anderen Reisenden vor dir. Halte Ausschau nach spannenden Szenen, nach Kontrasten, nach ungewöhnlichen Motiven. Ärgere dich nicht über die verfallene Ruine neben dem Nobelhotel, sondern erkenne den Wert dieses Kontrastes für ein Foto. Trau dich, gehe auf Menschen zu, kommuniziere mit ihnen und frage sie, ob du sie porträtieren darfst. Reise anders und lass deine Fotos Geschichten erzählen!

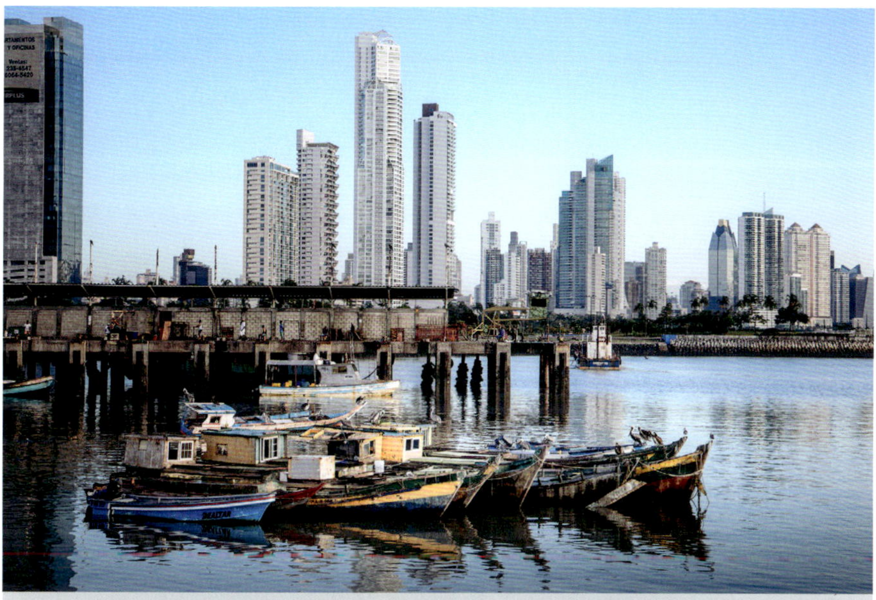

Eine Bankenmetropole mitten im Regenwald, eine Stadt zwischen Tradition und Moderne: Die Kontraste und die Seele von Panama City auf unseren Fotos einzufangen, ist eine spannende Herausforderung. Canon EOS 5D Mark III | Canon EF 24–105 mm f/4L IS USM bei 55 mm | 1/255 | f/4 | ISO 200 | 08:14 Uhr

Laufe durch Straßen, die keinen touristischen Eindruck machen und nicht im Reiseführer hervorgehoben sind. Gehe morgens um 6 Uhr zum Fischmarkt, wenn die Boote ankommen und alles geschäftig vorbereitet wird, statt mittags um 13 Uhr mit der Touristengruppe. Fahre mit den öffentlichen Verkehrsmitteln statt mit dem Taxi. Beobachte, staune und entdecke, welche Szenen und Motive sich dir hier eröffnen und welche Fotos du machen kannst, die nie jemand vor dir gemacht hat.

Und wenn du doch gerne eine Sehenswürdigkeit fotografieren möchtest, dann fotografiere sie anders. Wie viele Millionen Fotos gibt es vom Eiffelturm, aber wie viele sind direkt von unten drunter fotografiert? Suche neue Perspektiven, neue Bildausschnitte, neue Sichtweisen. Ziehe in der Nacht los oder fotografiere bekannte Plätze und Spots frühmorgens um 5 Uhr, wenn außer dir noch niemand da und das Licht großartig ist. Deine Fotos werden sich um Klassen verbessern, und du wirst staunen, wie viel Neues du in altbekannten Motiven entdecken kannst!

STREETFOTOGRAFIE

Streetfotografie ist in vielen fernen Ländern (z. B. in Lateinamerika) deutlich einfacher als in Mitteleuropa, weil die Menschen sehr offen und Fotografen auf der Straße wohlgesonnen sind. Wenn du dich einmal in diesem Gebiet ausprobieren und authentische Straßenszenen einfangen möchtest, bietet sich das bei Reisen in entsprechende Länder sehr an!

Habe dabei aber immer höchsten Respekt vor den Menschen und frage sie, ob du sie fotografieren darfst. Es reicht oft ein kurzer freundlicher Blickkontakt und das Deuten auf die Kamera. Vorsichtiger sein solltest du z. B. in einigen muslimischen Ländern, in denen das Fotografieren von Menschen zum Teil nicht erwünscht ist.

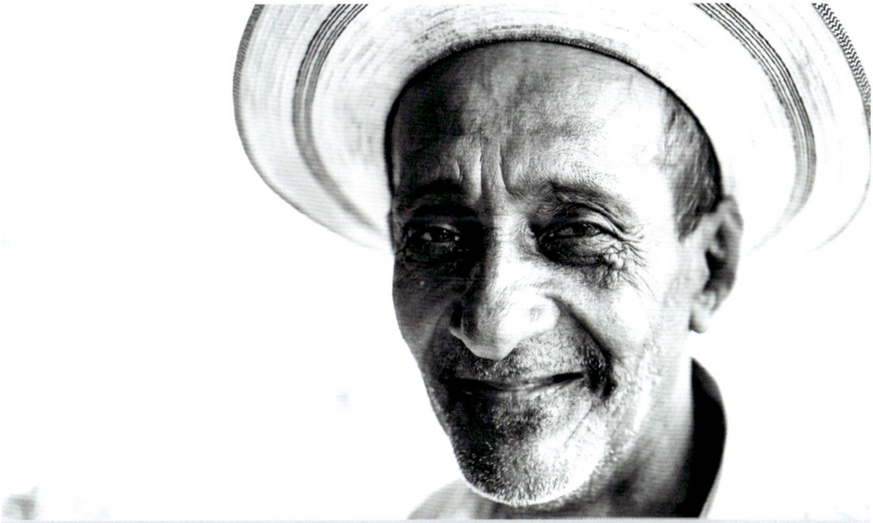

Als wir ihn fragten, ob wir ihn porträtieren dürfen, war dieser Mann so stolz, dass er extra dafür seinen besten Hut von zu Hause holte – seinen wertvollsten Besitz. Canon EOS 5D Mark III | Sigma 35 mm f/1.4 DG HSM Art | 1/800 | f/1.4 | ISO 200 | 17:15 Uhr

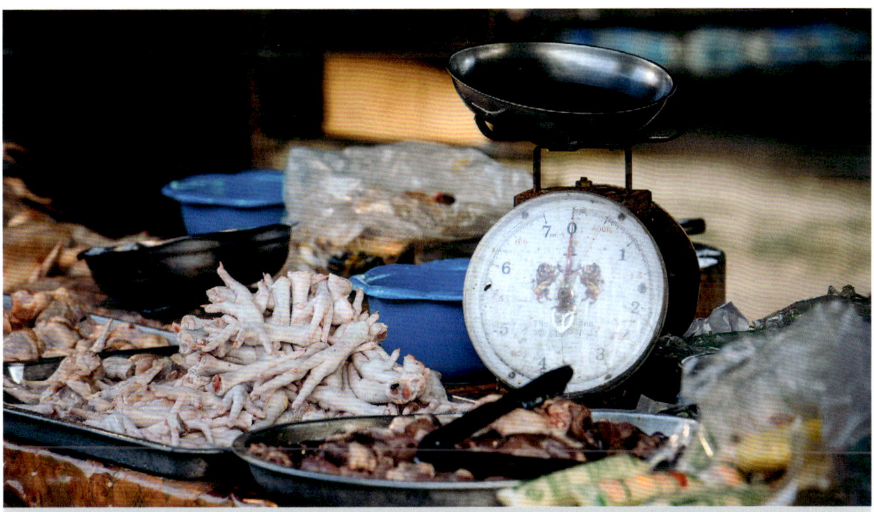

Fange neue Eindrücke und unbekannte Kulturen in interessanten Fotos ein, so wie hier auf dem Markt in Thailand, wo der Begriff Kühlkette keine Bedeutung hat. Canon EOS 5D Mark III | Canon EF 70–200 mm f/4L IS USM bei 155 mm | 1/320 | f/5.6 | ISO 800 | 19:08 Uhr

FOTOAUFGABE „GESCHICHTE IN EINEM BILD“

Schwierigkeitsgrad ★★★☆

Egal wohin deine nächste Reise führt: Mache an deinem Reiseziel ein gut aufgebautes, ansprechendes Foto, welches einen umfassenden Einblick in die Kultur des Landes gibt. Hierbei geht es explizit darum, den authentischen Charakter des Landes zu zeigen – nicht den Tourismus!

Lust auf den Austausch mit uns und anderen Leserinnen und Lesern? Poste dein Foto auf Instagram mit dem Hashtag **#draussenfotos** und gib anderen Fotos unter diesem Hashtag dein Feedback. Wir selbst schauen uns alle Posts an und werden so viele wie möglich persönlich kommentieren!

BILDBEARBEITUNG

Die Bildbearbeitung ist ein wichtiger Bereich der Fotografie, und sie ist ein Thema, an dem sich die Geister vieler Einsteiger scheiden: „Ich mag es natürlich, ich manipuliere meine Bilder nicht!“, sagt die eine Seite. Die andere Seite bewundert die Bearbeitungskünste ihrer Lieblingsfotografen, hat aber Bedenken, selbst nie dieses Niveau erreichen zu können. Manchmal mischen sich auch beide Ansichten: „Bildbearbeitung sorgt für großartige Fotos, ist aber Schummelei. Ich mache es lieber natürlich, dann spare ich mir auch die Auseinandersetzung damit.“

Wir haben lange überlegt, ob wir das Kapitel Bildbearbeitung überhaupt in dieses Buch aufnehmen sollen. Es ist uns aber sehr wichtig, denn keines unserer Fotos würde ohne Bearbeitung so aussehen und wirken, wie es das tut. Das Thema Bearbeitung zu verschweigen, wäre also alles andere als ehrlich. Fühl dich deshalb ermuntert, dich mit der Bildbearbeitung zu beschäftigen, auch wenn wir das Thema hier lediglich grob anschneiden können.

GESCHICHTE

Es wird oft angenommen, dass sowohl die Bildretusche bzw. -montage als auch die Bildentwicklung durch die digitale Fotografie, insbesondere durch Photoshop, entstanden sind. Dies ist ein verbreiteter Irrglaube: Schon seit Beginn der Fotografie war Bildmanipulation (z. B. für politische Zwecke) weit verbreitet, und die Bildentwicklung war immer nötig, um ein Positiv aus einem Negativ zu erschaffen. Damals entschied allerdings der Laborant, wie hell, kontrastreich oder gesättigt ein Foto oder einzelne Bereiche des Fotos werden sollten – heute entscheidet dies die Kamera (im JPEG-Modus) bzw. der Fotograf (im RAW-Modus).

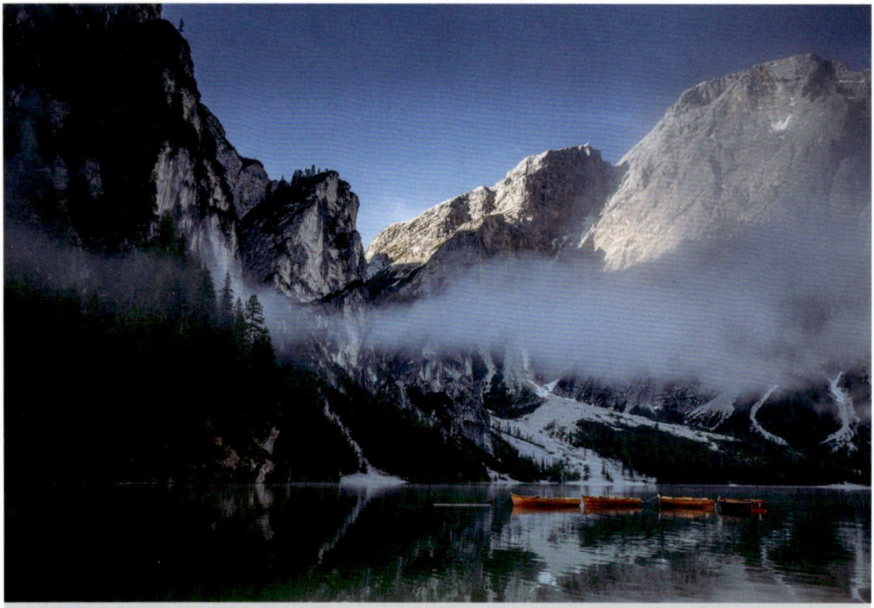

All unsere Fotos durchlaufen eine Grundbearbeitung, ohne die sie nicht so wirken würden, wie sie es tun. Manipulationen wie den Himmel auszutauschen sind aber nicht unser persönlicher Stil. Canon EOS 5D Mark III | Canon EF 24–70 mm f/4L IS USM bei 35 mm | 1/125 | f/5 | ISO 200 | 06:49 Uhr

Montage vs. Entwicklung

Im Wesentlichen gibt es zwei Gründe für die Bildbearbeitung:

1. Ein Bild verfälschen, also etwas anders darstellen, als es in Wirklichkeit ist oder war. Beispiele: Mülleimer entfernen, Personen dünner machen, Himmel austauschen, Pickel entfernen, Tiere in oder aus der Landschaft retuschieren. Wir nennen diese Formen der Bearbeitung „Retusche“ und „Montage“, da dem Foto etwas hinzugefügt wird bzw. störende Elemente entfernt werden.

2. Ein Bild verbessern, also mehr aus dem Foto herausholen oder den Look verändern. Beispiele: Veränderung der Farben (Farblooks bzw. Filter, aber z. B. auch Schwarz-Weiß-Konvertierung), der Kontraste, der Helligkeit oder der Farbtemperatur. Dies kann jeweils auf das gesamte Bild angewendet werden oder lediglich auf einen Teil des Bildes. Es könnte also z. B. nur der Himmel abgedunkelt werden, während der Rest im Originalzustand bleibt. Wir nennen diese Form der Bearbeitung „Entwicklung“, da sie der damaligen analogen Bildentwicklung im Labor entspricht. Es wird ausschließlich mit den Bildinformationen gearbeitet, die bereits in der Bilddatei vorhanden sind.

Ein JPEG ist mit der finalen Positivversion eines Fotoabzugs vergleichbar, während ein RAW das digitale Negativ ist. Wenn du dein Foto selbst entwickeln möchtest, solltest du daher im RAW-Format fotografieren. Dieses Format ist zunächst grauer und flauer – es benötigt eine digitale Entwicklung, um ein fertiges Foto zu werden. Entscheidest du dich für JPEG, übernimmt die Kamera die Arbeit für dich und gibt dem Foto direkt in der Kamera eine entsprechende Entwicklung, die vom Hersteller einprogrammiert wurde.

Wir entwickeln all unsere Fotos aus RAW-Dateien. Bildmanipulation nutzen wir hingegen so gut wie nie. Wenn wir im Folgenden von Bildbearbeitung sprechen, meinen wir daher immer die Bildentwicklung, also z. B. die Verstärkung oder Anpassung von Farben und Kontrasten. Wie genau wir unsere Fotos bearbeiten, zeigen wir dir Schritt für Schritt anhand mehrerer Beispiele in unserem E-Book *Der letzte Schritt zur Perfektion – RAW-Entwicklung mit Adobe Lightroom*. Über den QR-Code gelangst du direkt zum Produkt auf unserer Website.

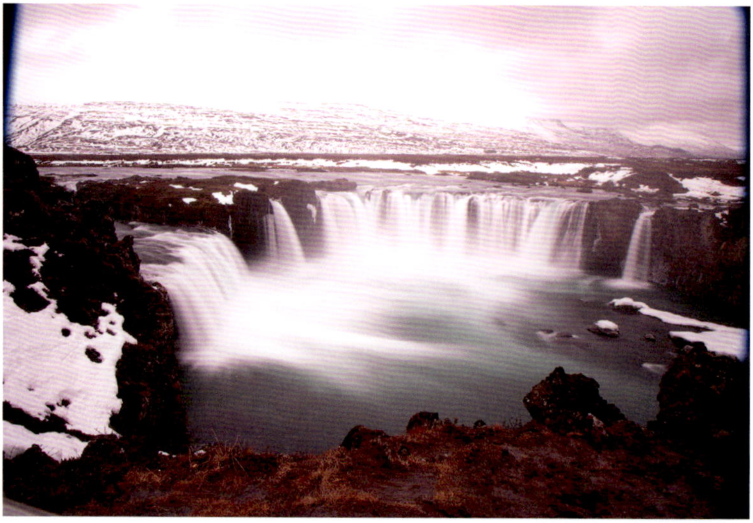

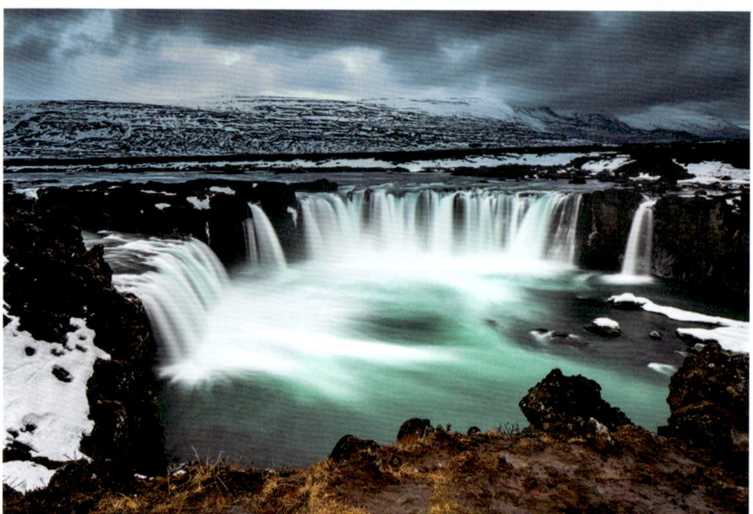

Das unbearbeitete RAW (oben) ist nicht nur zu hell und kontrastlos, durch einen günstigen ND-Filter hat es auch einen starken Magentastich. Durch die Entwicklung konnten wir es retten. Bearbeitet mit den Grundeinstellungen in Adobe Lightroom.

Ziele der Bildbearbeitung

Unsere Bildbearbeitung hat meist drei Ziele:

1. Einen Farblook kreieren
2. Die Schwächen der Kamera ausgleichen
3. Die gewünschte Bildwirkung verstärken

Für das erste Ziel legen wir bestimmte Bildlooks („Presets", also Voreinstellungen) über unsere Fotos, die wir vorher selbst in Lightroom erstellt haben. Dadurch erhalten die Fotos einen einheitlichen Look, der unserem Stil entspricht. Wir nutzen verschiedene Presets für verschiedene Situationen: Bei Porträts achten wir etwa auf sehr gute Hauttöne, während uns bei Landschaftsfotos Farben und Kontraste wichtig sind.

Presets kannst du in Lightroom selbst erstellen oder im Internet (auch bei uns) kaufen. Bedenke jedoch, dass alle Presets – auch deine eigenen – immer nur ein erster Ausgangspunkt sind und für jedes Foto noch etwas angepasst werden müssen.

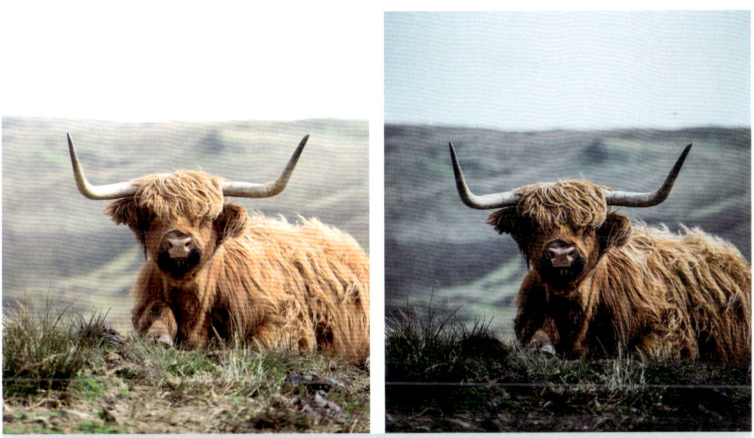

Dieses Foto ist mit unserem Preset „Skye" bearbeitet, das du auch bei uns im Shop kaufen kannst. Es sorgt für einen kühleren, matten Look und macht die Lichter weicher (Ergebnis rechts).

Der zweite Punkt zielt darauf ab, auf dem Bild das zu zeigen, was unsere Augen in der Wirklichkeit wahrgenommen haben. Dies gelingt der Kamera oft nicht, etwa aufgrund des zu geringen Dynamikumfangs. Hierdurch tritt ein häufiges Problem auf: Das Motiv oder die Landschaft ist (zu) dunkel abgebildet, der Himmel (zu) hell. Dieses Problem kannst du durch den Einsatz von Verlaufsfiltern zum Teil direkt bei der Aufnahme verhindern. Da dies aber nur eingeschränkt funktioniert, nutzen wir lieber die Nachbearbeitung und arbeiten mit digitalen Verlaufsfiltern oder anderen lokalen Anpassungen (z. B. „Pinsel").

Ein weiteres häufiges Problem ist der falsch gesetzte (automatische) Weißabgleich, der zu einer inkorrekten Darstellung der Farben führt. Er kann etwa dafür sorgen, dass eine schöne rote Lichtstimmung am Abend auf dem Foto kühl und blau wirkt: Die Stimmung kommt dann nicht rüber. Auch bunte Herbststimmungen wirken auf einem Bild oft nicht, und im Winter bei Schnee driftet der Weißabgleich häufig ins Blaue ab. All diese Probleme können in der RAW-Entwicklung mit einem einzigen Regler behoben werden, indem der Weißabgleich nachträglich korrekt eingestellt wird.

Sowohl Verlaufsfilter als auch einen korrekten Weißabgleich kannst du auch direkt bei der Aufnahme verwenden bzw. einstellen, wenn du dein Foto hinterher weniger bearbeiten möchtest. Die nachträgliche Einstellung ist jedoch flexibler und gibt dir während der Aufnahme mehr Zeit für andere Einstellungen bzw. die Bildkomposition.

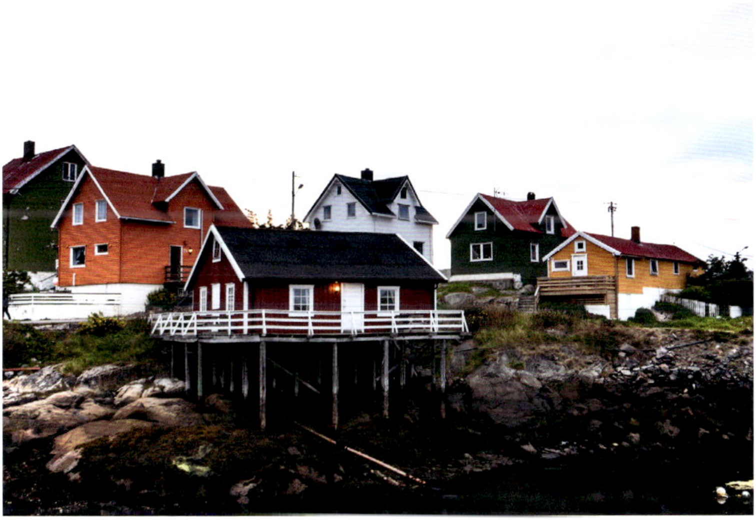

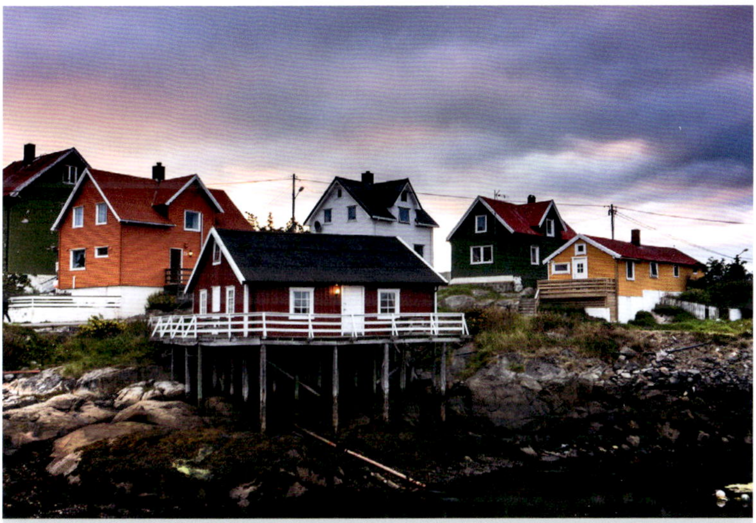

Ohne Verlaufsfilter geht der Himmel auf diesem Foto verloren. Durch das Abdunkeln mittels Verlaufsfilter werden auf dem bearbeiteten Foto (unten) auch Farben im Himmel sichtbar. Diese waren auch in der Wirklichkeit und somit bereits in der originalen Datei vorhanden. Bearbeitet mit den Grundeinstellungen in Adobe Lightroom.

Das dritte große Ziel unserer Bildbearbeitung ist es, die gewünschte Bildwirkung zu verstärken. Im Wesentlichen gehen wir hierbei so vor, dass wir die Bildbereiche, die wir hervorheben möchten, aufhellen und/oder Kontraste und Sättigung verstärken, während wir die Bereiche abdunkeln, die für das Foto unwichtig sind. Das ist die sogenannte „Dodge and Burn Technik". Dies geschieht immer nur so weit, dass es für den Betrachter nicht auffällt, dass irgendwas am Foto geändert bzw. hervorgehoben wurde.

Darüber hinaus wird jedes unserer Fotos begradigt und beschnitten, um den gewählten Bildausschnitt zu perfektionieren und das Motiv ideal in Szene zu setzen.

Bildbearbeitungsprogramme

Wie genau Fotos bearbeitet bzw. entwickelt werden, ist abhängig von dem verwendeten Programm. Wir nutzen für unsere Bildbearbeitung Adobe Lightroom Classic. Dieses Programm ist sehr leistungsstark, recht intuitiv und verfügt zudem über eine exzellente Bildverwaltung. Leider ist es nur noch als Abo zu bekommen, weswegen es für viele Gelegenheitsfotografen eher unattraktiv ist. Mit dabei beim Lightroom-Abo ist auch immer das sehr vielseitige Adobe Photoshop, was unter anderem sämtliche Retusche- und Manipulationsarbeiten ermöglicht.

Als Alternative zu Lightroom kann Skylum Luminar genutzt werden, welches sehr gute Funktionen hat, allerdings nach unserer Erfahrung oft sehr langsam ist. Andere RAW-Entwickler sind:

- Capture One (kostenpflichtig)
- DxO PhotoLab (kostenpflichtig)
- Darktable (kostenlos)

PERSÖNLICHE EMPFEHLUNG

Wenn du dich intensiv mit der Bildbearbeitung beschäftigen möchtest und dein Budget es zulässt, empfehlen wir dir ein Jahresabo von Adobe Lightroom, auch wenn wir selbst keine Freude des Abo-Modells sind und auch dieses Programm manchmal Probleme mit der Performance hat. Wie es genau aufgebaut ist, welcher Regler was bewirkt und wie wir es nutzen, zeigen wir dir in unserem E-Book *Der letzte Schritt zur Perfektion – RAW-Entwicklung mit Adobe Lightroom*.

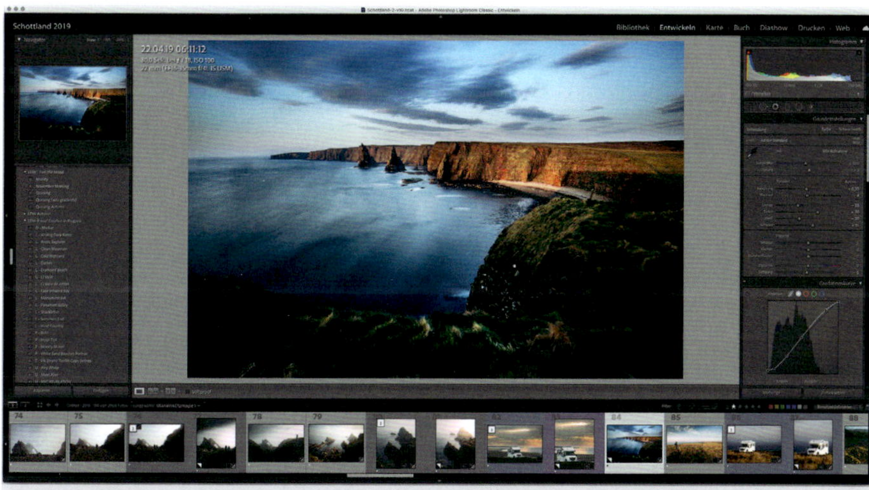

Adobe Lightroom Classic 10: Screenshot aus unserem Schottland-Bildkatalog

WIE GEHT ES FÜR DICH WEITER?

Was ist Fotografie für dich? Künstlerische Gestaltung? Das Festhalten von Momenten und Erinnerungen? Spaß und Entspannung? Ein Anreiz, Schönheit und Details bewusst zu sehen und zu erleben? Anderen und dir selbst eine Freude zu machen?

Für uns ist Fotografie all das. Fotografie ist für uns das Motiv und unser Gefühl. Fotografie ist, um 5 Uhr morgens in der Eiseskälte zu stehen, auf den Sonnenaufgang zu warten, der an diesem Tag vielleicht nie kommt, und die Einsamkeit und Magie eines Ortes zu spüren, wie nur wenige Menschen außer uns. Fotografie ist die Freude, wenn es am dritten Tag dann doch einen schönen Sonnenaufgang gibt, und das Gelingen eines Fotos, das wir schon so lange im Kopf hatten. Fotografie ist, unsere Kunst an unsere Wand hängen zu können und uns selbst und andere mit unseren Bildern zu erfreuen. Fotografie ist Träumen und Wachrütteln, Erzählen und Schweigen, Erleben und Genießen.

Was Fotografie für uns nicht ist, sind endlose Markendiskussionen in Fotoforen, Neid und Vergleiche, ständige Bewertungen, die Qualität der Pixel und das Erhaschen von Likes. All dies hemmt in unseren Augen die Fotografie, die Kreativität und die Geschichten, die die Bilder erzählen sollen. Und so empfehlen wir auch dir: Besinne dich darauf zurück, warum du mit der Fotografie angefangen hast und was dich daran berührt. Teile deine Fotos mit anderen, aber mache die Aufmerksamkeit Fremder nicht zum Bewertungsmaßstab deiner Aufnahmen. Orientiere dich an Tipps, aber mache sie nicht zu deinem Dogma – auch unsere nicht!

Probiere dich aus und finde deinen eigenen Stil. Wenn dich die Technik nicht sonderlich interessiert, dann stell sie nicht an erste Stelle. Fotografie besteht nicht nur aus Technik; Fotografie ist Kunst und das Erzählen von Geschichten – die Technik ist lediglich ein Hilfsmittel. Sie soll sich nach dir richten, nicht du dich nach ihr. Fange Momente ein, fange Geschichten ein, zeige mit der Fotografie die Bilder deines Lebens. Niemand auf der Welt kann das besser als du.

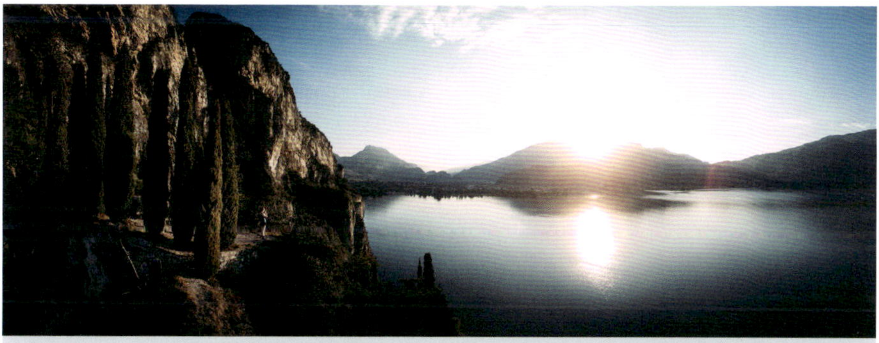

Was uns an der Fotografie am meisten fasziniert, sind nicht die Aufnahmen, die wir machen. Es ist der Blick auf die Welt, den sie uns eröffnet, ebenso wie die Momente und Orte, zu denen sie uns bringt. (Drohne DJI Mavic Pro | 26 mm | 1/800 | f/2.2 | ISO 100 | 06:43 Uhr | Panorama zusammengesetzt aus 21 Einzelbildern

Warum wir uns nicht verabschieden

Wir möchten uns am Ende dieses Buches nicht von dir verabschieden. Denn das würde bedeuten, dass diese Reise zu Ende ist – dabei fängt sie gerade erst an!

Wir sind dankbar. Dankbar, dass wir dich ein Stück auf deinem Weg in der Welt der Fotografie begleiten durften. Vielleicht waren es die ersten Schritte, vielleicht bist du auch schon länger dabei.

Auf jeden Fall wünschen wir dir, dass dieser Weg noch lange nicht zu Ende ist. Wir hoffen, dass wir dich inspirieren konnten, die Schönheit der Natur wieder bewusst wahrzunehmen – mit der Kamera, aber auch mit dem Herzen.

Wir wünschen dir, dass du Lust hast, draußen zu sein, auf den spektakulären Sonnenuntergang am Traumspot zu warten, aber auch den kühlen Novembernebel am Morgen in Deutschland zu genießen. Wir wünschen dir, dass du die kleinen Schönheiten dieser Welt siehst: wie das Licht durch die Blätter fällt, welches magische Wunderwerk in jedem Käfer steckt und welch unglaublich faszinierende Landschaften unser Planet zu bieten hat.

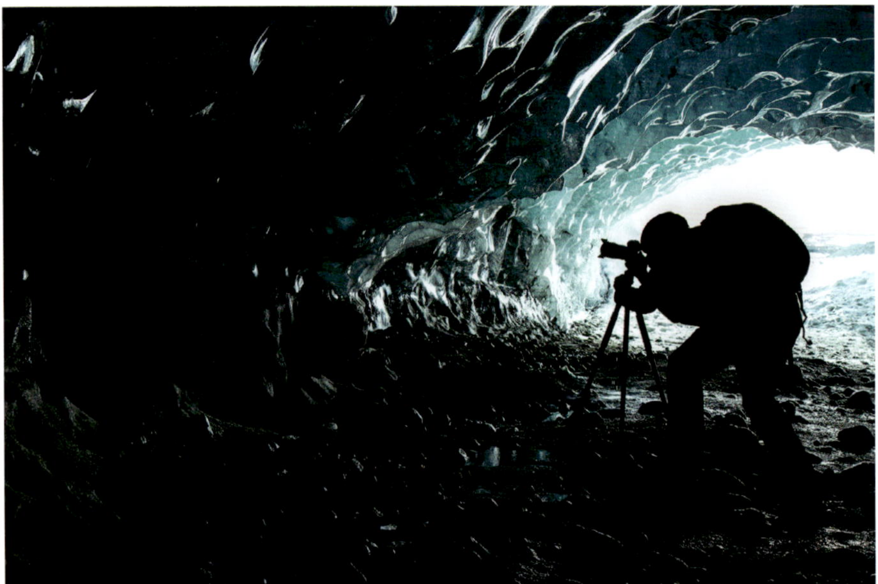

Die Fotografie bringt dich an besondere Orte und öffnet den Blick für die Schönheit der Welt. Canon EOS 5D Mark III | Canon EF 24–105 mm f/4L IS USM bei 47 mm | 1/250 | f/6.3 | ISO 640 | 10:06 Uhr

Für uns ist Fotografie mehr als Fotos zu machen. Sie ist ein Grund, draußen zu sein, die Welt zu entdecken und fremde Orte zu sehen. Morgens der Einzige im isländischen Hochland zu sein oder zu Hause in Frankfurt die Schönheit der schimmernden Gefieder der Tauben zu sehen, statt über sie zu schimpfen. Fotografie inspiriert, entspannt und beflügelt. Sie wird dir unheimlich viel Neues zeigen, auch dann, wenn du nicht 50 gute Fotos am Tag machst. Sie wird dir Wege und Türen öffnen, von denen du jetzt nicht einmal ahnst, dass es sie gibt.

Wenn du Lust hast, dann laden wir dich herzlich ein, diesen Weg weiterhin gemeinsam mit uns zu gehen. Schau auf unserem Blog lichterderwelt.de vorbei und melde dich supergerne in unserer E-Mail-Community an. Dort teilen wir regelmäßig Fototipps mit dir. Du kannst uns aber auch jederzeit schreiben und alle konkreten Fragen stellen, die du hast. Wir antworten!

Vernetz dich mit uns auf Instagram, wo wir nicht nur schöne Fotos zeigen, sondern dich in den Storys auch mitnehmen hinter die Kulissen unserer Reisen und Fotografie. Du findest uns unter @lichterderwelt.

Wenn du Lust hast, mit uns gemeinsam die Welt zu entdecken und zu fotografieren, dann komm mit auf unsere Fotoreisen. Lerne direkt und persönlich von und mit uns, wenn wir einige der schönsten Regionen der Welt bereisen. Unsere Fotoreisen findest du ebenfalls auf unserem Blog: lichterderwelt.de.

Wo auch immer dich deine Reise hinführt, und völlig egal, ob es dein großer Traum ist, einmal beruflich zu fotografieren, oder ob du einfach mit deiner Kamera draußen die Natur genießen willst: Wir wünschen dir großartige Fotos und unheimlich viel Freude daran. Direkt vor deiner Haustür – und überall auf der Welt.

Sina & Jan

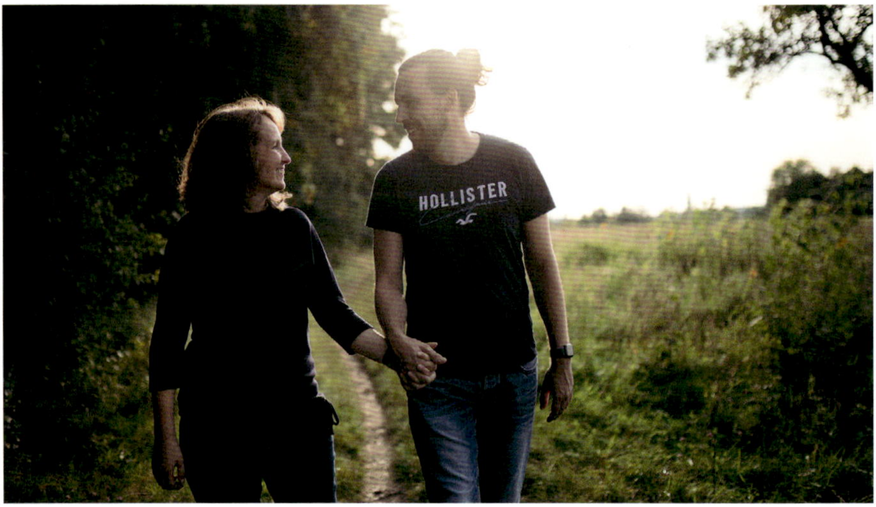

Foto: Stefan Czajkowski

Gib uns Feedback!

Empfehlungen und Bewertungen werden heute immer wichtiger. Es freut uns daher riesig und ist eine unglaubliche Hilfe für uns, wenn du das Buch weiterempfiehlst und/oder eine Rezension auf Amazon schreibst. Du tust uns damit einen großen Gefallen und hilfst auch anderen Fotobegeisterten bei ihrem Weg in die Fotografie.

Wenn du Kritik und Verbesserungsvorschläge für uns hast, dann lass uns auch das gerne wissen und schreib uns eine E-Mail an hey@lichterderwelt.de. Wir sind dankbar dafür!

BILDVERZEICHNIS

Da wir immer wieder gefragt werden, wo genau unsere Fotos entstanden sind, möchten wir dir diese Information in diesem Buch nicht vorenthalten. Wer weiß, vielleicht gefällt dir ja die eine oder andere Aufnahme so gut, dass sie dir die Entscheidung für dein nächstes Reiseziel erleichtert ...

REGISTER

Bibliografische Information der Deutschen Nationalbibliothek
Die Deutsche Nationalbibliothek verzeichnet diese Publikation in der Deutschen Nationalbibliografie; detaillierte bibliografische Daten sind im Internet über https://dnb.de abrufbar.

ISBN 978-3-8426-5553-9 (Print)
ISBN 978-3-8426-5554-6 (PDF)
ISBN 978-3-8426-5555-3 (EPUB)

Originalausgabe

Die Ratgebermarke der Schlütersche Fachmedien GmbH
Hans-Böckler-Allee 7, 30173 Hannover
www.humboldt.de
www.schluetersche.de

Aus Gründen der besseren Lesbarkeit wurde in diesem Buch teilweise die männliche Form gewählt, nichtsdestoweniger beziehen sich Personenbezeichnungen gleichermaßen auf Angehörige des männlichen und weiblichen Geschlechts sowie auf Menschen, die sich keinem Geschlecht zugehörig fühlen.
Autoren und Verlag haben dieses Buch sorgfältig erstellt und geprüft. Für eventuelle Fehler kann dennoch keine Gewähr übernommen werden. Weder Autoren noch Verlag können für eventuelle Nachteile oder Schäden, die aus in diesem Buch vorgestellten Erfahrungen, Meinungen, Methoden und praktischen Hinweisen resultieren, eine Haftung übernehmen.

Lektorat: Meike Key, KeyTextwork, Cestas
Covergestaltung: ZERO, München
Coverfoto: Jan Glatte
Fotos: Sina Blanke, Jan Glatte
Satz: PER MEDIEN & MARKETING GmbH, Braunschweig
Druck und Bindung: gutenberg beuys feindruckerei GmbH, Langenhagen